もくじ

一、**私の生れ故郷油津** 6
家族との生活の中で芽生えゆく心（三ッ児の魂百迄）

二、**ヨネ大叔母の家での生活** 53
激しい虐待にも似た躾と言う名目の厳しさに悩み苦しむ九歳の私

三、**祖父母との生活** 126
生きるとは働くことなりと見付けたり。の心境を無言の内に祖父母の後姿から学び取る事が出来た十歳の私

四、学校下の家で母と暮す日々 174
油津時代から母には色々な面で虐待されていましたが、又又精神的に大きく痛烈な虐待を受ける日々の中で、母を殺してしまいたいと真剣に思い悩む日が続き、一時期夜敷蒲団の下に刺身包丁を隠し持って寝ていた時があった十三歳の私

五、五年間の大阪での生活 228
自分一人だけの為に若いボーイフレンドを次々と作り、湯水のようにお金を使い散らす母の借金返済の為に必死になって働き続ける十五歳の私

あとがきに代えて 301

嵐の川を流れ行く少女

一、私の生れ故郷油津

家族との生活の中で芽生えゆく心（三ツ児の魂百迄）

製材所

ピーッ。耳の奥から頭の天辺へと突抜けて行くような、甲高くて鋭い汽笛の音が鳴り響きました。その音は我が家のすぐ前にあるボイラー室の屋根の上で鳴り響き、同時に細長い汽笛の先からは真白な一筋の蒸気が大空に向って勢い良く吐出されていました。

朝八時。仕事始めの汽笛を合図に、広い製材工場の中では大小様々な機械が大きな音を立て、働く人と共に動き始めました。耳の中をえぐり貫いて行くような汽笛の音は大型機械の騒音にも負けず、五千坪程の広い工場敷地内を貯木場の隅々に迄鳴り響き、働く人達にその都度時間を知らせていました。

朝の仕事始め、十二時の昼休み、昼休みの終る十二時五十分。その後は三時の中休み、中休みの終る三時半、そして夕方に仕事の終る五時半の一日六回、毎日それぞれの時間を汽笛が知らせていました。近くに住んでいた私達子供には、その音のする二十秒程の間、必死の思いで両耳を押える習慣がいつの間にか身に付いていました。

鋭い汽笛の音を鳴り響かせるボイラー室は赤煉瓦造りの長方形の建物で、私達の家よりも大きく、蒸気を大量に作り出して工場内の大型機械を動かしていました。工場が動いている間中、畳半分程もある大きな四角い焚き口の奥では、いつもいつも絶える事なく真紅の炎が赤々と、まるで生き物のように窯の中一杯に燃盛っていました。

ボイラー室と向い合って、私達親子が住んでいたソギ葺きの粗末な家がありました。日当りの良い、広くて長い縁側の付いた八畳二間の座敷があり、玄関を兼ねた入口のある八畳程の土間の片隅にはささやかな台所が付いていました。

父と母は結婚して間もなく上杉の義兄達に呼寄せられて、大分県佐伯から此処宮崎県の油津に出て来ました。その時に大急ぎで造り上げられ、二人の新所帯となった家です。明治二十年生れの父と、明治二十四年生れの母が此の地に住むようになったのは、大正二年頃の事でした。

父は一メートル八十センチの長身で、筋肉質の体はがっしりとして健康そのものでした。此の家で人一倍子煩悩な父と、子供大嫌いという中肉中背の母を中心にして、私達親子の生活が営まれていました。

父のすぐ上の姉婿が金蔵《きんぞう》でした。此の伯父を真中に、兄（喜作《きさく》）と弟（郁夫《いくお》）の上杉三兄弟が製材製函材木商を共同で手広く経営を始めると同時に私の父は工場現場の全責任を持たされ、機械関係一切の安全確保と修理をしていました。その上、毎日のように山から切り出されて来る大小様々な原木の受入れ、製材をしており、多忙を極めていました。朝は人より一、二時間も早く工場に出て、沢山並んだ大型、小型の機械を全部点検修理、夕方も工場で働く人達が帰った後で機械の点検修理をして、作業の安全確保に努めていました。負けず嫌いで、人一倍働き者の父は、一人三役もの忙しい仕事を立派にこなしていました。

大きな製材工場の片隅に建っていた私達の住居は、前にボイラー室の大きな焚き口を見ながら、後ろにはすぐ側にソギ板を作る機械が置かれていました。

ソギというのは薄くソギ切りした板の事で、大正から昭和に掛けて杉皮と共に簡単な屋根葺きの材料として重宝がられ、よく使われたものでした。

機械は朝から夕方迄「ガッチャンガッチャン」と金属性の甲高い音を立て、地響きと共に私達の家を揺すぶっていました。

母はソギ板を作っている所に出て、近所から通って来る小母さん達に交じって出来高工賃で働いていました。ソギ板二百枚をきれいに並べて荒縄でしっかりと縛り、丸い束に作り上げる仕事でした。

子供達の誕生

一日中激しい金属製の騒音に包まれる環境と、夫婦共働きという生活の中で、母が大嫌いと言う子供を、神様は三年目ごとに一人ずつ授けられました。いつの間にか父と母は四人の子福者《こぶくしゃ》になっていました。兄姉私妹の順でしたが、四人兄妹の内、私一人だけが仲間外れのような元気者で、他の三人はそれぞれに度々お医者さんのお世話になっていました。特に妹は命のあるのが不思議と言われる位、生れてすぐから色々な重病に罹り、二年近く寝たきりという状態でした。

子供を産み育てながら働く母は、赤ん坊を牛乳で育て、決った時間に牛乳を飲ませておしめを取替えた後は、赤子がどんなに泣き叫んでも仕事の手を休める事はなかったそうです。赤子が這うようになり、歩くようになると、帯の端を家の柱に結んで反対端に赤子を結び付け、家の中から外へ出られないようにしたままでした。兄と姉はいつも泣き疲れて寝入るのが当り前といった日常の中で、父は仕事の合間を見ては何くれとなく気を配り、子供の面倒を良く見て、オシメの洗濯もしていました。心から子供達を可愛がり、慈しみ育ててくれた父でした。いつの時代でも、共働きで子供を育てる事の大変さに変りはないようです。

三番目に生れた私の場合は兄と姉が居たお陰で状況は大分違ったようですが、妹が生れた後は、病弱な妹に手が掛るため、私は知り合いの純朴なお爺さん、お婆さん二人暮しの家に一年程預けられた事もありました。

幼い頃の油津の町

大正十年二月生れの私が四、五歳位になって物心が付いた頃、幼い私の目に映った町の風景を思い出します。人通りの多い町の道端に大風呂敷を広げ、様々な薬を並べ立てて、道行く人々に一生懸命呼掛けるオイチニの薬売の姿が度々見られた頃でした。

薬売はナポレオンのようないかめしい帽子をかぶり、日焼けした顔には立派な八の字髭を蓄えていました。黒詰襟の肩から胸には程良い大きさの金モールの紐を格好良くぶら下げ、胸には金ボタンがキラキラと光り、いかめしさを一段と引立てるかのように肩章は金モールで縁取りされていました。幼い子供の目にはとても珍しく、まるで海軍大将のような偉い人ではと思い込むような服装で、黒い長靴を履いた珍しい足元等に見とれたものでした。オイチニの小父さん（薬売）はチンドンの鐘と太鼓を叩き、ガマの油売特有の名調子と共に身ぶり手ぶりを織り交ぜながら、面白おかしく、立て板に水を流すように声を張上げてお客を集めていました。

何から何迄、見るもの聞くものが珍しくてたまらない幼い子供達に、薬の広告が刷り込まれた四角な紙風船が一枚ずつ手渡され、早く家に帰ってお父さんやお母さんを連れて来なさいと言われます。貰った子供達は何となく誇らしげな気持を抱いて家に帰り、命令されたままに紙風船を親に見せて薬屋が来ていることを知らせたものでした。

此の当時、お医者さんは高嶺の花、少し位の病気には売薬が使われていて、種類も豊富で、色々な薬が町角で売られていました。名調子の故か薬売の前にはいつの間にか遠巻に人垣が出来て、人々は思い思いの薬を次々に買い求めていました。良く売れているのは、やはりガマ膏薬に万金膏、六神丸に子供用虫下しのセメン菓子等でした。

交通の邪魔になる位に道路にはみ出して商売をしている薬売を横目で見ながら、燃え立つような真紅のヒザ掛毛布を風になびかせて、モモ引きにハッピのきりりとした勇ましい人力車夫の姿が町の中を走り、行き交っていました。大正末から昭和初期に掛けて、自動車はまだ数える程しか見当らず人力車の全盛時代でした。

油津町は宮崎県も南の端、太平洋の荒波が打寄せる海岸沿いのこぢんまりした町ですが、オイチニの薬売が度々現れ、人力車が盛んに行き交うように、活気に溢れて人も物もお金も活発に流動し、町全体が生き生きとした空気の中で賑やかに息づいていました。

油津港を基地にしてマグロやカツオ漁が大変盛んな上、四季折々の魚も豊富に水揚げされていました。私が幼い頃には、大漁旗を潮風になびかせた漁船が船足も爽やかに、波をけたてて港に帰って来る光景がいつでも見られたものでした。海の幸で賑わう漁港や浜辺は活気に満ち溢れ、その活気は様々な形となって町中をうるおし、人々に色々な恩恵を与えていました。生き生きと弾んだ生活を人々が送っている此の町の片隅で、私達親子もささやかに暮していました。

進水式

騒音の固まりのような製材工場から広い広い貯木場に出ると、何の音もしません。貯木場入口では、山から切り出されたばかりの杉の原木から、むせ返るばかりの木の香が発散していて、深い山の新鮮な匂いを、そのまま荷馬車が運んでくれたものでした。

広い貯木場内は静かで、どちらを向いても見渡す限り原木が大小様々に区別された上で山積されています。直径一メートル程もある大きな木が、ゴロゴロと何列にも並べられて放置されたままになっていたり、細めの杉の木は山形に高く積上げられたりしていました。

乾燥させるために一定期間放置された原木は、その後大小様々な大きさに合せて、それぞれの機械に掛けられ製板《せいた》に作られます。その後、一枚ずつ風通しが良いように四角形に積上げられ、家の高さ位迄になります。乾燥期間が終った後、最後に十枚単位で荒縄でしっかり縛られ、上杉製材の㊤という字が筋太く、黒々と刷り込まれて出来上がり。広い倉庫に運び込まれた製品は、大部分が沖縄に向けて送り出されて行きました。

沖縄へは最初は借船で送り出していましたが、後には大きな船を造り運ぶようになりました。

やがて新しい船の進水式が行われる事になり、当日には、船が初めて海の中に入った時に伯母達三人と母を入れた四人の女が、新しい船の上から海の中へ次々に放り投げられる行事が行われました。泳ぎが出来ない伯母達や母には、その時に着る真白なサラシの簡単な着物を溜息交じりに縫う日が続いていました。

いよいよ当日が来ました。晴れ渡った五月の青い空の下で、新しい船に飾付けられた色鮮やかな五色の吹流しや、大きなクス玉を、海を渡る風が程良く吹上げています。神主さんのお祓いの神事が終ると、潮風に乗ってクス玉から辺り一面に舞散る紙吹雪の中で、紅白の祝餅が四方にばらまかれました。海の中では十五人程の若い工員さん達が、裸に新しい六尺フンドシを締め、胸元迄新しいサラシを巻き、頭には赤手拭をネジリ鉢巻にした姿で待受けていました。

船は神主さんをはじめ伯父達上杉三兄弟と父、母や伯母達を乗せて船台をゆるやかに滑り、静かに海の中へ入って行きました。海に入り終った時、伯母や母が一人づつ男の人五、六人に抱えられ、少しでも遠くへ海の中に放り投げられて行きました。母達は新しいサラシで縫い上げた白腰巻と、白いサラシの簡単な着物一枚だけを素肌につけ、赤い紐を帯代りに無雑作に結んだだけの姿です。裾を押える暇もなく、あらわな姿で一人ずつ、船から大分離れた海の中に次から次に投げ込まれて行きました。下で待受けていた若い男の人達に助けられた伯母達や母は、青ざめた顔で震えながら岸に上がりましたが、ずぶ濡れの体からは海水がしたたり落ちていました。幼心に母の身を案じていた私は、そんな光景を五月の風に吹かれながら必死になって食入るように見ていました。

喜作伯父とトヨノ伯母

沖縄通いの新しい自家用船は、建築用の製板や木材を一杯に積込んで運んで行き、帰りには大島紬や沖縄特産の塗物、布地、反物等を仕入れて帰って来ました。その品物は地元油津で売りさばかれていました。

此の沖縄行きは最初から、上杉三兄弟の一番上の伯父が受持っていました。喜作伯父は三兄弟の中で一人だけホテイさんによく似た顔形と体形をしていて、福々しい丸い顔にどっしりとした体付き、お腹の大きさ迄ホテイさんでした。他の二人の伯父はどちらもすらりとした痩せ型で、兄弟とは思えない程に顔や体型が違っている兄弟でした。

此の伯父夫婦はボイラー室近くに立派な家を建てて住んでいて、私達の住居とは目と鼻の先にありました。夫婦には子供がなく、元気者の私は伯父夫婦からとても可愛がってもらいました。ボイラー室の横にある風呂場で一緒になった時等、伯父は必ず私達を石鹸できれいに洗い上げてくれながら、口ぐせのように、

「トヨ子、お前はいつ見ても元気じゃのー。お前が男なら親父は何にも心配せんで左ウチワでええんじゃがのー。お前は肝心な物《モン》を落して来たわい。まっこと惜しかったのー」

伯父はどこに居ても私を見る度に優しい笑顔を見せて、大分弁で此の言葉を掛けてくれながら、やさしく頭を撫ぜるのが習慣の様になっていました。

伯父夫婦は親類の世話役的な立場にあって、忙しい仕事の合間に親戚の色々な世話をしたり、面倒を見ていました。

毎年春と秋には親類の大人から子供に至る迄私の家に集まり、トヨノ伯母さんが連れて来たハリ灸の先生に治療してもらいました。大人達は肩から背中、腰や足と、思い思いの所に灸を据えたり、ハリを打ってもらったりしていました。広い貯木場を逃げ回っていた子供達も次々につかまえられ、裸にされて大人の傍らに否応なく腹這いにさせられた上で、大人達にしっかりと押え込まれたまま、背中に二、三個所と、人差指を曲げた先の所の一個所に、健康のためと虫封じの灸が据えられていました。

又信心深い伯母は、学校が夏休みになるのを待受けていたかのように、七月末の蒸し暑い夕方に親類中の子供達を集めて、お地蔵さんのお札流しという行事をしていました。

船頭さん付きの小舟を借りて来て、十二、三人程の子供達と一緒に乗込むと、お地蔵さんの姿を印刷した小さなお札を一握り、片手に一杯持たせられたまま、舟べりに一列に並んで正座させられた子供達は、伯母さんの大きな声に合せて一生懸命決り文句を唱えます。「オンオンアブキャーベールシャノー、マカマダラジンダラマンダラハラベエターヤ」と大きな声と共に、お札を一枚ずつ海の中へ流して行く行事でした。

船頭さんの漕ぐ櫓がギーコギーコと音を立ててきしむ度に舟は左右に揺れ、沢山灯されている堤灯も一緒に揺れながら、たそがれ始めた海の上を、堤灯の灯が淡くゆらゆら海面を照し出す頃、製材工場の筏が沢山繋留された河口に帰り着きます。波静かな湾内を一時間程回ってお札流しが終っていました。

これは親類中の子供達が一夏を無病息災で過ごし、又、海のすぐ側で生活している事から水の事故に遭わないようにとの、伯母の優しい心のこもった祈りの行事でもありました。此の伯父伯母に見守られながら、私達親子はささやかに、懸命に暮していました。日々、仕事に家事、育児に明け暮る多忙な母を、利口でおとなしい姉は物心付いた頃から手伝い、大きくなると共に家事を手伝い、母の片腕となってよく働いていました。

そんな姉に引替え、男の子も顔負けする位、元気者の私は兄と一緒になって男の子達の中で同じ遊びをしながら、広い貯木場を駆けずり回っていました。

遊びながらも父母が一生懸命働いている姿を見ている子供達は、幼いなりに親を助ける術を自然に身に付けて行くものでした。お昼御飯の時、昼休みを知らせる工場の汽笛を耳にした途端、一目散に走って家に帰ります。四十五分の休み時間内に家族全員の食事を終らせなければならない母の立場を、幼ない子供は子供なりに理解していたからでした。

食事の後のお腹の大きい間は家から遠く離れた所で遊んでいても、お腹の虫が泣く頃になれば、自然に家の近くに帰って来て遊ぶといった風で、腹時計によって子供達の行動は左右されました。

幼い頃の遊び

広い貯木場は子供達が遊ぶには一番都合が良く、山積された原木の上をまるで猿の子のように跳歩き、大きな原木の並んだ間を走り回ってかくれんぼうをしたり、乾燥させるために家の高さ位迄積上げられた製板の垂直面を忍者のような身軽さで登ると、一番上からヒラリヒラリと飛下りての鬼ごっこにも夢中でした。時には登りにくいオガ屑山での競走だったりと、遊びは兄といつも一緒の男の子が多く、女の子は私一人か他にもう一人といった具合でした。冬ともなれば父や兄に作って貰った竹馬で競走が始り、冷たい北風が吹く頃には凧揚げに夢中になりました。兄の周りに集まって来る男の子に交じり、兄の腰巾着になった私はめんこやべーゴマにも一生懸命になって遊んでいました。

夏になると、工場の仕事で忙しい父母の目が届かないのを幸にして、貯木場の一角に有る筏の上が一番面白い遊び場になっていました。兄と一緒に、いつもの遊び友達五、六人と連れ立って、貯木場の片隅を流れる堀川一杯に繋留された千本程の筏の上に下りて行きます。長い間水の中につながれたままの筏には水苔がビッシリ生えていて、まるで氷の上でも歩いているようにツルツルと滑ります。一歩間違えば転落死亡事故につながってしまう遊び場ですが、大人の心配等どこ吹く風とばかりに、丸裸の身軽さで走り回り、転げ回りながらの鬼ごっこです。鬼ごっこの後には筏に付いている海草や色々な海の虫を捕って遊びました。

夏が来ると筏の上で遊ぶのをやめさせようと、父母は夕食の時に必ずカッパの話を私達に話して聞かせます。カッパは筏の上で遊んでいる子供の足を引張って、水の底迄引きずり込んで行くから、遊んでは駄目なんだよ。毎晩のように繰返されるカッパの話は筋書きが色々と変りますが、水の上で遊ぶ事の危なさに変りはありません。幼いながらに危険が一杯と分っていても、それでも暑い夏はやはり水に浮んだ筏の上が一番面白くて楽しい遊び場でした。

筏の上での遊びに飽きた日には、私は工場から小さな板切れを持出し、小脇に抱え込んで六キロ程離れた町外れの海岸に向います。炎天下に帽子もかぶらず一人で歩いて行き、浜辺で着ていた物を脱いでしまうと、板切れを抱えて海の浅い所に入って行き、周囲の人達の様子を見て、見よう見真似で泳ぎを覚えました。父母の知らない間に一人で海水浴に行く子供だったのです。

父と子供達の楽しい語らい（心の交流）

四、五歳頃の幼い私の行動を父は良く知っていたのでしょう。夏が来るのを待ちかねた様に、工場定休日の一日、十五日の月二回、私を背中に乗せて筏置場を通り近くの海に出て、沖の方迄泳いで連れて行ってくれました。父の大きな背中にしっかりとしがみ付きながら、海の広さ、深さを知り、幼いながら自然に対する恐ろしさを心の中で汲取っていました。然しその恐怖心とは裏腹に、親亀の背中に子亀といった風で父親の強さや優しさ、温かさをしみじみ肌で感じ取る時でもありました。

そんな優しい父でしたが、兄には泳ぐ事位男の子は早く覚えるようにと言って、何日間かは自分が付いて泳ぎの練習をさせた上でボートに兄を乗せ、岸から大分離れた所迄連れて行って海の中に放り投げました。兄の後を追うように自分も海の中に入りましたが、様子を見ているだけでした。兄はもがき苦しみ、水を飲みながらも必死になって動いていました。そこで初めて自力で泳ぎ出し、泳ぎを覚える事が出来たものでした。

人一倍子煩悩な父は昼間の疲れを風呂で洗い流した後、夕食の丸いお膳を家族皆で囲み、二合程の晩酌をチビリチビリ美味しそうに飲みながら、明治中頃の自分の子供時代の様々な生活体験や生活模様を、思い出と共に私達に分りやすく話してくれました。人としてあるべき姿の話も忘れませんでした。

人間はどんな事があっても人様に迷惑を掛けては駄目、人から後ろ指を指されるようなことをしては何もかもおしまいなんだよ、そんな人にならないように何事にも負けるな、人との競争だけでなく自分自身の弱い心にも負けるな、いつでも、どんな時でも向上心を持って一生懸命努力しなさい、といった事を色々な話に例え、内容を変えては適当な長さにして話してくれました。

父の話を楽しそうに聞いているそんな私達を見て、

「お前達は皆、お父さんの宝なんだよ。お前達が元気で大きくなって行くのがお父さんの一番の楽しみなんだ。美味しそうに御飯を食べている姿を見るだけで、お父さんは今日一日の疲れなんかどっかに飛んで行ってしまうんだ。しっかり食べて早く大きくなれよ、お宝お宝」

晩酌が進み気持がほぐれて来ると、必ず出て来る言葉でした。「お宝」を連発しながらあぐらをかいた父の膝の中に座っている私の頭を、兄や姉の頭を、次々と何回も優しく撫回す父から、父親としての喜びと温かい心が私達子供の心に直接伝わって来ました。そんな時幼い子供心の中で何とも言えない安心感が心の中一杯に広がって行きました。

父が口癖のように言う事は、

「例えば、お前達子供の内一人でも悪い事をして警察のお世話になるような事でもあれば、それはお父さんをはじめお母さんも、お前達兄弟も、その上親戚中の皆が、世間から後ろ指を指され、笑われ、肩身の狭い思いをする事になる。人に迷惑を掛けるそんな人間だけにはなるな。世のため人のためになる、役に立つ人間になるんだよ」

毎晩の様に父が話してくれる、父親の少年時代の生活模様の後に、私達子供には、

「役立つ人間と言っても、子供のお前達に今出来る事は兄弟仲良くして、自分の周りの人達、年下の小さい子供達の面倒を良く見てやる事が子供としてのお前達の仕事なんだよ。まず、自分の身の回り、すぐ近くにいる人達が幸福になれる様に心を配る事、思いやりの心を持つ事だよ。年上の者が年下の者を可愛がって良く面倒を見てやる事なんだからね」

と、優しく子供達に語り掛ける父の話は、毎晩の様に少しずつ模様替えしながら、人間として正し

く真っ直ぐ伸びて行くんだよという、毎晩夕食時の父の話を子供達は楽しみに聞いていました。

父のこうした夕食時の話は、飽きる事もなく、いつの間にか私達子供達の心の中に焼き付けられて行きました。

此の言葉が出た後には、必ず世間話の実例が挙げられます。今日はどこそこで、こんなような悪い事をした人が警察に連れて行かれたらしい。二、三年は刑務所に入ったままだろう、と工場の休み時間に皆が集まって話していたんだと。戦前も昭和初期、私達の子供時代には「警察」という言葉は聞くだけでも恐ろしい印象があり、父の分りやすい話は強く心に刻み込れました。

まるで一日の疲れを吐出すかのように、世間話に色々な教訓を織り交ぜた話は食事と共に終ります。後片付けに忙しいのは母と姉。夏ともなれば父は私をおんぶして、原木が並んでいる間の細い道を二十メートル程も歩くでしょうか。筏がつないである入江の側に出ると、特別大きな原木の上に数枚の板を渡してゴザを敷いた即席の涼み台を無雑作に作り上げます。そこに父と私は横になり、満天の星を眺めながらの夕涼みが夏の間中毎晩続きました。

父が私を連れて行くのは母の言付けでした。

「お父さん一人では朝迄寝込んでしまう。夜露に打たれて体に悪いし、家の方も無用心でいかん。トヨ子、お前が付いて行って、好い加減涼しゅうなったらお父さんを起して連れて帰っておいで」

と、数え年四歳の私に母からの言い付けでした。

幼い私には夜の暗さは何とも言えない不気味さがあり、恐ろしさで胸は一杯でした。然しそんな気持も最初の頃だけで、父と一緒なら安心出来ました。星空の下で父が聞かせてくれる昔話は毎晩同じような話で、疲れ具合で長くなったり短くなったりしましたが、妙に飽きる事もなく聞入っていました。

話しながら昼間の疲れで寝入ってしまう父の腕枕の中で、暗い闇の中に響き渡る大きな鼾《いびき》を聞いている内に、他に音のない静寂そのものの闇に居る事が心細くてたまらなくなります。それでも幼心に母に言付けられた言葉が思い出され、父の体にしがみ付くようにして心細さをまぎらわします。暗い夜空一杯に無数の星がビッシリと空《す》き間なく敷詰められ、大きく光り輝く星が今にも私達親子の上に降り注いで来るのではないかとさえ思われました。

幼い子供にとって初めて仰ぎ見る夜空の姿は、余りにも不思議な事ばかりでした。夜空に出て来る丸いお月様は、当時は病気でもしない限り食べさせて貰えない卵の黄身を思い起させ、又細い三日月に何となく薄気味悪さを感じます。お月様を見続ける私の前を、どこかへ引張られるようにどんどん動いて行き、夜ごとに丸くなって行ったかと思えば、今度は細くなってしまいます。やがていつ迄経ってもお月様が出て来る事なく、沢山の星だけが一段と光り輝く暗闇が幾夜か続きます。

それにしても夜空に浮んで光っているお月様や沢山の星は、どうして私達の上に落ちて来ないのでしょうか。幼い子供心に夏の夜空は本当に不思議で、夢の世界に居るような思いでした。思い出したように時々団扇《うちわ》を動かして、母の言付けを守って父の眠りを邪魔しないように集まって来る蚊を払いながら、輝く無数の星を数えます。何度数えても数え切れず、何度も数え直しながら、心の中では早く涼しい風が吹いてくれますようにと夜空に祈りました。

何度も数え直している内にお月様が真上に来た頃、我慢が出来なくなって高鼾で眠っている父を両手で思いっきり揺すぶりながら、

「父ちゃん、父ちゃん。もう帰ろうよ」

と起します。四、五回も強く揺すぶると父は眠りから覚めて、

「おー、おー、トヨ子か。そうかそうか、お父さんはよー眠っとったなー、さあさあ帰ろう、帰ろう」

ゴザを巻いて私に持たせた父は、広くて大きな温かい背中に私を軽々とおんぶして帰って行きました。

暑い夏の間中毎晩続く団扇を片手にしての此の夕涼みも、お月様の出て来ない暗い闇夜にはいつの間にか私も父の腕枕の中で眠ってしまい、夜中過ぎて深い眠りから父が目を覚ます事もありました。

「あーあー、こりゃー遅うなった。夜露に打たれていかんいかん」

父の独り言を寝ぼけ眼で耳にする私を抱き上げると、急ぎ足で家に帰る事も度々でした。

物心付いて間もなくの頃でしたが、父親を慕う子供心と、我が子を慈しみ育てる父親の愛情、父と子の心の糸がしっかりと結ばれて心のつながりが自然の内に出来て行くのは、こんな時の流れの中からでした。此の夏の夕涼みの体験は私の心のアルバムとして強烈に焼付き、一生忘れる事の出来ない思い出となりました。

兄姉妹の中で只一人病気知らずの私は、腰巾着のように色々な所へ父に連れて行かれたものでした。それは夕涼みの夏を過した此の年の冬の出来事でした。夕食の後、父と芝居を観に行く事になっていた私は、母からモスリンの外出着《よそゆき》の着物を着せて貰い、きれいなブルーと赤の絞りの絹紗の帯も結んで貰って嬉しさ一杯でした。当時はトンビと言った父の外套の裾の方に入り、大股で歩く父の足元をチョコチョコ、チョコチョコと小走りに付いて歩きました。三十分も歩いた所で映画館に着き、中に入って行きますと、外の寒さが嘘のように、満員の館内は人いきれも手伝ってムーッとするような暖かさでした。

此の町で只一軒の映画館は三百人程のお客さんを収容出来て、映画を上映する他、芝居の舞台としても使えるようになっていました。

父と一緒にどんな芝居を観たかは記憶にありません。芝居が終って外へ出てみますと、夜も大分遅くなった故か、外の寒さは一段と厳しくなっていました。映画館の出口では又父の外套の裾に入り込んで、父の速さに合せて一生懸命付いて歩きました。後五、六分も歩けば我が家という所で寒さ故でしょう、父は幅一メートル程のドブ川に向って勢い良く放水を始めました。街灯もなく、寝静まっている家々にも灯はありません。暗い夜空に星だけが冷たく光り輝いていました。私も父の真似をして足元にしゃがみ込んだ途端、バランスを失って頭から先に暗いドブ川の中へ落ちてしまいました。ドボンという水音がして、父は慌てて私を引揚げてくれましたが、悪臭を放つドブ川の水で頭の先から足の先迄ずぶ濡れです。鼻も曲がりそうなドブ川の雫《しずく》を足元にボタボタと垂しながらも、寒い夜道を父に手を引かれ、余りの悪臭に泣く事さえ忘れてトボトボと帰って行きました。

家に帰り着いた父と私は母からさんざん小言を言われ、母はなおも小言を続けながら土間の入口で寒さに震えている私をボイラー室横の暗い井戸端に連れて行きました。手押しポンプの音も気忙しく、勢い良く井戸水が私の頭に流れ落ち、頭や顔、着物にこびり付いて悪臭を放っていた泥水を少しずつ洗い落して行きました。井戸水を頭から掛けられ続けた後は着物を脱がされ、今度は頭から体中石鹸で何度も何度も洗い上げられた後、寒さにガタガタと震えながら家に戻りました。さんざん小言を言われた父は、沈み込んだ表情で土間の真中に赤々と炭火を燃やし、私の着物を温めながら待っていてくれました。

此の事があってから、寒い冬の夜の外出では父と一緒に赤い毛布を膝に掛けて、人力車に乗って帰るようになりました。

ドブの臭いが私の体からきれいに消えるのは、それから毎晩お風呂に入って一週間程も経ってからの事でした。その時着ていたモスリンの着物ときれいな絹紗の赤やブルーの色もすっかり色あせて変色してしまいました。何年経っても此の着物と帯を見る度に、ドブ川に落ちた事と共に鼻を突く悪臭や、井戸端で寒さに震えながら水をかぶった事が重なり合い思い出されたものでした。

新居に引越し

若い父と母が力を合せて一生懸命働き続ける事十余年、子供達が年ごとに大きく育って行くのに従って、家は段々と手狭になってしまい、少し広い家が必要になって来ました。そこで工場から歩いて三十分位の町外れに、百坪程の土地を買い求めて家を新築する事になりました。そこは道路沿いに色々な商店が並び、裏庭の端につながる小高い土手の上を飫肥《おび》線が走っていました。その向う側には田圃が、見渡す限りどこ迄も広がっていました。

新しい家に移り住んだのは、私が数え年六歳で、幼稚園に通い始めて間もない春の日でした。兄が小学校五年、姉が小学校二年、病弱な妹が三歳。弟が生れたのは新しい家に来てからの事でした。

新居に落着いて、父は弁当を持って朝早くから工場へ出て行き、母は履物の店を始めました。隣近所には米屋、洋服屋、雑貨屋、お菓子屋といった具合に店が一通り並んでいましたが、履物の店だけがありません。隣近所との兼合いを考えた上での事でした。

健康で働き者の父は工場で精一杯働いた後も、家に居る時は少しの暇も惜しむように裏庭の家庭菜園の手入れに余念がありませんでした。農家出身でしたから、四季折々の野菜をあれこれ丹精を込めて作っていました。子供達の栄養源にと裏庭の端に鶏小屋も建てて、七、八羽飼っていましたが、此の鶏は新鮮な卵を産み続けてくれました。鶏糞を父が肥料として上手に利用したためか、特に夏野菜のナス、キュウリ、南瓜等は、青々とした大きな葉っぱの間に色つやも鮮やかな見事な実を沢山ならせていました。沢山採れた夏野菜は、産み立ての卵と共に食卓を賑わせ楽しませてくれました。父は畑の周囲や垣根沿いにも、色とりどりの四季の花を絶やす事はありませんでした。

私達兄姉も春休みの間に、父から手渡しされた黄色い小粒のトウモロコシの実を、教えられた通りに初めて蒔きました。石ころのような堅い実は、丁度学校が夏休みになる八月には、畑の垣根沿いに長く一列に並び、大人の背丈よりも大きくなっていました。青く長いみずみずしい葉の間で、茶色の毛をふさふさと長く伸ばしたトウモロコシの実が大きくなっています。何枚もの青い皮の洋服を重ね着して、落ちないように一生懸命親幹にしがみ付いている様子を見た時には、どんなに小さなものにも命があり、生きているという事がしみじみと感じられ、子供心にも大自然の、植物の不思議な力と偉大さが深く心に刻み込まれたものでした。

トウモロコシを植えた反対側には、朝顔が垣根一杯に咲き乱れていました。ピンク、ボタン色、紫、水色等色とりどりの花をつけた根元には、赤いホウセンカや赤紫の小さな丸い花をつけた百日草が何本も咲き乱れています。鮮やかな、又可愛らしい色とりどりの花を見ながら、私は夏休みの日々を楽しく送りました。そして優しく美しい花の色と姿から、無言の内にも父の心の優しさが幼い子供心にほのぼのと伝わって来たものでした。

夏休みの間、朝顔の花が開くのを見ようと、兄姉や私は朝早く起きるようになりました。花が少しずつ開いて行く様子をじっと見ていた私達は、草花の自然な営みの不思議さを前にして、驚きの目を見張るばかりでした。

六十坪程の裏庭は半分強が菜園でしたが、残りは子供達の遊び場になっていました。そのため、近所の子供達の溜り場にもなっていて、朝早く開いた花がしぼんだ後の朝顔は、水の中で色を絞り出す女の子達のままごと遊びの好材料にもなっていました。

騒音の固まりのような製材工場と、見渡す限り材木が並んでいる広い貯木場の側に住んでいた頃とは全く違った遊び場です。家の周囲にも、その先にも田圃や畑が見渡す限り広がり山裾迄続き、近くにはきれいな小川も流れています。此の自然の中での生活は子供達にとって、まるで天国で遊ぶような思いでした。

自然の中での遊び

早生れの私は幼稚園を終え、七歳で小学校に入りました。兄や姉と共に近所の友達と誘い合せて七、八人の集団を作り、田圃の中の細い道を歩いて学校へ通い始めていました。

新しい家に移ってからの母は履物の店を見ながら家事をこなし、子供の面倒と、前にも増して忙しく、弟の生れる前後一年位は農家の娘さんに家事の手伝いを頼んでいました。姉も朝夕は一緒になって母を助けて一生懸命でした。多忙さはよく分っていながらも、のんき者の私は姉の多忙さを横目で見ながらも知らん顔で、兄や近所の友達と一緒になって遊び回っていました。

春ともなればヒバリがさえずりながら大空高く舞上がるのを見て、麦畑に入り込んで巣を探したり、麦の穂を千切り取っては麦笛を作って音の良し悪しを競ったりしていました。笛の音が気に入らないと、麦の穂を次々にむしり取って投げ捨てながら笛を作るものですから、私達仲間四、五人が遊んだ後には麦の穂がそこら中に散乱するといった有様でした。

麦笛にも飽きると、誰からともなく隣のそら豆畑の畦道に腰を下ろし、今度はそら豆の葉をむしり取ります。葉を手のひらで柔かくそっと揉みほぐし、葉の付根から息をそっと吹込んでゴム風船のようにふくらませて遊びます。皆が夢中になって次々に葉っぱをむしり取っては競争してふくらませている内に、いつしか足元にはそら豆の葉や茎が一杯散らばっていました。風船競争を楽しんだ後は、そら豆の花がきれいに咲いた枝を何本かずつ折って持ち帰り、ままごと遊びの材料にしていました。

こんな遊びを続けていた或る日の事でした。その日もいつもの遊び仲間と連れ立って、いつもの麦畑の畦道に腰を下ろしていました。麦笛を鳴らして競争している内に、お爺さんが天秤棒を頭の上高く振りかざして、何事か大声で叫びながら私達に向って走り寄って来るのに気が付きました。畑の持主のお爺さんが、目をむき大きな口を開け、真赤な顔をして一目散に近付いて来ます。余りに恐ろしい形相のお爺さんに気が付いた私達は驚き、慌てふためいて我先にと逃げ出しました。必死の思いでそれぞれの家に飛んで帰った子供達ですが、後を付けて来たお爺さんに親諸共大変な小言を言われてしまいました。

私ははだしのまま両手に下駄を握りしめ、命からがらという思いで走りましたが、後ろの方からかすかに聞えて来るお爺さんの「警察」という叫び声を耳にした時にはわけもなく震え上がっていました。

家が見え、恐ろしさの余り勝手口から飛込んだ私は下駄を手に持ったまま泥だらけの足で座敷に飛び上がり、暗い納戸の中に走り込みました。納戸の戸をきっちりと閉切り、暗がりの中を手探りで、大きな長持の上に天井近く迄積上げられた布団によじ登ると、その裏側に慌てて滑り込み、息苦しい迄に狭い布団と壁の間にはさまれて手足を伸し、まるで蜘蛛のような格好で張付いていました。

暫くは外の様子に耳をそばだてていましたが、間もなく激しかった胸の動悸も治りました。それでも少しの間は納戸に隠れていた方が安全だと思った私は、布団の狭い空き間から抜け出し、布団の一番上迄よじ登ると横になりました。いつの間にか眠り込んでいて、ふと目を覚ました私はどれ位の時間が過ぎたものか分らないまま耳をすませて外の様子を聞いていますと、夕食が終ったらしく、台所の方で姉が後片付けをしている茶碗の音に交じって、

「トヨ子はどこ迄遊びに行ったとじゃろかいね。帰る道も分らんごと遊び呆けてしもうて、まこち困ったもんじゃ」

母の言葉が聞えた所で、もう大丈夫らしい。赤鬼のような恐ろしい顔をして追い掛けて来たお爺さんも、もう居ないだろう。安心すると共に納戸からそっと出て行き、母に見付からない内にと下駄を

一番先に庭に下ろしました。はだしで走って汚れた足は、積上げられた布団を登り下りしている間に洗ったようにきれいになっていました。

母の話では、うちにもお爺さんが来て、今度畑を荒したら警察に突出すからと、大変な剣幕で怒鳴り散らして帰って行ったようです。

「お前が居らんで丁度良かったよ。これからは畑で遊んだらいかん。畑に近寄らん方がいい」と母に言われました。

此の事があって以来、畑で遊ぶのは悪い事、してはならない事だと分って、私達遊び仲間は畑の方に行く事はなくなり、私の家の裏庭が集まり場所であり、遊び場所の中心になりました。

遊びと流行歌

健康そのもので元気に走り回る子供達の遊びは、季節によって色々変って行きます。寒い冬にはコマ回し、凧揚げ、メンコ、竹馬、ボール投げ、鬼ごっこ、石蹴り、陣取り等々。空地もありましたが、大勢で走り回って遊ぶ時には、自動車の走らない広い道路を我が物顔にする事が多い時代でもありました。

学校が冬休みに入るのを待っていた子供達は、休みになったその日に男の子だけで集まると朝から山に行って竹を切り出して来ました。私の家の裏庭で竹馬作りが始り、それぞれに教え合い、手伝い合いながら作り上げて行きます。出来上がると皆で走り回って競争し、より背の高い竹馬を作って高さを競ったりしていました。竹馬遊びの後は四角凧や竹とんぼ等を作り、作品を並べて比べたりします。私も兄の後に付いて競争仲間に入り込んで、負けじと走り回っていました。

北風が吹く寒い日や雨の日には、私の家の漬物桶や味噌桶、木炭、薪等を入れてある、割合に広い納屋に集まりました。一人っ子で大事にされている提灯屋の進一ちゃんは、両手一杯に握りしめて持って来た女優さんのブロマイドを皆に見せながら、子供なりに話に花を咲かせます。得意満面で女優さんの名前等も教えてくれたものでした。当時は学校から許しが出ない限り、映画を観に行く事は禁止されていた時代ですから、生れて初めて見る美しい女優さんのブロマイドは、子供達にとっては驚きと憧れの的になりました。昭和三、四年当時で、栗島すみ子さん、水谷八重子さん、柳さく子さん、八雲理恵子さん、高尾光子さん等が、名前と共にブロマイドの顔形迄鮮やかに記憶の底に残っております。

進一ちゃん一人が得意顔で話してくれる女優さんの話題も一しきりで収まりがついた頃、これも学校から厳しく禁止されている流行歌を力一杯、声を揃えて歌いました。雨の日には必ず裏庭に向って開いている納屋の戸を、程良い幅だけ開けて明りを入れ、皆で合唱するのです。

当時の流行歌といえば、「逢いたさ見たさに恐さを忘れ」という『籠の鳥』をはじめ、「おれは河原の枯れすすき」の『船頭小唄』が大流行していて、大人から子供迄口ずさんでいました。又、「小さい時からいいなずけ、二人で真似たままごとの」という歌い出しの『この太陽』という歌等も、お兄さん達の真似をして私も仲良く合唱していました。他にも、『酋長の娘』は、外国に何となく憧れる気持からでしょう、又、『天然の美』や『真白き富士の嶺』の優しく物悲しいメロディーを好んででしょう、よく歌いました。

こうした歌を大合唱した後、誰からともなく歌い出されるのが『戦友』でした。皆が暗黙の内に此の歌で最後という事になっていて、「ここはお国を何百里」と神妙な顔付きで歌い始め、歌い始めたら最後迄キッチリと終らなければならず、子供達の誰一人途中でやめる者は居ませんでした。歌が終ると誰からともなく、もう帰ろうという言葉が出て、何となく沈んだ雰囲気の中にも満足感があり、納得したかのような表情をしてそれぞれの家に帰って行きました。いつの時代でも歌を歌うのは最高のストレス解消となるようです。大人にも子供にも必要な、一番手近な健康法でもあり、気持も明るくなるように思います。

遊び仲間

いつでも暇さえあれば集まっていた私達の顔ぶれは、一番年上が堤灯屋の進一ちゃんと私の兄、敏夫で六年生、次は家のすぐ前にある米屋の長男、健ちゃんが五年生、その次が健ちゃんの妹の梅ちゃんと私で二年生、梅ちゃんの妹、竹ちゃんが一年生。此の六人は不思議な位気が合って、誰からともなく集まっては仲良く一緒に遊んでいました。私の姉は母の片腕となって家事を片付けて行くのに忙しく、私のように子供仲間に入って遊ぶ事はほとんどありませんでした。

母を助けて働く姉と違って遊んでばかりいる私には、妹と弟の子守りが必然的に回って来ました。家事が大嫌いな私も、妹や弟の面倒を見るのは大好きでした。赤ちゃんの顔に髪の毛が当らないように向う鉢巻で押えて身支度をしてから、弟をおんぶして遊ぶ日が多くなって行きました。然し元気者の私は、弟をおんぶしたまま皆と一緒になって負けるものかと走り回るものですから、見かねた近所の小母さん達の方が肝を冷して、

「トヨちゃん、トヨちゃん。あんた走るとはいいけんど、そんげ一生懸命走ると赤ちゃんの首が折れてしまうがね。もちっと、そろそろ走らんと赤ちゃんが可哀想じゃがね」

度々の事なので、小母さん達から注意されたその時だけ、

「ああ本当だ。自分は走りすぎていた。大丈夫かな」

と心配になって背中の弟の様子を確め、暫くの間は皆が走り回っているのを見るだけでおとなしくしています。然しいつの間にかじっとしている事が出来なくなり、ついつい負けてなるものかと走り出してしまうのでした。

麦畑のお爺さんから厳しく叱られて以来、畑の方には全く近付かなくなった私達遊び仲間は、春先

になって蝶々を追掛け回していても、以前のように畑の中に入る事なく作物を痛めないように気を付けるようになっていました。仲間達とレンゲ草摘みに行った時も、咲き揃ったレンゲ草を少し摘取るだけで、レンゲ畑の中を走り回ったり転げ回ったりする事はもうありませんでした。

子供達は子供達なりに、自分達が何気なくしていた事の善悪を、お爺さんにしっかりと教えられたのでした。製材工場の中に住んでいた頃は、何事にせよ事の善し悪しは、その都度父から厳しく教えられていました。此処ではお爺さんに厳重に叱られたお陰で、幼い私の心にも自覚が生れ、幼いなりに成長していたのです。

冬の間霜柱が立って硬くなっていた土の下から、春の訪れと共に辺り一面に草花が芽吹き伸び始めます。裏庭の先を走っている飫肥線の小高い土手も青々としてグリーン一色に染まり、子供達の草滑りには絶好の季節と場所になりました。

弟を背中におぶっていない時には、いつもの友達が集まる度に納屋からムシロやゴザの古いのを持出し、土手の急な斜面を二、三人が一組になって滑り落ちて行きます。ムシロを細く畳み、両足の間にはさむと、前の子の体にしっかりと抱付き、逆落しのように滑って行きますが、斜面が急なため、滑り落ちた所では子供達は重ね餅のように重なったまま、急激なショックで暫くは身動きが出来ません。

此の草滑りは、麦畑やそら豆畑での遊びを厳禁された後、子供達が仲間同士で思い付いたものでした。スリル満点な上、何となくスキンシップの心地良さも感じられる面白くてたまらない遊びでした。

が、着物が泥だらけに汚れるだけでなく、膝や尻の所が破れる事さえ度々あって、母からいつもひどく叱られ通しでした。今思い出してみますと、本当に母親泣かせの遊びでした。

妹

私より三歳年下の妹は病弱なため、生れてから二年程は寝たきりの生活を送っていましたが、此の頃ようやく草履を足にくくり付けてヨタヨタながら歩けるようになって来ました。妹は透き通る程に青白く痩せ細った体の上に、異常な迄に大きな頭をしていました。数え年五歳になっていましたが、痩せ細った体と大きな頭のバランスを取るのが難しく、一歩歩く度に頭が左右にユラリユラリと大きく揺れて傾いてしまいます。そんな妹が哀れでならない私は、家の中だけで歩いていた妹を、学校の春休みに姉も居るのを幸初めて外に連れ出す事にしました。遠歩きをして父の工場迄連れて行こうとしたのです。

嫌がる姉に無理やりに頼みました。一人で外を歩く事が出来ない妹の手を、二人で両方からしっかり引張ってやらなければなりません。私は背中に弟を背負い、姉と二人で支えるようにして初めて妹を外に連れ出した途端、早速近所の小母さん達が何人も表に立って、呆然と私達姉妹を眺めていました。

私と姉に両方から一生懸命支えられ、引張られながら、妹は一歩一歩、一足一足、ノロリノロリ、ユラリユラリといった具合に歩いていました。初めての外歩きを、妹は私達の何倍も苦労をしながら、頭を左右に振って必死になって歩いていました。私は血色の全くない青白い妹の顔色や様子を見ながら、ゆっくりと歩調を合せて歩きながら、適当な休み場所が目に付いた時には腰掛けさせて休みを取ります。

こうして歩いている私達を、道行く人はまるで見世物でも見るかのような眼差しで、立ち止まってジッと見ている人もあれば、振返って眺めている人もありました。その上、学校が春休みで退屈していた悪童連中が、後ろからゾロゾロと固まって付いて歩きながら、

「オーイ、頭《ジ》きちが来たぞー」

と、私達姉妹を取巻くようにして、友達同士で呼び合っていました。頭きちというのは油津地方の方言で、頭だけが物凄く大きい人の事を指す言葉でした。

父の工場迄半分も来ていない辺りで、ワイワイガヤガヤ言いたい放題の悪口を言いながらいつ迄も付いて来る悪童連中に私は業を煮やしました。妹を姉に頼むと、背中の弟を揺すり上げながら、

「あんた達ゃー、何ね。何のためガヤガヤ言うて付いて来よっとね。うちの妹は見世物じゃねーちゃかいね、さっさと帰らんと叩くよ」

両足を踏ん張り、握り拳を振上げて目をむき、大きな声で自分より年上の悪童連中を追掛け廻して、追払いました。

蜘蛛の子を散すように逃げて行った子供達ですが、暫くすると又、どこからともなく現れ、勝手放題の悪口を口々に叫びながらゾロゾロと付いて来るのでした。父の側に行き着く迄には何度か追掛け合いが繰返されましたが、おとなしい姉と妹は一言もなく、只々あきれ顔で私の奮戦ぶりを見ているだけでした。

ようやくの思いで工場に着き、父の側で一休みしようとする妹を、父はニコニコ顔で抱上げました。弱い子、手の掛る子程親は可愛いと言いますが、心情としては当然なのでしょう。病弱の妹を父は一番可愛がっていたように思います。又、此の妹が父の姉に当るウラ叔母の顔立にソックリ、驚く程良く似ていました。

家事の手伝いは好んでする姉でしたが、弟妹の面倒を見るのは大嫌いだったようです。此の一回でこりたらしく、その後は絶対に妹を外に連れて行ってはくれませんでした。私は相変らず弟をおんぶして妹の手を引き、家の近くを散歩しながら妹を遊ばせていました。集まって来る悪童連中を相手に追掛け回す事も度々でした。

四、五年もの長い間、家の中だけで生活していた妹に、気候の良い春の穏かな日射しを一杯浴びさせてやり、日光浴で少しでも体力が付き、健康になってくれたらというのが、父母や私の切なる願いでもありました。

磯遊び

春はアッという間に過ぎ去って、ジメジメとした梅雨がやって来ます。此の季節、農家は猫の手も借りたい程に忙しい田植があり、近くの田圃からは夜も昼もゲコゲコガアガアと蛙の大合唱が果しもなく続きます。雨と蛙の声に閉込められていた梅雨の後には、健康な子供達が一番喜ぶ夏が訪れます。

毎年八月一日には、学校も休みに入っている事から、父の休日を利用して磯に出掛けていました。母に弁当を作って貰い、朝の涼しい内に各自海水着やタオル等の身の回り品を揃え、父を先頭に兄、姉、私の四人連れで、約八キロ位歩いた町外れの磯に行きます。

油津の磯は海が深い岩場が多いため、魚は良く釣れるし、サザエやアワビ等も良く採れる所でした。深いために黒味を帯びて見える海面を、底の方から大きくうねりながら波頭が押寄せて来ます。幼い私は余りにも深くて、余りにも広く大きな海に圧倒されてしまい、大きなうねりに吸込まれてしまいそうな気さえしていました。

ものおじせずに、遠浅の海に板切れ一枚を抱えて泳ぎに出ていた私でも恐怖心が先に立ち、一人で海に入る事が出来ません。父に連れられて兄と一緒に三人で泳いでいる間、泳ぎが苦手な姉は赤い海水着に帽子をかぶり、弁当の番をしながら岩場のくぼみに隠れている紫ウニや小さな巻貝を集めて手籠に入れていました。

此の磯は畳四、五十枚も敷ける位の平たい岩や、尖った小山のような形をした岩等、様々な岩場が沢山ある面白い所で磯遊びをしている私達から余り遠くない沖を、大きな貨物船や漁船が何隻も右に左に行き来していました。

親子三人で暫く泳いだ後、父は私を姉に預け、兄と二人して素潜りで魚を突いたり、サザエを採ったりして、家から持って来た二つの手籠が一杯になる位、獲物が豊富な南国の海です。午前中一生懸命潜り続けていた父と兄は、昼御飯の後も暫く潜った後、子供の疲れを心配して午後は早めに切上げ沢山の獲物を手籠と袋に分けて入れると、午後の暑い日射しの中を親子四人、疲れ気味の足取りで歩いて帰りました。

川遊び

暑さが厳しくなると、弟は私の背中に居るよりも、家の中に吊るしたハンモックに乗せられる事が多くなりました。これ幸と、道路の斜め向うをゆるやかに流れる幅二メートル足らずの小川で、私は夏の間中遊んでいました。

此の小川は梅雨時には降りしきる雨と共に水嵩が増し、赤土色の水が濁流となって早く流れて行き、恐くて近寄る事さえ出来ません。然し田植が終る頃には梅雨の長雨も上がり、本格的な夏の訪れと共に小川の流れがゆるやかになって、底が見える位に水も澄んで来ます。子供の背丈の半分位の水嵩になった小川は、子供達の絶好の遊び場でもありました。

小川の両岸には田圃の畦道から伸びて来た色々な雑草が生い茂り、長く伸びた頭を小川の中に垂していています。そんな草陰には小さな川エビやメダカ、ミズスマシ、ゲンゴロウ等、小さな虫や魚達が一杯棲んでいます。子供達は小川を泳ぎ回って疲れると、ザルや手拭で虫達をすくい上げて遊びます。

川遊びは男の子も女の子も一緒になって遊んでいましたが、蛙釣りとトンボ遊びは男の子が主役でした。

蛙釣りは、長さ五十センチ程の細い竹棒の先に同じ程の長さの糸を結び付け、その先に飯粒を付けて蛙の鼻先に糸を垂し、飯粒を小さく上下させると、すぐにもパクリと食付いて来るのもあれば、横目で睨んだまま知らん顔をしている蛙も居ます。男の子は釣上げた蛙の数を競ったり、蛙のお腹に麦ワラで息を吹込んで、パンパンにふくらませたりして遊んでいました。

蛙は田圃や水辺等足元に居る動物ですが、頭のすぐ上にはウヨウヨと言っていい程、沢山のトンボが群がって飛んでいました。垣根の上や朝顔が巻付いている竹の先に止っているトンボを、男の子達は素手で上手につかまえます。つかまえたトンボの尻尾の先を少しだけ切落し、そこへ細いワラスボを差込み、その先に赤や青色をした糸を結び付けて飛ばしますと、トンボは糸を引張りながらスイスイと仲間の群の中へ消えて行きました。

これはもっぱら男の子の遊びですが、母の裁縫箱から見付からないように赤や青、白、黒等の糸をその時に応じて持出し、兄達の所へ持って行くのは私の役目でした。時には母に見付けられてさんざん叱られる事もありました。

暑い夏の日射しを受けて、気忙しそうに群がってスイスイ飛んでいたショロトンボやシオカラトンボは、秋が訪れる気配と共にいつの間にか姿を隠してしまいます。田圃の稲刈りが終った後の藁小積の上には、数少ない赤トンボが時々羽を休めていました。細くて小さめの体と羽を、宝石のルビーよりもっともっときれいな真紅の色に染めている赤トンボには、子供達でさえもその美しさに見とれるばかりで、手を出す者は居ませんでした。

トヨノ伯母さん

工場の中から新しい家に移り住んでからも、トヨノ伯母さんとの行き来は続けられていました。伯母さんからの伝言を父が聞き、帰って来ると母に伝えていました。

信心深い伯母さんの下に親戚中の子供達が集まるお地蔵さんのお札流しも例年のように続けられ、お寺参りやお神様参り等も、伯母さんを中心にして親戚中の大人達が集まって行われます。大人の中に交じって子供は幼い私だけが、なぜかいつも母と一緒に行く事になっていました。

新しい家に移ってから始められた事でしたが、小寒と大寒の間寒い冬の最中に、トヨノ伯母さんと母の二人は、暗い夜道を団扇太鼓を勢い良く打ち鳴らしながら寒行をしていました。冷たい北風が吹き荒れる寒の間中、遅く迄歩き回り、集まった浄財を残らずお寺さんに寄付していました。

此の頃から私の家では、夕食の後片付けもすっかり終った後、毎晩のように父母を先頭に家族全員が仏壇の前に並び、声を揃えてお経を読誦するようになっていました。病弱な妹でさえきちんと正座したまま最後迄勤めていましたが、駄目なのは私一人だけでした。昼間の遊び疲れからか、いつの間にか途中で後ろにひっくり返って眠り込んでしまうのです。子供ながら自分でも情けないと思う事しきりでしたが、異常な迄の眠たさはどうにもなりませんでした。

親戚中の大人や子供達の幸福のために、こんな風に一生懸命骨身を惜しまず、信仰と奉仕の精神を日常生活の中で実行している伯母さんの姿に接していた私は、幼い心でも、無言の内に信仰と奉仕の精神の尊さを受止めるようになっていました。精神的にも物質的にも、何くれとなく私達一家に心配りを惜しまない伯母さん達の下で、家族全員揃って幸福に暮していました。

祖母に連れられて行った妹

私が小学校三年を終えた春休みの日の出来事でした。遠く離れていたので今迄一度も会った事のなかった母方の祖母（今形ミワ）と、祖母の異父妹の大叔母（外山ヨネ）が、二人して私達の家に来る事になりました。祖母達と母が手紙で打合せしたらしく、二、三日前から母に姉の峯子と私で油津町の入口、梅が浜迄迎えに出るように言われていました。祖母達はタクシーに乗って来て、迎えの私達も一緒に乗って家迄帰る手はずでした。

当日の朝、出迎えに出て首を長くして待っていた私達姉妹の前に黒塗りのタクシーが止り、中から老婆二人が声を掛けて来ました。

「あんた達は峯ちゃんとトヨちゃんかね」

どちらも初対面で顔を知りません。家に帰った後で声を掛けたのはヨネ大叔母さんと知りました。此の祖母と大叔母の来訪が、遠い将来に向って私達一家の家庭崩壊につながる最初の出発点になろうとは、神ならぬ身の誰一人知る由もありませんでした。子供達は初対面の祖母と大叔母を取囲んで、一日中飛回り跳ね回って母から何度も叱られる有様でした。特に妹は優しい祖母の顔を一目見た時からすっかりなついてしまい、一日中祖母の膝から離れようとはしませんでした。

母の故里《ふるさと》、宮崎県東諸県《もろかた》郡綾村は、深い山々に囲まれた小さな純農村地帯で、魚と言えば夏の間だけしか捕れない川魚の鮎だけです。海の魚の新しいのがない事を知っていた父は毎日魚を買って来て、祖母と大叔母のためにご馳走を作っていました。

腰の曲った祖母と、シャキシャキッとした大叔母の二人が、どんなわけがあって遠路はるばる来たものか、子供の私には全く分らない事でした。二人を入れて九人の賑やかな生活は、四日目の朝早く終りました。祖母の膝から片時も離れようとしない妹は、大叔母達と一緒にタクシーに乗り、父の心尽しの手土産と共に一路綾村へと帰って行きました。

祖母と大叔母が居た時の賑やかさに引替え、妹迄居なくなってしまった淋しさで家の中の空気が何となく不安で、暗く沈んだ事を私は感じ取っていました。履物屋だった店の商品は、祖母と大叔母が来た時にはすでに跡形もなく片付けられていて、店は後には紳士服を仕立てる洋服屋さんに貸すような話でしたが、実際は売っていました。

病弱な妹の面倒を見ていた私は、喜んで祖母と綾村に行ってしまった妹の事が気に掛り、淋しさと共に思い出されてなりませんでした。今迄私が側に付いていても、言いたい放題の悪口雑言を言われ、遠くから石や棒切れを投げる悪童連中に悩まされていたのに、腰の曲ってしまった祖母にどうして貰っているのだろう。そんな思いがいつも私の胸の片隅にありました。

ウラ伯母の家

妹が行ってしまった後、すぐ三年生の新学期が始り、学校に居る間は忘れていても、家に帰ると淋しくて仕方がありません。学校から帰ると、父のすぐ上の姉に当る上杉のウラ伯母さんの家迄二キロ程の道を、一人トボトボ歩いて遊びに出掛けました。七人の子福者で、まだ小さい赤ちゃんが居る叔母の家は大変な賑やかさで、私の心淋しさをどこかへ吹飛ばしてくれました。

人見知りもものおじもしない私は、どこの家でも平気で食事をし寝泊りもして、行った先がまるで我が家といった風でした。屈託のないそんな私を、伯母は「トヨ子、トヨ子」と言って我が子のように可愛がってくれました。元気だけが取得の私ですから、子守役にはピッタリでした。然しおんぶしていても平気で遊んで回るので、ウラ伯母は授乳の時間になっても仲々姿を現さない私を探すのに苦労していました。

此の頃、ウラ伯母の家に行く途中にある広場に例年通り木下サーカスが来ていて、大きなテントを張っていました。毎日人が集まってお祭のような賑やかさで、サーカスの小屋から『空にさえずる鳥の声』、『天然の美』のメロディーが絶え間なく鳴り響いていました。学校の帰り道や伯母の家に行く往復の道すがら、度々顔を合せる若くてきれいなお姉さんと仲良くなった私は、まるで妹のように手を引かれてサーカス小屋の中へ連れて行って貰うようになりました。無料入場のサーカス見物が四、五回も続いた頃、家族には絶対内証にしていたのに、何故かばれていました。

サーカスを観て夕方家に帰った途端、姉から、

「トヨちゃん。あんた、サーカス観に誰に連れて行って貰いよるとね。サーカスの姉ちゃんと一緒にいつも小屋に入って行きよると、その内に家に帰られんごとなるよ。あんたも一緒にサーカスに連れて行かれてしまうとよ。そうなったら家には絶対帰られんとじゃから、もう行く事はならんよ、行ったらいかん」

姉と母の二人から厳しい口調で叱られ、頭から冷水を掛けられた思いでした。

私は翌日から伯母の家への行き帰りに、今迄とは違った別の道を通るようになっていました。そして一ヶ月近く音楽を鳴り響かせ、沢山の人達を集めて賑わっていたサーカスも、テント小屋を畳んで次の土地へと移って行きました。

伯母の家の賑やかさ、楽しさに惹かれて、毎日、学校から帰るとすぐ伯母の家に通い、どちらが自分の家か分らない位でした。お陰で妹の居ない淋しさも大分薄らいで、此の頃には学校から帰っても、弟の面倒を見ながら近所の友達と一緒になって遊ぶようになって来ました。然し家の空気は何となく暗く淋しくて、七月の終り頃には生れて初めて、父が泥酔して苦しむ姿を見る事になりました。今迄

に見た事のない姿です。家の中の重苦しい空気が一層倍加して、子供の私にも、その重苦しさにはっきりと異常なものが感じ取れていました。

父の苦悩

此の夏は、夏休みに入っても磯遊びに行く事もなく、八月に入って間もない日、いつものように丸く大きな食卓を囲んで、家族全員で夕食をしていた時です。父が、すぐ隣に座っている私に言いました。

「トヨ子。お前、綾の大叔母さん所へ行く気はないかね。かねちゃんは婆ちゃんの所へ行ったけど、元気者のお前に是非来て欲しいと大叔母さんが言うてな、何度も何度も手紙が来たとじゃがね。お父さんは無理に行けとは言わんからね。でも大叔母さんが来て欲しいと言いよんなるから、よーく考えて、あんたの心一つでどっちに決めてもいいとじゃから、二、三日よーく考えて、考えが決ったらお父さんに返事を聞かしておくれ」

苦しい胸の内を母や兄姉に悟られないためか、ゆっくりと静かな口調で話し掛けていました。

聞き終った私は、小さな胸をグサリと刃物で突刺された思いでつい最近見た泥酔した父の姿が思い出され、何となく分って来たような気がしました。人一倍も二倍も子煩悩な父にとって、つい此の前は病弱で一番気に掛る妹を手放し、今度は腰巾着のように付いて回る私を手放そうとしているその心情は、言葉では表現出来ない程苦しいものに違いありませんでした。

五人兄妹の中で一番の父親っ子であった私は、小学三年生、数え年九歳の幼い心でその夜から思い悩みました。行くべきか行かざるべきか。父母の温かいぬくもりから離れて行く恐ろしさ。温和で優しい祖母の丸顔とは正反対の、驚く程色白で整いすぎた冷たく厳しい顔立ちのヨネ大叔母。まるで猛禽類を思わせるような厳しく光る目と冷たい迄に高く通った鼻筋、きりっと引締まった形の良い唇をした大叔母の顔が思い出されて、やはり親元を離れる恐怖心に襲われました。横になればすぐ寝てしまう私でも、真剣に思い悩んで、布団に入っても仲々眠れない位でした。

心の優しい父が、大叔母や母との間に立たされて苦しんでいるように思え、私が大叔母さんの所へ行く事で苦しみが少しでも少なくなるなら、行かなければ父が可哀想。親元から離れる恐ろしさにすくむ一方では、それでも行かなければという思い。その思いの前に大きく立ちはだかる大叔母の冷厳そのものの白い顔、整いすぎた顔が思い浮びます。様々な思いが渦を巻きながら堂々巡りを繰返して、二、三日は夜も昼も胸の中に嵐が吹き荒れてでもいるような思いでした。

思い悩む内に時は過ぎてしまい、四日目ともなれば、苦しむ自分自身の心にも決りを付けなければと思うようになりました。小さな胸で苦しみ疲れたのかも知れません。悩みの糸を断ち切る思いで夕飯の時、いつものように父の隣に座って食事をしながら、一言だけ父に言いました。「お父さん、私、綾に行ってもいいよ」気持を決めさせたのは、妹が先に行って待っているという思いでした。私が行って悪童連中から妹を守ってやらなければ、という気持が強く働いていていました。言ってしまえば後には引けない事を充分覚悟していた私は、父と母が転校の手続き等で毎日走り回っている姿を、他人事のような気持で眺めていました。夏休みだったために手続きには手間が掛ったようですが、お盆迄には綾行きの仕度は出来上がってしまいました。

綾村へ

お盆が終った十七日の朝、なるたけ涼しい内にと早めに家を出る事にしました。私の着替類が母の手によって夏物と冬物に分けられ、小さな風呂敷包み二つにまとめられました。それを両手に提げた母が店の出入口に立っていて、学用品を一杯に詰込んだ重たいカバンを肩に掛けて、父の後ろに付いて土間から出ようとした私に言いました。

「トヨ子。大叔母さんの所へ行ったら、たとえ一寸刻みに刻まれても、どんな事があっても辛抱せにゃ。お前を取って食うもんは誰も居りゃあせんとじゃから、油津に帰りたいなんか絶対思う事はならん。いいか、分ったな」

風呂敷包みを手渡しながら、数え年九歳で両親の元を離れようとしている私に、母から贈られた最後の言葉でした。

家からはタクシーで行く事になっていました。家を離れるとはいえ、それでも父と一緒に行ける事だけが私の心を普段の何倍も落着かせていました。やがて当時では珍しいタクシーが家の前に止ると、近所の小母さん達やいつもの遊び仲間が皆、周囲に集まって来ました。父と私は少しばかりの荷物を持って車に乗込み、家族と集まった人達に見送られながら楽しかった我が家を後にしました。

油津の町を通り抜けて、半年程前姉と一緒に祖母達を迎えた梅が浜に出ます。太平洋の荒波が大きく打寄せては岩に砕け、真白い波しぶきを上げている日南海岸を右に見ながら、私達親子を乗せたタクシーは宮崎に向って走ります。海が見える海岸沿いの曲りくねった細い道を走り続けて二時間足らずして、車は宮崎市内に入りました。賑やかな市内を通り抜けた後は、近くに遠くに山々を見ながら田畑の中を通る一筋の道を綾に向って走りました。

此の地のはるかなる行く手には、やがて私達家族全員を嵐に巻込んでしまう黒い雲が待受けていよう等とは夢知る由もありませんでした。運命の糸に操られ、引かれるようにして、父と私を乗せた車は母の故里、綾村にひた走ります。八月半ばの暑さで乾ききっている道を走るタクシーの後ろには、まるで煙幕でも張ったように白い土煙がもうもうと立昇っていました。

三ツ子の魂百迄という昔の人の言葉通り、父の心は私の心の奥深くに、いつの間にか大きく根を下ろしていました。九歳迄大事に育ててくれた父のぬくもりと、幼い日々の生活の中で溢れるばかりに注いでくれた愛情と共に、夕飯の時の色々な世間話の中で人間としてのあり方、生き方を根気良く話してくれた父の言葉は、私のその後の人生での大きな柱となって私を支え励ましてくれました。幼児体験の大切さを、今の私は身にしみて感じております。

二、ヨネ大叔母の家での生活
激しい虐待にも似た躾と言う名目の厳しさに悩み苦しむ九歳の私

父に連れられ綾へ

父と一緒にタクシーで大叔母の家の前に着いた私は、父の後ろに付いて降りた瞬間、「しまった、来るのではなかった」と心の中でつぶやいていました。このままお父さんと一緒に油津に帰りたい。そんな思いが胸一杯にふくらんでいました。油津を出る時には、子供なりにも覚悟は決めていたものの、そこはやはり九歳の子供心でした。

病弱な大叔父と二人暮しの大叔母は、村岡のミサオ大叔母が家族全員で大阪へ出て行った後の家に住んでいました。ミサオ大叔母が営んでいた文房具や雑貨、日用品等の商いは、出て行く時にそのまま引受けて、商売は続けておりました。然しヨネ大叔母達が引受けてからも何年か経ったものとみえ、古びた感じの、何となく埃っぽさが目立つ店構えでした。

店の端に人一人通るのがやっとの土間が奥迄続いていて、突き当りが暗くて狭い炊事場で、左側に八畳の座敷が二間ありました。座敷の床は高く、高い上り框が付いていて、日当りの悪い薄暗く陰気な家でした。

昼でも薄暗いイロリ端では、痩せ細った体に分厚いネルの着物と、下には白ネルの下着を着た大叔父が、あえぐように肩で息をしながら座っていました。お盆過ぎでしたから、父と私は簡単な夏服を着ていたのですが、イロリには炭が灰の中に埋れて少しだけ赤い火が見え、、自在鉤に掛った鉄瓶からは湯気が出ていました。

大叔母は油津で見た時と同じで、色白の整いすぎる位に整った顔の、高い鼻の上に冷厳な目を光らせていました。父は大叔父や大叔母と挨拶を交わした後、四方山話に花を咲かせておりましたが、私は父の横にピッタリとくっついたまま離れようとはしませんでした。父の側から離れたら最後、置去りにされる、そんな気持で一杯だったからです。そんな私の気持等、大叔母はすっかり見透かしていたようでした。重い鉄瓶から湯を注ぎながら、私達親子に昼御飯をすすめてくれましたが、私達は朝油津を発つ時に母から渡された握飯を出して食べました。

御飯を食べたりお茶を飲んだ事により、何となくホッとした気分になった私は、学校の勉強道具を入れたカバンを座敷の端に置きました。その後「外で遊んで来なさい」と言う父に促され、店の前の道路に出てみました。先ず何よりも先に、優しかった祖母の家はどこか、妹はどこかという思いで、近所をあちらこちらと探し回りました。然し、家の中をうかがっても、祖母と妹の姿はどこにもありませんでした。

子煩悩の父が、どんな気持で大叔父や大叔母と話しているのか等、幼い私に分るはずもありませんでした。私は父が外に出て来たら、離れずに一緒に帰るのだと、秘かに決めていました。恐ろしい程に薄暗くて心寒い家の雰囲気に馴染めず、二度と家の中に入る気がしなくて、店の前の道路にしゃがみ込んで父が出て来るのを待っていました。

待ちくたびれた頃、父が土間を歩いて来ながら大叔母に挨拶をした後、

「トヨ子、お前は此処で一寸待っとかんね。お父さんが婆ちゃん所へ行って、かねちゃんを呼んで来てあげるから、おとなしく待っとかんといかんよ」

と言うのです。

「うん、待っとくけど、お父さんも又すぐ来るとじゃろ、こっちに」

「うんうん、婆ちゃんとこ行って話して、かねちゃんをすぐこっちへやって貰うごと頼んで来るからね」

「うん、ほんなら早う来てね」

此の時、私と話し終った父の胸中はどんなに苦しかったか。父が祖母の家に向って歩き始めました。一メートル八十センチと体格の良い、鍛え抜かれた父の体は肩幅も広く、胸板も厚いものでしたが、俯き加減に足元を見ながら歩いて行く父の後ろ姿は淋しそうでした。いつ迄も見送る私を一度も振返る事なく、三百メートル程先の曲り角に父は消えて行きました。

父の姿が見えなくなった後、何となく胸騒ぎを覚えた私は、父が消えて行った曲り角の方をイライラする思いで見詰めながら、父と妹の姿が現れるのを待っていました。暫くして、丁度半年前に別れ

た妹が曲り角から現れました。然しその姿を見て私は驚きました。半年前とは別人のように元気な姿だったからです。側に来た妹の顔を見るや否や、私は急き込むように、

「お父さんは、婆ちゃんとこに居んなったね」

と尋ねました。

「うん、居んなったよ。婆ちゃん達と話しよんなったよ」

と言うのです。

「そうね、ほんなら私も婆ちゃんとこ行きたいから連れて行ってくれんね」

私の言葉をはぐらかすかのようにして、妹は私を大叔母の家の中に連れて入りました。そして何やかや色々と私に注文を出したり、強要したりするのです。姉妹の立場は半年前とは逆転していました。私の足を少しでも引留めようと努力していたのでしょうが、もう言う言葉もなくしたとみえ、ようやく私を祖母の家へ連れて行ってくれました。然し、先程父が歩いて行った道を私としては一刻も早くと心急く思いで歩き始めたのですが、妹は少しでも遅く、と考えていたのでしょう。道々、一軒一軒の家の名前等を私に教えながら、ゆっくりゆっくりと歩くのです。

ようやく祖母の家に辿り着いて、私は挨拶もそこそこに、「お父さんは居んなっと」と声を掛けました。家の中に父の姿を捜す私でしたが、当然まだ父は祖母の家に居るものと思い込んでいました。然し、

「あら、お父さんな、もうさっきバスに乗って油津に帰んなったが」

と言う祖父の思い掛けない返事が返って来ました。畑から帰って来た所だったのでしょう。祖父は野良着姿でキセルで煙草を吸いながら、そう教えてくれたのです。

祖父の此の言葉を聞いても、暫くは信じられない気持でした。一瞬、脳天を一撃されたかのようにショックでしたが、次の瞬間、「バスの停留所はどこ」と尋ねていました。祖父と妹が答えるのももどかしく、すでに走り出していました。早く早く、早く走らなければお父さんの乗るバスに間に合わん。足が地に着かない思いとは、此のような時の事を言うのでしょうか。バス停に飛込んだ私は、「バスはもう出たとでしょうか」とバス停の小母さんに尋ねました。「ああ、もうさっき出たよ」と言うのです。

その声を聞いた私は、自分から綾行きを承諾した事も忘れ果て、気も狂わんばかりに「お父さーん、お父さーん」と叫びながら、父を乗せて走り去ったであろう広いバス道路を、影も形も見えないバスを追掛て一生懸命走り出しました。身も世もなく泣き叫びながら、このまま油津迄走って帰ろう。走っていればいつかは家に辿り着くだろう。白い土埃を巻上げながら走り去る自動車や、数少ないタクシーのスピードが、此の時程うらやましく思われた事はありませんでした。

真夏の暑さに熱せられた道路を泣き叫びながら走る私の顔は、汗と涙でぐちゃぐちゃで、真赤になっていました。二、三百メートルも走ったでしょうか。飛び出して行ったまま帰らない私を心配して、祖父と妹と腰の曲った祖母の三人が、「トヨちゃーん、トヨ子姉ちゃーん」と口々に私の名前を呼びながら、私の後ろから走って来ていました。然し、死にもの狂いで走り続け油津迄帰りたいと夢中になっていた私の耳には、三人の声は届きませんでした。やがて走り疲れ、泣き疲れた苦しさからその足も止ってしまい、気付いた時には三人が追付いて、私の側に立っていました。

祖父母と妹が慰めの言葉を掛けてくれるのですが、父恋しさ、悲しさ、それに一生懸命走り続けたせいもあり、胸元から喉にかけて苦しく、歩くのがやっとでした。暫くは激しい泣き声と、父恋しの気持はどうにも治まりがつきませんでした。祖母と妹に両手を引かれ、しぶしぶと歩きながらも泣きじゃくる私に祖母が、

「トヨちゃん、あんた、かねちゃんの姉さんじゃろうが。三つも年が多いとに、泣いたらおかしいじゃないね。かねちゃんな、一ぺんも泣いたこたあねーよ。妹のかねちゃんが泣かんとに、姉さんのあんたが泣いたらおかしい。人が笑うよ。早うこれで涙を拭いて、顔もきれいに拭わにゃ」

祖母は、曲った腰にはさんでいた手拭を私に手渡しながら、ポツリポツリと言聞かせるのでした。

「あんたが、何ぼ走っても、油津迄は遠いとじゃから、走った位では帰られんとよ。タクシーで三時間も一生懸命走らんならん程遠いとじゃからねー」

祖母の言葉がようやく理解出来る程に、私の心にも諦めの気持が芽生えて来ていました。いつしか祖母の家に辿り着いていましたが、未だ私の心は、このまますっとヨネ大叔母の家に行くという気持にはなれませんでした。あの暗くて冷たい家の雰囲気に怯えていたのです。祖母の家の前に立ち止まり、動こうとしない私に、

「トヨちゃん、中に入って顔を洗うて、泣いた事が分らんごとせんとおかしいが。顔を洗うたら上り

框に腰掛けて、一休みしてから帰るといいが」

と言ってくれました。祖母の言葉には温かさが感じられ、心なごむ響きがありました。

長い竹筒を通して山から引いた湧水は、大きな水槽に溢れても溢れても絶える事無く、冷たいおいしい水がどんどん流れ込んでいました。冷たくて美味しいその水で顔を洗い、上り框に腰掛けた私の横に、仕事の手を休めた祖母が腰掛け、

「トヨちゃん、あんたは今日から外山ん大叔父さん、大叔母さんと一緒に暮して。水汲みには婆ちゃん所へ来て、掃除をしたり、色々な仕事を手伝うために綾に来たとじゃから、大叔父さん大叔母さんの言いなる事をよーく聞いて、お利口にしとらんといかんとよ。あんたが一生懸命働いてお利口にしとれば、お父さんが又迎いに来てやんなっとじゃからね。分ったね」

祖母の言葉は優しい響きを持って、私の心にしみ渡って行きました。油津では、多忙な母がいつでもガミガミと叱るだけで、物事を言って聞かせるという事は全くありませんでしたから、此の時初めて、私は自分の立場というものをはっきりと教えられたのです。祖母の言葉に納得自覚した私は、持前の負けてなるものかという気持がもくもくと胸に広がるのを覚えました。祖母の温かい助言を聞いて、私も子供なりに、厳しい心の階段を一段上る事が出来たようでした。

その後は、よし、一生懸命やるぞと覚悟を決め、

「婆ちゃん、ほんなら私、大叔母さん所に行って来る」

「そーね、ほんならかねちゃんと一緒に行くといいが。かねちゃん、トヨちゃんと一緒に行って来ん

ね」
と妹に声を掛けました。此の時祖母は、私に覚悟が出来た事を知らず、私一人で出すのが不安だったのでしょう。妹と一緒に大叔母の家に行かせようとしていました。

ヨネ大叔母の激しい虐待にも似た躾という名目の厳しさに悩み苦しむ九歳の私

妹と二人、大叔母の家に行った私には、早速にも仕事が待受けていました。今迄持った事もない重さのバケツとタンゴ、それに子供用の小さい天秤棒を渡され、祖母の家迄水汲みに行って来るよう言渡されたのでした。肩に天秤棒を乗せてみても滑り落ち、どうしても肩の上に載せて歩く事が出来ません。前後にバケツとタンゴをぶら下げ、両手を添えて肩を持上げると、どうにか歩く事が出来ました。

普段着に着替え、足には子供用の小さな足半《あしなか》(藁草履の一種)を履いて歩き始めたのですが、足の裏が半分はみ出した所に道の小石が突き刺さり、まるで針の山を歩いているかのような痛みを覚えました。歩く度に、足の痛みから思わずヒョコヒョコと足を持上げてしまうので、たちまち肩から天秤棒がずり落ちてしまいます。空のバケツとタンゴが前後から私の足元にぶつかり、まるで「お前が悪い」のだと言って、叩かれているような気分になりました。然し心の中では、物心付いた頃から毎晩のように父から言聞かされて来た言葉が鮮やかに思い出されました。「何事にも負けるな。自分自身にも負けるな。頑張れ」と言う父の声が、耳元に聞こえて来るようでした。然し、頑張るのは此処なんだ、今なのだと一生懸命歯を食いしばってはみても、柔らかい小さな足の裏に針が刺さる様な痛みは例えようもありませんでした。両足をピョコピョコと持ち上げる歩き方は、まるで踊りながら歩いている様な格好でした。

妹と一緒に、ようやく祖母の家に辿り着き、祖母の家の石ころのない土間に入って初めて、やれやれとホッとする思いでした。早速水槽の横にバケツとタンゴを下ろし、水を汲始めました。此の仕事を少しでも早く終えたいとバケツ一杯に汲んだ水でしたが、天秤棒を肩にして何度も何度も持上げようとしても、まるで根が生えてしまったかのようにビクとも動きません。そんな私の姿を見た祖母が、「トヨちゃん、初めからそんなにこぼれるごと一杯入れたら駄目じゃが。八分目位に減らしたら持てるが」

広い土間の奥から助言をくれた祖母の言葉通りに、八分目位にしたバケツとタンゴは、今度は一回で持上がりました。然し肩に担いではみたものの、その重たさといったらありませんでした。

今迄は父母の居る、温かい家庭という巣の中で、子供は子供なりの生活を送る事が出来ましたが、その巣から離れ、これからは大叔母の家の労働力として生きて行かなければならない私は、生れて初めて、担ぐ水の重たさが身にしみました。足裏の痛さは相変らずで、まるで針の山を歩く思いでしたが、それにも増して天秤棒が肩の骨と肉に食込んでくる痛さはこらえようもありませんでした。「負けるもんか、頑張れ、頑張れ」と、父の言葉を必死に自分に言聞かせながら、四、五メートル担いでは休み、一休みしては肩の痛さを少しやわらげ、又担ぎ、まるで尺取虫のようにして少しずつ進み、ようやく大叔母の家に辿り着きました。

然し家迄辿り着いた時には、バケツとタンゴの中の水は少ししか残っていませんでした。バランスの悪い歩き方をしていたため、バケツの中で水はジャボジャボと躍上がってしまい、気が付くと私の簡単服は膝の上からびしょ濡れになって、水がポタポタとしたたり落ちていました。土間の入口で下ろしたバケツの水と私の様子を見た大叔母が、

「少しは水が残っとるね。今度から奥迄担いで行って、炊事場の大きな水瓶を一杯にして。後は店の前の端から端迄きれいに水を撒きなさい。それでないと店に埃がしてしようがないから、水撒きが終ったら。最後の水はバケツとタンゴに一杯入れたまま、炊事場に置きなさい。その水から使えばいいから、分ったらそれだけの事をさっさとしてしまいなさい」

と言われました。

大叔母の言付け通り水瓶を一杯にして、広くて長い表に水を撒き、最後の水はそのまま炊事場へ置きました。仕事が終った時には、足の裏と肩には火がついて燃えているような熱さと激痛があって、ヅキンヅキンと音を立てて疼いていました。

水汲みが終ると、今度は掃除の仕方、手順等を厳格に教え込まれました。特に拭掃除の時には大叔母が側に付き、店の板の間は特に汚れる所だからと、

「雑巾で二、三回サッサッと力を込めて拭いた後は、すぐに雑巾をきれいに洗い出しなさい。何べんも同じ雑巾で撫でていただけでは、汚れをあっちこっちになすり付けて回るのと同じ事じゃから、そんなズボラな掃除ならせん方がいい。兎に角雑巾はよくよく洗い出して、雑巾を洗う水も汚れたらすぐ取替えなさい。汚い水で洗い出しても洗った事にはならん。そして、板の間や柱、板壁等、木や板の所は全部きれいに拭上げなさい。拭掃除が終ったら、雑巾は三回洗い出しなさい。荒洗い、ゆすぎ、ゆすぎ上げの三回。よく揉み洗いして、その時付いた汚れはその時に落しておきなさい。洗い上げた雑巾は、しっかり絞って窓の下の雑巾掛に掛けておく事」

というものでした。一番先に座敷の方のハタキ掛け、掃き出し、店の方のハタキ掛け、掃き出し、座敷の方から拭掃除を始めて、店の方へと続きました。そして拭掃除の前には土間と店の表もきれいに掃かなければなりませんでした。

掃除が終った後は、洗面器に水を少しずつ入れて三回水を取替えて手を洗えば、石鹸のような贅沢なものは使わなくてもいいというのが大叔母の言葉でした。大叔母の監視の下、まるで降りそそぐ激しい雨の様な怒声で叱られながら何もかも初めての事ばかりでした。無我夢中で言付け通りの掃除が終った時には、長い夏の日も暮れようとしていました。

初めての夕食

私に仕事を教えながら作っていた大叔母の料理で、夕食を食べる事になりました。上り框に近い座敷のイロリ端に、三人分の箱膳を戸棚から取出します。蓋をひっくり返すとお膳に早変わりする箱の中には、一人分の茶碗と皿、箸が入っていました。小さな重箱のような私のお膳の中からは、赤ちゃん用の御飯茶碗と小さな皿一枚、箸、赤ちゃん用の汁茶椀が入っていました。恐らく私以前にも、何人かの子供が此の家に来たのでしょうが、どの子も十日と続く事なく皆親元に逃げ帰ってしまったという話を、油津で父母が話していたのを聞いた記憶が蘇りました。

四角い小さな箱膳は、四角い角が丸くなる位使い込まれていて、まるで骨董品のような古さでした。大叔父大叔母の順で御飯が注がれ、更にはお菜《かず》が少しとタクアン二切れが載っていましたが、環境の激変に心も体も怯えきっていたせいでしょう。食べ物を見ても全然食欲が湧かず、胸に何かがつかえているようで、お腹も空いていませんでした。大叔母が、

「御飯食べる前には、きちんと正座して、両手を膝の前に揃え、額が手に触る位迄頭を下げて、頂きます、と挨拶をしなさい。朝はお早うございます。お昼と夜は頂きますでいいから。必ず、先ず大叔父さんから。私はその次でいいから。挨拶が済んだら食べなさい」

と言って大叔母は大叔父と共に食事を始めました。

油津では、いつも姉から「豚、豚」と言われる位、自分の食事を終えても姉や弟の残したものをきれいに平らげる位食欲旺盛だった私が、自分でもよくは分らないながら、御飯に手を付ける事が出来ませんでした。その様子を見ていた大叔母が、「食べられんなら仕方がねーわ」と言って、私の御飯とお菜を元あった所に戻してしまいました。じっと座って、大叔母達の食事が終るのを待っている間、私の心には、油津の父母や兄、姉、弟の顔が思い出されておりました。今頃は油津でもみんなで御飯を食べているのだろうな、と夕食時の様子が目に浮んで来ました。覚悟は決めたものの、やはり父母恋しさは心の片隅でくすぶり続けていました。

間もなく、食事の終った大叔母から後片付けの手順を教えられました。先ずは大叔父大叔母の茶碗を流しに運び、きれいに洗った台拭で大叔父と大叔母のお膳を順序良く拭いた後、私の膳も拭いてから、運んだ食器を洗い始めます。それも大叔父の湯呑、大叔母の湯呑、私の湯呑と洗い、次に大叔父の飯茶碗、皿、箸等大叔父の食器を全部洗った後、大叔母のを全部洗い、最後に私の食器を洗い終えて第一回目の粗洗いが終りです。二回目にはゆすぎ洗い、三回目のゆすぎ上げと、その順序を間違えないように洗い上げた後、拭上げをして行かなければなりません。拭上げたら、一人分ずつ箱膳の中へ納め、イロリの横にある大きな戸棚にきちんと収納しなければなりません。ちなみに、最初の粗洗いの際には翌日の米のとぎ汁を使い、使った後の水も流しに捨てるのではなく、全部表に運んで道路に撒くように言いつかりました。

食事の後片付けが終るのをイロリ端で煙草を吸いながら待っていた大叔母は、

「今日はお前も疲れたろうから、風呂に行こう」

と言うと、洗い桶の中に私と自分のタオルと石鹸箱を入れ、

「これ持って来なさい」

と渡されました。二、三軒先にある、商人宿を営む家が風呂屋も兼ねていて、風呂屋の番台になっているイロリ端では、此の宿の小父さんや息子さんが提灯貼りに精を出していました。

風呂に入り、白くて白人の様にきれいな肌をしている大叔母の体に、私は子供ながらにも見とれてしまいました。その大叔母の肩から背中、腰の方へと力一杯丁寧に、石鹸をよく泡立てたタオルで洗い上げて行きました。何事にも念を入れる大叔母の入浴はそれなりに長い入浴時間でした。

風呂から帰る頃にはもう九時半位になっていました。イロリ端でキセルを叩きながら一服した大叔母は、今度は布団の敷き方、蚊帳の張り方を教えてくれました。その後、私が持って来た勉強道具等を子供用の白木の小さい机の上や引出しに納め、風呂敷二枚に包んで来た衣類を納戸の中にあった小さなタンスの引出しに納めたりして身の回りを片付けました。

そうこうしている内に十時半頃になってしまい、今度は戸締りの仕方を教えられ、店の軒下に吊された大小のワラジやタワシ、竹箒等を土間に持込んだ後、十枚の重たい雨戸を一枚ずつ、滑りの悪い溝に通して押して行きました。これでようやく今日一日の終りです。床に入る前には、着ていた服をきれいに畳んで枕元に置き、寝間着に着替えた後、大叔父大叔母の順で「お先に休ませて頂きます」

と、丁寧にお辞儀をしなければ、布団に入る事は許されませんでした。布団に入ればバタンキューと眠りに入ってしまいましたが、やはり心の隅を占めた淋しさはどうする事も出来ませんでした。

大叔母の家での二日目

翌朝を迎え、夢の中で自分の名前が呼ばれるのがかすかに分りました。激変した生活も、昨日の疲れからぐっすりと眠る内に忘れたとみえ、どうして今頃私の名前を呼ぶ人が居るのかなーという意識の中、それでも四、五回は呼ばれたでしょうか、とうとう大叔母の雷が落ちてしまいました。

「人が優しゅうに呼んでやれば横着者が、返事もせん、起きもせんで。起したら、さっさと起きて仕事をせんか」

との言葉と共に、目が覚める位いに顔を二、三発殴られ、かけていた夏布団は勢い良くはぎ取られてしまいました。

ビックリして目をこすりながら、それでも「まだ眠いのにどうして」という気持から、布団に座ったまま眠ぼけ眼で柱時計を見ますと、まだ午前四時十分前でした。時計を見ている私に気付いた大叔母は、「こん寝坊助が。お前が時計なんか見るこたあいらんとじゃが、お前が時計見て何になるか。起きろ言われたらさっさと起きればいいだけんこつじゃ。ぐずぐずしとらんで、早う着る物に着替えて、昨日のごと水汲みに行って来にゃ。水汲みに行く前に店の雨戸を開けて、品物もちゃんと出しておきなさい。雨戸を開けた後は、炊事場に塩があるから、それを三本の指で少しつまんで人差指の先に付け、歯を磨いた後、顔を洗うたら足半を履いて。さっさとせんと遅うなるから」と荒々しい口調で畳み掛けられました。

私は言われた通り、戸車のない重たくきしむ雨戸を開け、顔を洗って足半に履き替えました。その頃になって、ようやくぼんやりとしていた頭が目覚めて来ました。天秤棒を肩に乗せてみますと、生れて初めて担いだ昨日の水汲みで、小さな肩の筋肉や骨格が熱を持ってズキズキと激しく痛んでいました。それは肩だけではなく、足の裏も赤くはれた上に熱を持って疼いていました。天秤棒は両手で持上げるようにして歩く事は出来ても、足の裏の痛さはどうしようもなく、小石の少ない所を選ぶようにヒョコヒョコと妙な格好で歩いて行きました。

お盆過ぎた朝の四時といえば、外はもう日の出前の明るさがありましたが、雨戸を開けている家は一軒もありませんでした。然し豆腐屋を営む祖母の家だけは違いました。私が着く頃にはもう仕事を始めていて、祖母は長い柄の付いた重い石臼をゴロゴロと、同じようなリズムで回していました。石臼の周りからは大豆の白い液がタラタラと、大きな孟宗竹を半分に割った竹筒を伝って、直径一メートル位の大きな平鍋の中に流れ落ちていました。

私は土間に入るとすぐ、奥の方で仕事をしている祖母に、「婆ちゃん、お早うございます」と大きな声を掛けて挨拶をしますと、優しい祖母は、「おーおー、トヨちゃんか。あんたも早いね」と必ず言葉を返してくれました。祖母の此の一言で、当時の私は勇気百倍を祖母から貰った気分になったものでした。

大叔母の厳しい監視の下、昨日と同じように言付けられた仕事を一つずつこなして行きます。今朝は、大きな蚊帳の畳み方を教わりました。私の水汲みと掃除が全部終った頃、大叔母の朝御飯の仕度も出来上っていました。手を洗った私がお膳を戸棚から出して、三人分をそれぞれの場所に置くと、仏様の御飯とお茶が大叔母の手で盛られ、それをお盆に載せて私が毎朝仏様に供える事になりました。灯明と線香も上げて両手を合せて拝みます。一日も早く油津に帰れますように。

朝食が整い、私もイロリ端の自分の小さなお膳の前に座り、昨日教えられた通りに正座して、頭が自分の手に触れる位迄頭を下げ、先ず大叔父に向って「お早うございます」大叔母に向き直って「お早うございます」挨拶を終えた後、さて食事をと思っても、御飯茶碗よりも大きくて深い湯呑茶碗に一杯注がれた、濃いお茶を御飯の前に必ず全部飲んでしまわなければ、御飯を食べさせて貰う事は出来ませんでした。大人や年寄には美味しいお茶かも知れませんが、小さな子供にとっては渋くて苦いお茶は、仲々に喉を通りにくいものでした。美味しそうに飲み終った大叔父と大叔母が、私が飲み終えるのをじっと待っていました。私が飲み終らない限り朝御飯にはならないのだと思った私は、思い切って溢れるばかりのお茶を何とか飲み下しました。

そこで、ようやく御飯と味噌汁とタクアン二切れの朝食が始りましたが、私はさっきのお茶のせいか、今朝も全く食欲がありません。四時から起きて仕事をしているにもかかわらず、御飯が喉を通り

ませんでした。どう気張ってみても、胃袋の方が受付けようとしないのです。それを見た大叔母が、

「食べられんもんな仕方がねーわ。その内腹が減って来れば食わるるごつなるが」

と言いながら、御飯とおつゆを元に戻してしまいました。

朝御飯の後片付けは、教えられた通り三回洗い直してお茶碗を片付け終えました。その後、今は夏休みで店の方も暇だから、婆ちゃんの所へ行ってお昼迄かねちゃんと遊んで来て良いと大叔母に言われ、喜び勇んだ私は、走って祖母の家へ行って妹と遊ぶ内に、やがてお昼になっていました。忙しい豆腐と油揚作りの仕事が一段落した後の祖母が手を休め、

「トヨちゃんな、お昼になったから此処でかねちゃんと一緒に御飯食べるといいが。でもあんまり腹一杯食べると大叔母さんとこに帰ってから食べられんといかんから、一膳だけ食べちょくといいが。早う火鉢の側へ来て食べんね。かねちゃんも早う来んね」

と言ってくれました。

大叔母の家では小さな赤ちゃん用の茶碗に軽く注がれた御飯でしたが、それでも喉を通らなくて昨夜も今朝も食欲は全く失われていました。それなのに、祖母がすすめてくれた御飯は油津に居た時と同じような大きさの茶碗に、たっぷり注がれた御飯でしたのに、美味しく頂く事が出来たのです。自分でも不思議だなーと思いましたが、祖母の素朴な優しさが九歳の子供の心と体に、食欲を促してくれたもののようでした。

昼御飯の後、二時頃迄妹と遊んでいましたが、祖母が、「トヨちゃんな、ぼつぼつ帰らんと。あん

まり遅うなってもいかんからね」と言うので、「はい、ほんなら帰って来るね」と答えながらも帰りたくはない家でしたが、決った事は仕方がない、一生懸命頑張ろう、そんな事を思いながら大叔母の家に帰りました。「只今」と言って土間を入って行きますと、イロリ端に座っていた大叔母が私の顔を見ると、「昼御飯を食べなさい」と言うので、「婆ちゃんとこで食べて来ました」と答えました。「婆ちゃんとこで食べんで、うちに帰って来て食べにゃ」と険しい顔付きで注意した後、「もうぼつぼつ水汲みから始めなさい」と言われた私は、びしょ濡れになった足半に履き替え、天秤棒を疼く肩に乗せて、祖母の家へと急ぎました。

決められた仕事をきちんと片付けて行く私の横からは、大叔母の叱責の声がまだまだ続いておりました。

「何をするにも丁寧に、どんな仕事でも時間を掛けて丁寧にしなさい。時間を掛けずに、チョコチョコと仕事を早い事終らせようとするのは怠け者の証拠、ズボラな人間のする事。早い仕事にはろくな事はない。どんな小さな仕事でも、兎に角時間を掛けて丁寧に、しっかりと性根を入れてしなさい」

これが大叔母の持論、口癖でもありました。明治時代に女学校を出て、裁縫（和裁一式）と行儀作法の先生を長い間していたという大叔母は、明治人の厳格さをそのまま持った人でした。

祖母の家で昼御飯を食べた事により、ようやく私の胃袋の神経も正常に戻ったらしく、その日の晩御飯からは、小さな茶碗に軽く注がれた御飯が私の喉を通るようになりました。御飯を食べ始めますと、一口の御飯を食べる時の噛み方が少ないと言って、突然私の前頭部目がけて大叔母の箸の四角い

角が、ガツンと飛んで来ました。思い掛けない大叔母の仕草と余りの痛さに驚いて、大叔母の顔を思わず見上げる私に、

「餓鬼の子のごと、ガツガツ食べんと、御飯は一度に沢山口に入れずに少しずつ入れて、一口の御飯は最低三、四十回良く噛んでから飲込みなさい。お前は噛み方が足らん。今から一口の御飯を食べる時は必ず三十回、数を数えなさい。三十回噛んだら飲込んでもいいから」

と言って、自分も御飯を食べながら、目線は絶えず私の口元に向けられていました。私が少しでも早く口の中の御飯を飲込めば、四角くて丈夫な箸の角が私の前頭部目がけて、勢い良く飛んで来ました。こうした厳しい躾の下で、小さな茶碗一杯のご飯も涙ながらに食べ終っていました。

厳しい躾

五人の子供を産み育てながら父と共に働いていた母は、何事も総てを早くというのが、生活をする上での第一条件でした。朝から晩迄、工場の仕事に合せた生活の中で育った私にもそれがしみ込んでいて、子供を育てた事もない初老の大叔母の言う、何事もゆっくり、丁寧に、時間を掛けてという生活スタイルとは正反対でした。然しスローテンポの生活に切替えて行かなければと、幼心にも一生懸命でした。必死の思いで大叔母の厳しい躾に耐え抜こうと、努力に努力を重ねる日々が続きました。

悔しさと辛さの入り交じった熱い涙がポロポロと、小さな茶碗にこぼれ落ちる事も度々で、人に隠れて涙を流した日も数知れずありました。

兎に角、私にとって御飯を食べる事が苦痛の種でした。茶碗を手に持ったら小さな茶碗の中だけを見詰め、箸の先を少ししか使わないようにして少しずつ口に運んだ御飯は、必ず三十回以上噛まなければ飲下す事を許されず、茶碗を持った両手の肘は体にピッタリと付けて、少しでも肘が体から離れると、例の箸が私の両肘目がけて飛んで来るのです。その御飯も軽く二杯だけしか食べる事が許されず、「三杯食うとは、バカの大飯じゃ」と叱られました。そうして食事をしていると、正座した体は自然と前屈みに、エビのように曲った姿勢になりました。そんな姿勢に疲れてヒョッと体を伸そうとすると、伸しきらない内に、大叔母の箸が私の前頭部目がけて飛んで来るのです。そして、「御飯を食べる時は、茶碗の中から目を逸らすなと、あれだけ言ってもまだ分らんが」との罵声を浴びせられるのです。油津時代は何も彼も早く早くというのが生活の基本でしたから、大叔母の家での何も彼もがスローテンポで動いて行くのに馴れる迄には大変な忍従の生活の中で、人知れず熱い涙が流れ落ちた事も数知れずありました。

一日三回、食事の度に、躾という名の下、大叔母の箸が私の頭や茶碗を持つ手元にどれだけ飛んで来た事か。子供ながらにも、辛抱するにも限界を覚えた事もありました。

一週間位は、朝四時前に起され名前を呼ばれても、まだ夢を見ているかの様な気分で仲々目が覚めず、横着者呼ばわりされた上、顔を叩かれて初めて現実を思い起す有様でしたが、段々と早起きの時間にも慣れるに従い、顔を叩かれる事も少なくなって行き、大叔母の一声で跳起きるようになりました。然し早起きには慣れても、日が経つにつれて増して来る肩の痛みには、ホトホト困り果てていました。

小さい肩の筋肉は赤みと熱を持って腫上がり、着ている物がさわるだけでも痛みました。余りの痛さに、初めて大叔母に、

「水汲みで肩がこんなに腫れて、痛くて痛くて息が詰まるごとあります。何か薬を付けて下さい」

と訴えますと、

「それ位の痛さで薬やなんて贅沢な。まだお前の働きが足らん証拠。痛さをこらえて一生懸命働けば、その内肩の筋肉が固まって来れば、痛くも何ともないようになる。働く事が一番の薬じゃ」

と言うのでした。

三百メートル余り離れた祖母の家から、一日に必要な水を総て運ぶには、朝夕合せて二十回前後運ばなければなりませんでした。熱を持って疼く肩の痛みを歯を食いしばってこらえている時、油津を出る時の母の言葉が思い出されました。

「たとえ一寸刻みに刻まれても、命のある限りは辛抱せにゃ、お前を取って食う者は誰も居りゃあせんとじゃから」

一寸刻みに刻まれる痛さとはどんな痛さだろう。これ位の痛みは、痛さの内には入らないのかも知れない。そんな事を思いながら自分を慰めていました。

激変した生活を送る中、朝夕の仕事はほぼ覚え込んだらしいと見た大叔母は、朝食の後片付けをしていた私に、

「あんたも、綾に来てから着る物の洗濯を一度もせんで、一週間同じ服を着て汚れて来たから、炊事場の仕事が終ったら、今日は洗濯に行くからね。あんたも全部着替えて、汚れた物はまとめときなさい。おっちゃんや私の物も一緒に洗うから。物置から大きいタライと小さいタライを出して、洗面器や雑巾バケツも揃えときなさい」

と、今日は洗濯の仕方を教えて貰うようです。

朝の片付けを終えると同時に、大小のタライと共に洗面器とバケツを揃えた後、納戸に入って着替えを済ませました。自分の汚れ物を小脇に抱え、小さい方のタライとバケツ、洗面器を持って、大叔母の後に続いて家のすぐ前にあった高台の、小学校校庭に入って行き、校門のすぐ側にあった生徒達の足洗場で洗濯を始めました。

八月も終り近い小学校には人気もなく、静まり返っていて、広い校庭の周りにはセンダンの古木が数本並んで大きな枝を張り、涼しい木陰をそこら一面に作っていました。その木陰に大ダライを置き、「此処でいいから、バケツに水を汲んで、タライに八分目位迄入れなさい」と言われるまま水を入れた後、先ず大叔父さんの白ネルの肌着を洗い始めました。私は忙しい母を見ていましたから、洗濯物といえばすぐに洗濯板を思い出しますが、大叔母の家では洗濯板は一切使わず、総て手で揉んで洗い上げる事でした。

「洗濯板を使って洗うのは怠け者のする事。あんなもので着物を揉んで洗うと、着物が早く破れてしまう。何と言っても洗濯は手揉みで洗うのが一番」

と言います。実際、大叔母の家に洗濯板はありませんでした。

洗濯物はタライの中一杯に広げられ、端の方から石鹸を付けて揉み洗いして行く方法です。余す所なく念入りに、丁寧に洗って行きます。衿や袖口、長着《ながぎ》では裾周りや上前身頃等、一段と念入りに洗い上げるよう教えられました。特に、長着の袖のタモトクソをきれいに洗うようにやかましく言われました。

白ネルの肌着を洗った後は、大叔父さんの長着、その後は大叔母さんの肌着と長着の順で、次々と洗い上げていきます。大叔母さんと向い合い一生懸命洗っている私の手のひらは真赤になって、親指の付け根の所の皮が破れ血がにじんで来ました。大叔母の長着を洗い終った後は、洗濯した液を小さいタライに移し、大叔父の白ネルの腰巻と大叔母の白天竺木綿の腰巻を洗い上げ、最後にその水で、

「それでは、お前の物を洗いなさい。自分のじゃから自分一人で洗いなさい。今迄おっちゃんや私の着物で石鹸を沢山使ったから、その中には石鹸が一杯入っている筈、お前のはその中でよーく揉み洗いすれば石鹸は使わんでもきれいになるが。その上石鹸を使うのは勿体ない」

と言われました。

大ダライにはきれいな水を一杯汲入れて、大叔母が自分達二人分のゆすぎを始めた所で、私は小さい方のタライに移された石鹸液で自分の物を洗いました。その後、石鹸液を捨ててきれいな水を一杯

入れて、先ず大叔父大叔母の腰巻を先にゆすぎ洗いして、その後自分の物をゆすいで行きました。

大きい方のタライでは大叔父大叔母の着物を洗い、腰巻類は必ず小さい方のタライで洗うというのが決りになっていて、私の物は総て小さいタライでしか洗う事を許されませんでした。此のように本格的な洗濯を生れて初めて、叱られながら教わる私でしたが、その腕は付け根から抜けそうになる程だるく、長時間しゃがみ込んだ足はしびれてジンジンしていました。

こんな手の皮が破れるようなきつい洗濯なんかしたくないないなー、一刻も早く終って婆ちゃんの所に遊びに行きたい。こんな私に引替え妹はいいなー、婆ちゃん所で宝物のように大事にされて。でも待てよ、妹が大事にして貰えるのは病身だからだ。それに引替え、私は風邪一つ引いた事もない健康な体をしているのだから仕方がない。病気するよりは仕事をしていた方がいいか、とも思う私でした。

二、三日前、祖母の家に早めに水汲みに行った時の事です。丁度近所の悪童達が四、五人集まって来て、表にムシロを敷いて一人ままごと遊びをしていた妹をからかっていました。

「こらー頭きち、お前の頭は重たかろー。一ぺんそこら中歩いてみろ」

と口々に悪たれを言いながら、棒切れや石ころを妹目がけ投付けて来るのです。油津でもそうでしたが、綾に来ても相変らず悪童連中の標的になっている妹でした。

然し祖母はどんなに忙しい状態の時でもすぐ様表に飛出して来て、引きつった顔は怒りに燃えた目で、軒下に掛っている長さ四、五メートルもある太くて長い物干竿を振上げて、悪童連中を追掛けて行きます。然し腰の折れ曲ったそんな老婆を見ても、彼らは一向に恐れる様子も見せず、祖母が再び家の中に入って行くのを見透かして、又すぐに石や棒切れを投げながら悪口雑言、言いたい放題叫んでいました。老婆と走る事の不得手な病身の妹は、そんな悪童連中の格好なエジキとなっていたのです。丁度学校が夏休みの事もあり、暇と体力を持て余した子供達が面白半分、暇つぶしにからかいに来ていたのでしょう。

そんな所に来合せた私は、水汲みの道具を土間の中に置くとすぐ、「婆ちゃん、その竿私に貸して」と、祖母の持っていた長い竿を受取ると、それを悪童連中目がけ高く振上げ追掛けて行きました。そして、

「コラッー待てーッ、誰かッ、石や棒切れを投げた奴は出て来ーいッ。年寄や病人をいじめる奴は誰かーッ。今度から石や棒切れを投げた奴は、ひっつかまえて、ひどい目に遭わせてやるからな、覚えとけ。あたしゃあ、かねちゃんの姉でトヨ子いうもんじゃ、覚えとけ。明日からこんな事したら承知せんからな」体中から声を絞り出して叫んでいました。

油津でも、妹を散歩に連れ出し外を歩き始めると、いつの間にか悪童連中がゾロゾロとやって来て、同じようにはやし立てられ悔しい思いをしていました。その時も、弟をおんぶしている私は妹をかばい走り回っていました。

綾の悪童達も、腰の曲った老婆ではなく、男の子も顔負けする位元気な私の出現で、以後妹をいじめる事はピタリとやめてしまいました。

日掛集金

学校が夏休みの間校庭に持込んでいた洗濯物も、新学期が始ると同時に大叔母宛に校長先生から手紙が届いて、今後一切学校内で洗濯をしないようにとのお達しを受けました。それ以後は、雨の日でも必ず、日曜日に朝仕舞をきちんと済ませた後、竹製のカライカゴに大叔父と大叔母と私の洗濯物を入れると祖母の家へ持込んで洗濯をするようになりました。初めは大叔母から教えられた通り、総て手揉みで洗い上げておりましたが、それを見ていた祖母が、

「トヨちゃんそんな事して洗うて、時間ばっかり掛ってどうしようもないが。そこに婆ちゃん所の洗濯板があるから、それを使うて洗わんね。ヨネちゃんには洗濯板で洗うた事は言わんでもいいとじゃから。そして豆腐の湯がまだ温いから、それをタライに入れて洗うと早うて、汚れがよう落ちるからそうせんね」

と言ってくれました。

此の日から、洗い上げた洗濯物は祖母の家のすぐ側にあった畑横の物干場に干した後、豆腐の絞り汁で髪を洗い、昼御飯を祖母の家で食べた後、洗濯物が乾くのを待って、妹の遊び相手をしておりました。間もなく二時半頃、乾いた洗濯物を取入れ再びカライカゴに入れて、大叔母の家に帰って行き

ました。

九月一日から二学期が始り、文房具類が主な商品の店先には、朝七時前に大叔父大叔母二人が出ていました。大きな座布団に座った大叔父が子供達が学用品を買いに集まって来るのを待ち、大叔母は店の品物を整理したり、整理が終ればイロリ端でキセルをカチカチいわせながら煙草を一服し、店の忙しくなるのを待ちかまえておりました。

朝の早い農家では、子供達も早くから学校に出て来ます。当時はまだ藁草履を履き、木綿の風呂敷に学用品を包んで胴に結び付けている子供達も沢山居ました。山深い此の辺りでは、片道一里、二里という山奥から通学して来る子供達も沢山居ました。冬には提灯を持たなければ、真暗な山道は歩けませんでした。

朝早く登校して来る子供達に合せ、私達の朝御飯も六時四十五分迄には食べ終っていなければなりません。店が忙しくなると、御飯を食べている暇などなく、学用品を買う為に店先に集まって来る沢山の子供達の相手に叔父達は一生懸命でした。

夏休みの終った子供達は、皆真黒に日焼けした元気そうな顔をしてやって来ました。七時過ぎた頃から店もそろそろ忙しくなり始め、それから八時過ぎ迄はてんてこ舞いの忙しさです。そして八時半の授業開始の鐘の音と共に、ざわめいていた学校も静かになりました。

朝の忙しさも一段落した頃、一息入れた大叔母が着替えをして、学校に出掛けて行きました。私の転校手続きの書類を出しに行ってくれたのです。

翌朝、大叔母に連れられた私は、一時間目の授業が始まる前に出掛け、三年西組の福浦先生という、優しい女先生の組に編入されました。一学級五十人近い、男女共学の学校でした。

初めは何かととまどう事もありましたが、日浅くしてクラスの中に溶け込んで行きました。余りにも厳しすぎる大叔母の躾の下、抑圧された心をのびのびと解放し、自分の方からクラスメイトとの和（輪）を無意識の内にも求めていた故で、早くに溶け込めたのかも知れません。陰鬱な家から解放された学校での時間は、心の底から九歳の子供に戻れたようで、勉強に遊びにと、一生懸命楽しんでおりました。此の時期程、学校が楽しい場所であると思えた事はありませんでした。

私が学校に通い始めて間もなく、大叔母が忙しげな口ぶりをしながら外出する事が多くなりました。そして大叔父が筆を持ち、達筆な字で三十人近い人達の名前を横三十センチ、縦二十センチ位の板の表裏にビッシリと書込みました。板切れには丈夫な紐が通され、手首に掛けられるようにしてありました。表紙に御通い帳と書かれた帳面の中にも、板切れに書かれたのと同じ名前が書かれ、何月何日とはっきり分る線が細かく引いてありました。此の通い帳にも丈夫な紐が付けられて、子供の私が持ち歩いても落さないように、しっかりと板切れの方の紐にくくり付けてありました。此の他にも、丈夫な布地を二重に重ね、丈夫な紐の付いたお金を入れる袋が用意されていました。夕食の後、大叔母から説明がありました。

「トヨちゃんな、明日から学校から帰ったらすぐ、日掛取りに回らにゃよ。三十軒ばかりあるから、お金を間違わんように集めて来なさい。一口が五銭で、二口の家は十銭。お金を貰うてから、月日を間違わんように、名前と金額も確かめてから判を押しなさい。お金を手に持ってからでないと判を押したら駄目じゃからね。くれぐれもその点には気を付けて、明日から始めなさい。家が分らんじゃろうーから、かねちゃんを連れて回るといいが。あの子なら大概知っちょるから。お金を間違うと、自分で弁償せんならんとじゃからね」

と、大叔母が厳しい口調で日掛集金を言渡しました。私は大叔母の話を聞きながら、

「これは大変な仕事が増えたもんだ。現金を扱う仕事が間違いなく出来るだろうか」

幼い心は不安で一杯でした。

翌日、学校から帰り土間に入って行った私の顔を見るなり、イロリ端で一服していた大叔母から、

「カバンは上り框の所に置いて、そのますぐ日掛取りに行って来なさい。第一番にお金を間違わん事、第二にお金を受取ってから名前と月日をはっきり確かめて判を押す事、分ったね。性根を入れてせんと、間違えれば弁償せんならんとじゃからね。かねちゃんを連れて行って来なさい」

大叔母の指図で、大叔父が出してくれた集金道具を持って、妹と二人して回り始めました。妹はすでに祖母から聞いていたらしくて、板切れに書かれた三十軒程の家を全部教えてくれました。大叔母の家を中心に、南の端の家迄二キロ余り、北の端の家迄が二キロ余り。その間に点在する家々を、右に曲り左に曲りしながら、一軒一軒訪ね歩きお金を集めて回りました。

最初の日は妹と一緒という事もあったでしょう、不慣れな事も手伝って、相当な時間が掛ってしま

いました。然し二日目からは、集金道具片手に一生懸命回れば、往復八キロ余りの道のりは一時間半もあれば終らせる事が出来ました。

女学校を出た後、長い間地元の学校で行儀作法と裁縫の先生をしていた大叔母は、自分が中心となり、昔の教え子達の家々を回って頼母子講を作り上げていました。毎月一回、月初めにみんなで集まり、くじ引きで決った一人の人が、みんなの掛金を借受けるという事になっていたのです。

私が集めて帰ったお金と通い帳の判に、間違いがないかどうかを調べるのは大叔父の仕事でした。此の日掛集金は、私が一年二ヶ月大叔母の家に居た間、正月一日を休むだけで、後は毎日回っていました。親切な皆さんのお陰で、一度の間違いもなく集める事が出来ました。集金する者への報酬も毎月計上されていたはずですが、大叔母の口からは一度としてそれらしき話を聞いた事もなく、正月に下駄を一足貰っただけでした。

兎に角私の一日は大忙しで、学校が終るとすぐ飛ぶようにして家に帰らなければ、大叔母の叱責が待っています。口汚く罵られまいと、帰ってはカバンを肩から下ろしながら、「おっちゃん、集金道具を下さい」と言って、大叔父からそれらを受取るや否やもう走り出していました。集めたお金は、「おっちゃん、お願いします」と言って手渡し、すぐさま足半に履き替えて、夕方の水汲みのため祖母の家へと急ぎます。此の水汲みにしても、最低でも七、八回は通わなければならず、二時間近く掛りました。水汲みが終った後は、濡れた足半のまま店の前の道路をきれいに掃き清め、足を洗ってからは座敷と店の掃除を念入りにしなければなりません。一日の時間が短く感じられたものでした

弁当箱

日掛集金に回り始めた頃、学校では授業時間が長くなるために、弁当を持って来るようにとの先生からの指示があり、大叔母にその旨伝えました。油津では、女の子らしい可愛い小さな弁当箱を持っていましたが、大叔母が出してくれたものは大叔父が若い頃、郵便局に勤めていた時に使っていたという大人用の、二食分は入る深くて大きなドカ弁でした。余りにも大きな弁当箱を見て驚いた私は、店の棚に沢山積まれていた子供用の可愛らしいのが欲しくてたまりませんでした。そこで大叔母に、「あんなに大きな弁当箱を持って行くのは恥ずかしい。店にある子供用のを一つおろして下さい。そうでないと、みんなに笑われるから」

と、此の時ばかりは一生懸命頼んでみましたが、大叔母の返事は只一言、

「わざわざ新しい物をおろして迄持って行く事はいらん。大きゅうても使えるとじゃから、あれで上等。おかしい言うて笑うもんが居ったら、笑う奴に、そげんおかしかったら、あんたが買うてくれんね、て言えばいいとじゃが」

と。此の言葉で決りでした。

翌日から、大きな弁当箱の片隅に、朝夕家で与えられるのと同じ量の御飯とタクアン二切れが小さ

く納まった弁当箱を、カバンに入れて持って行くようになりました。その日は朝から昼の弁当の時間が気になって仕方がありませんでした。勉強も手に付かず、気もそぞろといった感じでした。お昼が来て欲しくないと思っていると、いつもより時間が経つのが早く感じられます。然し時間は駆け足で過ぎて行き、否応なくお昼が来てしまいました。手洗いに行った後、みんな楽しそうに弁当箱を机の上に出していました。美味しそうなお菜の入った子はニコニコ顔です。私は弁当箱を出すのが恥ずかしくてもじもじしながら、友達の様子を見回していました。私のように大きな弁当箱を持って来ている子は一人も居ません。皆程良い大きさで、それぞれ美味しそうなお菜が入っていました。

私がもじもじしている間に、早くも食べ終った男の子も居ます。どうしよう、食べずに持って帰ろうかしら、否そうしたら大叔母から何と言って叱られるか、それが恐ろしい。早く食べなければ私一人になってしまう。そんな気持でいざカバンの中から弁当箱を出してみたものの、机の上に堂々と開けて食べる気にもなれず、机の陰に隠して開き、その上にかぶさるようにして食べ始めました。

私のそんな格好に気付いた男の子が四、五人集まって来て、「吉田の弁当は大きい弁当。太か弁当にコンコが二つ」と、弁当をのぞき込んではやんやとはやし立てます。そして、弁当箱の大きさをより大きく、手で形を作って他の子供達に教えていました。それを見た他の生徒達も、珍しい見せ物でも見るように集まって来て、私の周りは黒山の人だかりになってしまいました。御飯が喉を通りません。それに、大叔母の家では一口に入れる御飯は少しにして、三十回以上噛まなければならないと厳しく躾られたばかりです。人前で急いで食べるという事も出来なくなっていました。

のぞき込まれ、はやし立てられ、どうする事も出来ないまま、皆が私の側から離れてくれるのを、体を硬くしてじっと待つだけでした。間もなく、皆は口々に、

「大きな弁当やね。あれは大人の男の人が持って行く弁当箱よ」

「大きな弁当箱にコンコが二切れだけじゃね」

等と友達同士で話しながら、やっと私の側から離れて行きました。やれやれと、ホッとした私は、

「一度分ってしまえば、後は気が楽でいいや」

等と思いながら、下を向いたまま黙々と御飯を噛み、食事を済ませました。

それでも四、五日は、いたずら好きの男の子達からはやし立てられましたが、それも長くは続きませんでした。然し小さな胸に残された傷、何とも言えない淋しさは、どうする事も出来ませんでした。

勉強と按摩

大きな弁当箱にも何とか慣れて来た、十月初め頃の事です。山間部の村落は昼間は暑くとも、夜になればヒンヤリと涼風が立ち、草むらではコオロギ等秋の虫が盛んに鳴き始めておりました。

夕方の水汲みから掃除、その前の日掛集金の仕事にも慣れて、大丈夫と見たのでしょう。夕食の後片付けをしていた私に、いつものようにイロリ端でキセルをカチカチいわせていた大叔母が、

「風呂に行った後で、今日から勉強を教えてやるから。朝の米とぎをして炊事場の仕事が終ったら、さっさと風呂に行く用意をせにゃ」

と声を掛けました。

大叔母の家に来た当初、返事の仕方が悪いと言っては「親の躾がなっていない」と、油津の父母を引合いに出しては叱られた私でした。そんな時、自分だけが叱られるのは納得出来ましたが、父母が引合いに出されるのには悔しい思いをしました。幼い私にとって、父母は世界一大切な人でしたから、私がしっかり頑張らなければ父母迄悪く言われる。もっともっと頑張ろう。お父さん、お母さんのためにも頑張らなければ、等という熱い思いが常に心の片隅を占めていました。

祖父母も私にとっては父母に次いで大切な人でした。祖母は言葉少なく、只黙々と一生懸命働く人でした。私が困っている時には思いやりのある助言をしてくれて、私の気持を立直らせてくれました。そんな優しい祖母に、私の辛い思いを語った事は一度もありませんでした。年老いた祖母に、心配を掛けたくなかったからです。

イロリ端に座り、常に私のする事を監視している大叔母は、米粒が一粒こぼれても、「そら、又米粒をこぼして。貧乏人程物を粗末にする」と言われました。洗っておく米は一定量で、炊いた御飯も計量器で量ったようにキチンと、一人が食べる量が決められておりました。

遅い夕食の後片付けを済ませ、風呂から帰ると、すぐにイロリ端に小さな白木の勉強机を出して、大叔父と大叔母が私の左右に座り勉強を見てくれるようになりました。然し子供に勉強を教える場合、余り威圧的、強制的にガミガミ言うのは、幼い心を萎縮させるだけです。やがて私には、考える心のゆとりが失われて行きました。只でさえ厳しく口やかましい大叔母は、此の勉強を一週間続けた頃には、

「もう、お前のようなバカには教えておられん。こっちの方が腹が立つだけじゃ。明日の晩からは、自分一人で考えて勉強せにゃ。分らんとこだけ教えてやるから」

と言いましたが、私としては此の言葉を聞いてホッと安心しました。

十月も中頃になると放課後迄、月末にある運動会の練習に時間が取られるようになって来ました。リレーのバトンタッチの練習とか、学年全員で行う遊戯の練習等です。帰りが遅くなれば、それだけ家に帰ってしなければならない私の仕事が遅れると思えば、気忙しい思いでした。友達は皆楽しそうに練習していました。

季候も良く、充分すぎる程の運動量に比例してお腹もペコペコでした。学校から飛ぶようにして帰り、日掛集金の道具を大叔父から受取った後、余りの空腹に、

「お腹が空いてたまりません。店のお菓子を少しでいいから貰っていいですか」

と、大叔母の家に来て初めて頼んでみました。すると、

「何を贅沢な事を言うか。お前に食べさせるために置いてあるのと違う。売るために置いてあるのが分らんか。腹が減った時は水を飲まんか。水を飲んどけば上等。贅沢ばっかり言うちょらんで、さっさと集金に行って来んか」

結局は叱られただけで、台所に行って柄杓一杯の水をガブガブと飲んで、腹ごしらえをしてから集金に走りました。此の時以来、空腹時には水というのが習慣となり、店の棚に並ぶガラス瓶に入った色々なお菓子は、私にとっては只眺めるだけの商品にしかすぎませんでした。

季候の良い十月は、運動会の季節であると共に、冬の衣類の手入れの時季でもありました。大叔母は店番をしながら、自分の着物や大叔父の着物の手入れに毎日精を出していました。半白《はんぱく》の髪を格好良く小さな髷にして後ろにまとめ、ドイツ人のように色白な顔、高い鼻筋に銀縁の老眼鏡を掛けての針仕事でした。大叔母の針仕事が目に付く頃になって、又一つ私に仕事が増えました。夜遅く勉強が終った後、針仕事で疲れた大叔母の按摩を言付けられたのです。十時頃から、毎晩欠かす事なく続けられました。

最初に首筋から肩迄揉みほぐし、後は肩から背中をトントン、トントンと程良い力で満遍なく叩き、それが終ると腹這いになって、腰から足の先迄叩いたり揉みほぐしたりしました。毎晩続ける内、時間はたいてい十一時位になってしまいました。朝の早い私が眠気に襲われて、思わず時計を見上げますと、

「こん寝坊助が又時計を見る。お前が時計を見て何になるとか。お前なんか時計を見る事ぁいらんとじゃが。私の言う通りにしちょればいいだけん事じゃが」

と言われます。毎晩眠気と闘っておりました。

始めてから四、五日間は、要領がのみ込めないためもあり、指や手の疲れがひどくて泣きたい思い

をしました。それでも一週間程経った頃には、大叔母も気持良く居眠りをするようになりました。慣れて来たからでしょうが、私の方迄こっくりこっくりしてしまいます。叩いていたつもりがいつの間にか手が止り、座ったまま居眠りをしている私に大叔父から声が掛り、その声で目を覚ました大叔母が、

「こん寝坊助が、居眠りばっかりしちょって、一つも役にゃ立ちゃせんで。こらっ、目を覚して早う叩かんか、此のおどもんが」

と横着者呼ばわりされても、私の眠気は仲々退散してはくれませんでした。然し、大叔母の許しが出る迄は、どんな事があってもやめるわけにはいきません。

運動会の練習が本格的になって来る程、此の十一時迄続く按摩には大変な思いをしました。腹這いになった大叔母の腰を叩きながら、スヤスヤと寝息を立てている大叔母の足を揉みながら、いつしか私も大叔母の体に手を置いたまま、つっぷして居眠りをしていた事も再三でした。兎に角、夜は十一時でなければ雨戸を閉める許しがなくて、朝は四時十分前には「トヨちゃん起きんか、時間じゃが」という大叔母の一声で跳起きていました。

菓子泥棒

十月も終りに近い日曜日。学校のある日はどうしても日掛集金に回る時間が遅くなっていましたので、せめて日曜日位は早めに集金に回りなさいという大叔母の言葉を受け、夕方も早めに集金に回り始めました。

いつも通り、小学校下の竹藪や雑木林を見上げながら、一番南端にあった田所さん宅を目指して、細い道を一生懸命走っていました。秋の日はつるべ落しと言う通り、夕方ストンと暗くなってしまいます。片側には深くて大きな山が聳え、片側には田圃が広がり、民家はその間に点在するだけです。人通りも少ない淋しい道は、暗くなればキツネでも出て来そうな淋しさで、早く回ってしまわなければと気も急く内、田所さんの家に着きました。

「ご免下さい。日掛取りに来ました」と声を掛けます。此のお宅の長男と母の弟、捨夫叔父は大の親友でした。同級生の二人は一、二番の成績を競う程に仲が良く、田所の小母さんと祖母も子供を通じて大変親しくしていました。後に此のお宅の息子さんは商船大学に入学されて、外国航路に船長として乗られていました。田所さんの家には年老いた小父さんと、年は取っていてもとても明るくて元気な小母さんと、長男のお嫁さんとその子供さんが一人という四人家族でした。近くの畑や田圃を作りながら、広い土間を利用して、こぢんまりとした駄菓子屋を営んで居られ、店には子供向けのお菓子が沢山並べられていました。

声を掛ければ、いつも奥から「ハーイ」という明るい返事が返って来て、ニコニコ顔の人の好い、上品な小母さんが顔を出してくれます。然し、此の日に限って何度呼んでも返事がありません。一番遠い所だし、又出直して来る事もならずと思案しながら、商品の並ぶ側に腰掛けて暫く待つ事にしました。五分、十分と待つ内に、店先に並ぶ子供向けの可愛らしい、美味しそうな色々のお菓子が私の目に飛込んで来ました。私は子供心にも、自分の気持に自信が持てなくなって来ました。

「帰ろう、このまま長居すれば、私は泥棒をしてしまいそうだ。でも、出直して来るには遠すぎるし、どうしよう」

と心乱れながらも、私はその場に釘付けになって動く事が出来ませんでした。

もう五分待ってみようと思って待った後、再び「ご免下さい。日掛取りに来ました」と奥に向って声を掛けましたが、やはり反応がありません。猫の鳴き声一つしない程の静けさです。

私は油津でよく食べていた一銭の美人豆の、三角形の赤い袋を見ている内に、善の心と悪の心が胸の内で激しくぶつかり合っていました。然し空腹を満たすため、毎日のように飲む柄杓一杯の水よりも、やはり甘くて美味しい美人豆には勝つ事が出来ませんでした。綾に来て初めて、私はお菓子を手にしていました。手にしたお菓子は思わず着物の袂《たもと》に入れていましたが、幼い胸の中では大嵐が吹き荒れておりました。

「どうしよう、誰かに見られていなかったかしら。見られていたらどうしよう。私はとうとう泥棒をしてしまった。私は泥棒だ、泥棒だ」

心の中では自己嫌悪と、お菓子への執着とが入り乱れ、心臓は破れんばかりにドキドキと脈打っておりました。

奥の方はまだ何の気配もなく静まり返っており、その静けさに、何となくホッと胸撫下ろす気持も芽生えておりました。少しは落着き、このまま帰ろうかとも思いましたが、せっかく今迄待っていたのにと、もう一度奥に向って「ご免下さい。日掛集金に来ました」と、一段と大きな声で呼掛けてみました。すると、裏の畑の方から「ハーイ」という、いつもの明るい小母さんの声が聞こえました。間もなく店の方に姿を現した小母さんは、

「まあまあ、長い事待ってもろうたんじゃなかろうかね。今年は畑の野菜に虫が付いて、虫退治を一生懸命しちょったもんじゃかいね。あんたも毎日御苦労さんじゃねー。婆ちゃんは元気しちょんなっどかい。捨夫さんからも便りがありよるじゃろーかねー。そんなら婆ちゃんによろしゅうにな」

と優しく声を掛けてくれました。

日掛のお金を受け取り、判を押して外に出ました。どの位の時間が過ぎたものか、外は日暮れが迫っていました。「有難うございました」と、挨拶もそこそこに田所さんの家を飛出した帰り道、それでも順番に道沿いの十数軒を集金し終りました。学校下の竹藪の所迄来た時には、日はとっぷりと暮れてしまい、私は辺りに人の気配がないのを確かめてから、袂の美人豆を取出し、藪に捨てようと思

いました。然し、油津以来甘い物を口にしていない胃袋がお菓子の魅力に負けてしまい、とうとう美人豆を袋から取出し口に入れてしまいました。その瞬間、

「私はとうとう本物の泥棒になってしまった。此の美人豆を食べずに藪に捨てていれば、何程かは心に救いのあったものを。食べてしまえば、完全に私は一銭泥棒だ」

とは思いながらも、久しぶりに食べた甘いお菓子は此の上もなく美味しいものでした。然し心の葛藤はどうしようもなく、半分程食べた所で、どうしても全部は食べる気になれず、袋の口を閉じて、竹藪の中へ力一杯放り投げました。

その後も何となく、田所さんから警察へ連絡が入り、私が大叔母の家に帰るのを警官が待っているような気がして恐ろしくてなりませんでした。そんな思いにさいなまれながらも、残りの二十軒程の家を次々と回り、真暗な道を大叔母の家近く迄帰り着きました。物陰から家の中をのぞいて、警官が来ていないのを確かめてから中に入って行きました。いつもの時間より随分遅く帰って来た私を見るなり大叔母が、「今日はえらい遅うなって、何しちょったとか」と険しい声で聞かれますが、「居んならんとこがあったから待っちょったつよ」と答えながら、急いで水汲みに出掛けました。

祖母の家に急ぎながら、

「もう金輪際二度とあんな事はすまい、自分自身が苦しむ事になるだけだから。人に見付からなかった事をいい事に、二度三度とあんな悪い事をずるずると重ねるような人間にだけはなりたくない。たとえ人が見ていなくとも、良い事も悪い事も、皆神様仏様がお見通しだから罰が当る」

と、ようやく吹っ切れて、水汲み、掃除、夕食の後片付けと終え、風呂の後には宿題、按摩と、ギッシリ詰った日課を終えて十一時。戸締りを済ませ、皆の布団を敷いた後、大叔母の許しが出て初めて、私の一日の仕事が終りました。「お先に休ませて頂きます」と教えられた通りの丁寧なお辞儀をし、挨拶をしてから、やっと布団に入る事が出来ました。

桑の実

十月三十一日の大運動会の日は、皆それぞれ家族の人達が弁当を持って集い、楽しい昼食風景が展開されておりました。然し私だけは、

「わざわざ弁当なんか作って持って行くような贅沢は、うちでは出来んからな。家が近いとじゃから、走って食べに帰って来ればいいとじゃが」

との大叔母の一言で、昼休みには走って帰り、朝の味噌汁の残り一杯とタクアン三切れのお菜で昼食を済ませ、自分の茶碗を洗ってから運動場に帰って行きました。

然し私は運動会が終ってホッとしました。放課後の練習がなくなれば、それだけ早く帰り日掛集金に早く回れるからです。稔りの秋も十一月。授業を終えて急いで家に帰り、集金に走り回る道すがら、農家の庭先等には赤く熟れた柿の実が、夕日に染まってなお一層赤々と鈴なりになっていました。田

圃の稲も大部分刈取られ、その跡には藁塚が作られ、真赤な赤トンボがスイスイと飛んでいました。運動会が終った事で、やっと少しは余裕が出来た私は、何となく辺りの風景にも目が向くようになっていました。

いつものようにお腹が空いた時には水を飲み、走り回っていた私の目の前に、小さな小川が流れている側の、西の端にある広い広い桑畑が見えました。その桑の木に熟れすぎた濃い紫色の実が沢山稔っていました。採る人も居ないものと見え、地面には腐った実がそこら中に落ちています。畑の持主に叱られるかも知れないとは思いながら、「畑を荒さないようにします。実だけ下さい」と、天に向って手を合せ、恐る恐る熟れすぎて今にも落ちそうな実を千切り、そっと口に入れてみました。すると、何とも例えようもない甘味と柔らかい感触が口の中一杯に広がって行きました。

今迄食べた事はありませんでしたが、桑の実が食べられるという知識は持っていました。然し、こんなに美味しいものだという事は初めて知りました。それからは毎日、日掛取りに回るのが楽しくて楽しくてたまりませんでした。大叔母の家に来て初めて味わったルンルン気分でした。然し或る日の事、桑の実で口の周りが紫色に染まっているのに気付かず、

「トヨちゃんな、今日も又桑の実を食べて来たね。お腹をこわさんようにせにゃよ」

と、水汲みに行った時に祖母から言われてしまいました。以後、優しい祖母から注意されるのは度々の事となりました。

綾の冬

十一月も半ばを過ぎる頃になりますと、そろそろ木枯しが吹き始めます。昼が短く夜が長く、夜明も遅くなって来て、日掛取りに回っている内にも日が落ちて真暗になってしまいます。暗くはなっても、まだ宵の内ならどの家にも赤々と電灯の火が見え、人々のざわめきもあって淋しさは感じませんでしたが、朝の暗闇と寒さには泣きたい思いがしたものでした。

大叔母に起されて跳起きた後は、店の雨戸を開けて品物を並べたり、藁草履やタワシ等を軒下に吊します。そして顔を洗うとすぐ、ビショビショに濡れた足半を履いて水汲みに出掛けるのですが、午前四時すぎではどの家も雨戸を固く閉めたままで、もちろん明りもありませんし、みんな深い眠りの中です。山間の村に街灯があるわけでもなく、道の途中には山がこんもりと突出た所に大きな池があり、鯉が沢山泳いでいました。此の池のすぐ横にある大きな藪では、若い女の人が首吊り自殺をしてぶら下がっていたと聞いていた私は、此の場所を通る時にはとても恐ろしい思いをしていました。若いお嫁さんが姑さんに苛められた結果からでした。

ひと月に、それでも何日かは朝早い私の足元をお月様が照らしてはくれましたが、ほとんどは真暗闇の中、濡れた足半からはい上がってくる寒さと冷たさに震えながら、肩にした天秤棒をしっかりと握りしめて、目を見開くと前方を見据えながら歩いて行きました。時には猫がスーッと私の前や横を走り抜け、ドキッとして立ち止る事もあり、自分の足音にさえ怯え、後ろから誰かが付いて来るような気さえする事もありました。月の光に照し出された自分の細長い影さえ不気味に思える程に、幼い心は外の暗さに震えておりました。此の頃では足の裏や肩の痛さは半分程になっていました。

祖母の家が近付くと、ようやく人心地が付くといった風でした。私よりも早く起きて仕事を始めている祖母を見て、安堵に胸を撫下ろし、勇気付けられる思いで、「婆ちゃん、お早うございます」と大きな声で挨拶をしていました。

此の暗闇と寒さにおののいていた私は、恐怖心を何とか軽減出来ないものかと、子供なりに思い悩んだ末、

「そうだ、歌を歌おう。家を出て二、三軒先からなら、大叔母の耳には入らないから大丈夫。体も温まるし、毎朝同じ時間に歌って通れば、私にもし万一の事があった時には誰かが来て、助けてくれるかも知れない。そうだ歌おう。大好きな歌を」

と、思い付いた翌朝から早速歌い始めました。

人様に迷惑を掛ける程の大声ではなく低い声で歌っていましたが、少しでも寒さをしのぎ、怯える心を自分自身で勇気付けようとして始めた事でした。歌う事で自分の心もなごみ、恐怖や寒さからも救われるのではないかとの思いからでした。油津での楽しかった思い出と共に、学校の先生、友達、近所の遊び友達等の顔が次々と思い浮び、様々な歌が私の口をついて出て来ました。

一刻も早く夜が明けて欲しいとの思いで一杯でしたが、何回か水汲みで往復している内に、東の空もほの白くなって来ます。かすかにものの形が判別出来るようになった、此の時の嬉しさといったらありませんでした。東の空に向って両手を合せ、「お天道様有難うございます」と、段々昇って来る太陽に、心からのお礼を言わずにはおられませんでした。こんな気持も、幼くして真暗闇の中に放り出された者にしか理解出来ないものと思います。心底喜びと感謝の気持で一杯でした。

然し、雨の降る寒い日は最悪でした。子供用のミノとスゲガサを着て、そぼ降る雨の音を聞きながら、鼻をつままれても分らない程の真暗闇の中を水汲みに出掛けるのです。天秤棒を握りしめ、足元の小砂利に足裏を突刺されながら歩いて行く時の、あの淋しさといったらありませんでした。雷鳴が轟き、目を射るばかりの稲妻がどんなに激しく光り交錯しようとも、決められた私の仕事はいつも通り続けなければ、頭上に大叔母の怒声が落ちて来るのです。

雨の降る日に足半を履くのを許されるのは、朝夕の水汲みの時だけでした。学校に行くのも日掛取りに走り回るのも、総てはだしでした。雨の日は何を履こうとどうせ濡れるだけ、同じ濡れるなら履くだけ無駄な事。雨降りにははだしが一番、との大叔母の言付けでした。

水汲みに行く時に雷が激しい時は、道に並ぶ家々の軒下に身を寄せながら往復していました。然し日掛取りの途中では人家も少なくて、山際の道や畦道を歩いている時にもしも雷が落ちたらと、何度も立ちすくみました。そんな時は、雨傘の柄と日掛取りの道具を胸元で握りしめ、「天にまします神様仏様、お助け下さい。お守り下さい」と、思わず泣き叫んでおりました。頬を伝い流れる涙は、激しく吹付ける雨と共に流れ落ち、はだしの足元を洗う雨の中に消えて行きました。

生きた湯タンポ

やがて十二月の声と共に、私の胸中には、父が正月には来てくれるかも知れないという思いが湧いて来ました。来てくれたら、今度こそどんな事があっても、何と言われようと、父と一緒に油津に帰りたい。当てもない希望に胸ふくらませておりました。

十二月に入って、寒さはいよいよ本格的になって来ました。明け方の冷え込みも一段と厳しくなり、早朝の道には霜柱が立つようになりました。冷たい北風が肌を刺し、水汲みや掃除、食事の後片付け等で水を使う事の多い私は、すさまじいひび切れに悩む事になりました。両手の甲から手首、足の甲から足首にかけ、一面に出来たひび切れは、夜も昼もカッカ、カッカと熱を持って、ひび割れから飛出た血の固まりが、熱のために乾いてガバガバとこびり付いていました。

一日置きに大叔母のお供で行く風呂も、お湯につけるとまるで針千本で突刺されるような痛さに、歯を食いしばらなければなりません。ひび切れに悩む私に、

「お前が風呂に入る時、石鹸で洗うた後のゆすぎ方が足らんから、そんなにひびが切れるとじゃが。そんなになったら、石鹸は使わん方がいい。何も付けんで手拭だけで体をこすっておけば、それでい

いが」

と言いながら、大叔母は充分に泡立てたタオルで念入りに自分の体を洗いながら、そこら中に泡を飛ばしていました。

「わざわざお金を払うて入る風呂じゃから、金を払うただけの垢は落して帰らんとお金が勿体ない」と言う大叔母でした。

私は自分の体を洗った後、大叔母が手足等洗い終るのをじっと待ち、泡立った大叔母のタオルを受取って、大叔母の背中を丁寧に洗い上げて行くのがいつもの順序でした。大叔母が石鹸で洗い上げた後、洗い粉で又顔から首、肩へと念入りに磨いていています。丁寧に洗っている大叔母を待つ間、いつも私は浴槽に入ったり出たりして、うだる思いをして待ちあぐねておりました。

当てもなく父を心待ちにしながら、油津恋し、父母恋しの気持を毎日の水汲みに通う道すがら、歌を歌う事で慰めておりました。そんな十二月も半ば過ぎの事、夕食の後片付けも終った頃、大叔母から「今日は風呂屋は休みじゃなかったかね。一寸見て来んか、一走りして」と言われました。「ハイ」と答えて外に出て、風呂屋に向って急ぐ私の目の前に、向うから歩いて来ていた鍛冶屋の一番弟子の兄さんが、宵闇の中をすれ違おうとした瞬間、両手を大きく広げ、「トヨちゃん」と呼掛けて、子煩悩な父親が可愛い我が子を抱きしめるように、いきなり幼い私の体を両手で息苦しい程にしっかりと抱きかかえたのです。そして、私の頭上に自分のほっぺを重ね、「トヨちゃん、トヨちゃんな歌がうまいねいつも聞いちょるよ。朝が早いから、気を付けてな」と言うのです。私はお兄さんの言葉を聞きながら、まるで油津から来た父に久しぶりに抱かれているような嬉しさで、息苦しいながらも「ハイ」と返事をしていました。

此の一番弟子のお兄さんは、辛くて苦しかった五年間の年季奉公も終り、後十日余り、十二月一杯で実家に帰るという人でした。私としては、迷惑になるような大声を出しているつもりはありませんでしたが、やはり私の小さな歌声を誰かが聞いていてくれたのだという事が分り、嬉しくてたまりませんでした。

十二月も押し詰り、二十五日からは冬休みに入りました。

十二月に入ってからはすぐ、大叔父と大叔母は寝床の足元に湯タンポを入れて寝ていました。然し冬休みに入ったその日から、

「トヨちゃん、湯タンポは今晩から一つでいいからな。おっちゃんの分だけでいいから。一つ入れるのと、二つ入れるのでは薪の量が倍違う。勿体ないから私の分は入れんでもいいが、その代り、あんたが湯タンポ代りで、私と一緒に今夜から寝らんといかんからな。生きた湯タンポじゃ」

との言付けで、湯タンポは大叔父の分だけを入れて、早めに敷いた布団の中に入れて温めておきました。然し内心、私はエライ事になってしまった。大叔母と一緒に寝るなんて窮屈で嫌だな、と気兼ねもありましたが、何となく恐いという気持が強く働いておりました。然し大叔母の言葉に反抗する事等許されませんから、私はその晩から早速生きた湯タンポとして、大叔母の横で小さくなって寝る

羽目になりました。

五十も半ば過ぎようとする大叔父大叔母より、健康そのものの子供の方が体温が高いのは確かです。体の冷えた大叔母は、布団に入るとすぐ幼い私の体を両手で引寄せ、ひどいひび切れでカッカカッカと燃えて疼く両足を、冷たい自分の太股の間にしっかりとはさみました。私の上体は大叔母の両腕の中にしっかりと抱きしめられ、身動き一つ出来ない状態でした。

生れて初めての体験に、驚きととまどいはありましたが、昼間の疲れからすぐさま深い眠りへと落ちて行く私でした。どれ位の時間眠っていたものか、見当も付かない真夜中に、ふと激しい痛みを足に覚え、眠くて眠くてたまらない目をこすりながら起上がりました。痛んだ足を撫でながら、

「足が痛かった、どうしてかしらん。何かに食付かれたごと痛かった」

と言うと、

「お前があんまり暴れるから、私がひね切ってやったとじゃが、向う脛を。お前は叩いた位では目を覚さんじゃろうが、なんぼ叩いても叩いても暴れるし、目を覚さんから、目を覚すごと、思い切り力一杯私がひねり上げたとじゃが。男の子ならともかく、女の子は寝た時でも行儀良く横になって、動かんで静かに寝るもんじゃや。女の子は上を向いて寝るもんじゃない。暴れんで横を向いて、静かに寝らにゃ。早う寝らんと私が寒いが」

と大叔母に叱られてしまいました。痛みの原因がはっきりと分った所で、まだキリキリと痛みの広がっている足をさすりながら眠りにつきました。

昼間の忙しさに疲れていた私は、すぐさま深い眠りに入り、夢を見る暇もない程でした。然し、又々私は毒虫にでも刺されたような足の痛みに目を覚してしまいました。余りの痛さに、眠い目をこすりながら再び起上がりました。そして私はどうしてこんな痛い目に遭うのだろうと、半分眠った頭で考えてみますが、眠っている間の自分がどんな様子で寝て、どれだけ手足を動かしているか等分るはずもなく、どうしようもありませんでした。

こうして一晩に四、五回も目を覚し、痛む足をさする夜が毎晩続くようになりました。子供心にも、絶望的な気分に追込まれたものです。大叔母の一日の運動量と言えば、三人分の質素な食事の仕度だけで、後は一日中店とイロリ端を何回か往復するだけです。裁縫にしても座ったまま、他の家事労働総ては幼い私に任されていました。そんな私と、家の中で静かに、自分の体に無理のない程度の針仕事に明け暮れる大叔母とでは、疲労の度合が違います。勢い、夜の睡眠の深さも違っていたのではないかと思います。大叔母の思い通りに、人形のように抱かれたまま、静かに朝迄眠っていれば良かったのでしょうが、幼い私の健康そのものの肉体は静かに横たわっているだけの大人ではありませんでした。

年老いた祖母に愚痴をこぼす事もなく、それでも此の頃になると、日曜ごとの洗濯にも慣れて来て、大叔父や大叔母と私の洗濯物と一緒に、祖母の手助けになればと、祖父や祖母と妹の洗濯物もみんな集めて洗っておりました。祖母はしなくてもいいとは言いましたが、あちらこちらの押入れから洗濯物を集めて来ては洗い上げておりました。祖母への感謝の気持を胸一杯に持っていても、口で言う事は恥かしく、せめて祖父母と妹に汚れていないサッパリとした洗濯した衣服を気持良く着てもらいたいという、祖父母への無言の感謝の気持でした。

そんな私にとっては、学校に行く事だけが楽しみでした。休み時間には精一杯友達と遊んでいました。手足のひび切れから飛散る鮮血、熱を持った手足は小さな血の固まりでガバガバになって疼いていましたが、そんな事はおかまいなしでした。縄跳び、ドッジボール等に走り回り、飛回って遊んでいました。

初めての正月

間もなく正月がやって来ましたが、心待ちにしていた父の姿はなく、私は内心ガッカリしていました。そして思う事は、私はもう父母に見捨てられてしまったのではないか。幼い心は千々に乱れ、その辛さ苦しさを誰に言うでもなく、一人悩んでおりました。相変らず午前四時には、冷たい光り輝く満天の星空を仰ぎ、濡れた足半でサクサクと霜柱を踏みしめながら、暗闇の中を水汲みに向っていました。その道すがら、辛い思いが言葉となり、歌となって心の底から湧き出て来ました。

日掛取りは正月も一日だけ休みでしたが、二日からは何もかもがいつも通りでした。

一月も半ば頃の事でした。どんなに朝が早くとも、どんなに仕事が辛くとも頑張って辛抱していましたが、夜中に起されるのにはどうしても耐えきれず、何とかならないものかと思案しておりましたが、やっと結論を見付け出しました。それは、眠っている間に、私の気持に反し動き回る足を結んで寝るというものでした。

早速実行に移すため、その夜に寝間着に着替えた後、大叔母に頼みました。

「すみません。どんな紐でもいいですから、紐を少し下さい」

「何に使うとか」

「眠った間暴れんごと、両足をしばって寝ようと思います」

大叔母に迷惑を掛けないため、又自分も痛みに四回も五回も目を覚さなくてよいようにとの思いで必死でした。それを聞いた大叔母は、

「フン、いつ迄続く事やら。紐はどんなとでもいいとか」

と言いながら、タンスの小引出しから細い布の切れ端を出して投げてくれました。

受取った私は、さあこれで今晩からはゆっくり眠れるぞと大喜び、両足をしっかりと結び付けて眠りました。どれ位の時間が経ったかは分りませんでしたが、深い眠りの中で、いつもと違った足の痛みに目を覚しました。足を結んでいる事を思い出した私でしたが、紐を解いてみると、両足首の内側の骨と骨がピッタリくっつきすぎて、皮膚が真赤になりズキズキと痛んでいたのです。大叔母にひねられた痛みよりもっと激しい痛みでした。どうしたものかと思案していましたが、とりあえずは眠たさが勝り、今度はゆるく結んで寝ました。然しいつの間にか自分で足を抜いたらしく、今度は大叔母

にひねられて目覚めました。又結び直しです。色々考えた末、両足が一緒では駄目だと分り、二十センチ位の間を空けて、紐の両端に左右の足首を結び付け、手錠のようにして寝てみました。此の方法が一番良かったようで、四、五回の目覚めが一、二回に減っただけでも私には助かりました。

然しふと目覚め、紐で結ばれた自由にならない自分の足を見た時の淋しさといったらありませんでした。もし万一地震とか火事で、一分一秒を争うような事態が起きたら、私はどうなるのだろう。大叔母は大叔父を助けて逃げて行くに違いない。私は一人眠ったまま、放りっぱなしになるのではないか、そんな不安が胸一杯広がってどうしようもありませんでした。

此の時以来、夜が大嫌いになりました。仕事の辛さはどんなにでも辛抱出来ましたが、五時間足らずの睡眠しか取れないというのはたまりません。精神的な重圧に耐えかねて、夕方の水汲みで祖母の家に行った時、ポツリと一言、

「婆ちゃん、私近頃、毎晩足をしばって寝よるとよ」

と祖母に打明けました。

「んだ、又どうして囚人でもあるまいに、足なんかしばって寝て」

それ以上の事を話しても祖母には理解出来ないだろう、言った所で心配を掛けるだけだと思い、此の話は二度と口にする事はありませんでした。

ひび切れ

九州も南に位置する宮崎では、北国のように雪が降るという事はありませんでした。然し深い山々に囲まれた綾地方は朝夕の冷え込みは厳しく、殊に一、二月の霜の降りる朝等は、濡れた足半が凍り付く程の寒さでした。冷たい北風も吹き荒れ、私の手足のひび切れは無惨な姿を呈しておりました。

熱を持って疼く、痛む手足を祖母に見せ、

「婆ちゃん、ひび切れに付けるいい薬はないとじゃろうか。ひび切れが疼いて疼いて、熱を持ってたまらんとじゃけど」

と言いますと、

「どらどら、まあまあ何とこれはひどいもんか。うちにもひびの薬いうて特別にゃないが、それは脂っ気が足らんからそうなるとじゃが。そこの引出しに婆ちゃんのビン付けが入っちょるもんね。差し当りそれでもすり込んでみらんね」

祖母に言われた通り、ビン付けを手足にすり込んでから、水を担いで帰りました。

いつものように炊事場に水を運び、水瓶に水を入れていると、大叔母が夕食の仕度の手を止めて、

「お前は何か付けて来たね、えらく臭いが。何付けたとか、油じゃごつあるが」

と言うのです。分ってしまえば今更どうしようもありません。正直に、ひび切れが痛み疼くので、祖母からビン付けを貰って付けたと白状しました。すると大叔母は、

「そんな臭い油を手や足に付けて来て、こん馬鹿者が。手も足も臭い油だらけでどうするとか。畳や布団がベトベトに汚れるだけじゃろーが。早い事外に行って洗濯石鹸で洗わにゃ。化粧石鹸なんか使うのは勿体ない。お前のは洗濯石鹸で丁度いいが、きれいに洗い落さにゃ。そんなひび切れ位何にも付けんでも、三月になって春一番が吹けば、薬なしでひとりでに治ってしまうとじゃが」

と言うのです。此の時初めて、私はひび切れは春風によって治るという事を知りました。然し一日中、勉強する時に鉛筆を持っても、力を入れるとピピピッとひび切れの小さい口が開いて血の固まりが吹出し、熱を持って疼く皮膚の上にガバガバと固まっていました。

此の頃、昼も夜も辛い事が多すぎました。そこで、私も子供なりに考えました。友達はみんな幸福そうで、どの子を見ても私のようにひどいひび切れに悩んでいる子は一人も居ません。なぜ私一人だけ、と思った時、そうだ油津に居た時に、夕食の後片付けが終った後、家族みんなで仏壇の前に並んでお経を聞いていた時の事が思い出されたのです。幼い妹も弟もきちんと正座して、父母の読経が終るのを待っていたのに、私だけはいつも途中から眠ってしまい、後ろにひっくり返って寝ていたから罰が当ったんだ。今こんなに苦しい目に遭うのも、天罰かも知れない。それなら神様仏様にお許し下さいと、お詫びをしなければ。

そんな思いから、私は毎朝仏壇の掃除をしている時と、朝御飯の前にお茶とお仏飯を上げて明りを

灯す時に、大叔父大叔母に気付かれないよう、心の中で両手を合せておりました。「私の罪をお許し下さいまして、一日も早く父母の側に帰る事が出来ますように、お守り下さい」と。願いは切実なものでした。ひび切れの痛さに悩み、夜の恐さに悩む九歳の少女の心でした。

父母の綾への引越し

一月も終り近く、寒の厳しい最中、朝の早い私には寒さはなお一層辛いものでした。学校から帰り、日掛取りに回る時には、すでに日は落ちて暗い宵闇でした。

南の端、田所さんの家からの帰り道、夕闇に白く細く浮ぶ脇道に入り込み、人家も遠くなった所で、黒々と重なり合う深い山々に向い、

「お父さーん、お母さーん。お父さーん、お母さーん。私は一生懸命頑張っちょるよ。早く助けに来てー」

と、力の限り声を出し、父母に届けとばかりに叫んでおりました。然し空しく返って来るこだまに父母の声はなく、胸に突上げて来る悲しさと、溢れ出る涙はどうする事も出来ませんでした。此の山道には度々入り込み、「お父さーん、お母さーん」と叫びながら泣いておりました。それ以外、当時の私には身に余る悲しみの持って行きようがなかったからです。

日掛取りも、日曜日には夕方も明るい内に回っておりました。此の頃、ある農家近くに真赤な寒椿の咲き誇る場所がありました。木の下には、落ちたばかりのきれいな花が沢山転がっていました。集金の帰り道に此の花を着物の袂一杯に拾い、祖母の家に立寄った時に妹と二人、藁に通して可愛らしい首飾りを作っていました。大叔母に見付からないようにやっていた、わずかな遊びの一つです。

二月に入って間もなく、大叔父と大叔母がイロリ端で何事かしきりに話込んでいる姿を度々見掛けるようになりました。私としては、何事だろう、もしかしたら油津に帰れるのかも知れないと、父母の元に帰りたい一心でそんな事を思っていました。然し、事態は私の思惑とは全く違った方向に進みつつあったのです。父母は乗ってはならない、悪魔の待受ける運命の船に乗ってしまい、長い年月を掛け、血のにじむような思いで築き上げて来た家屋敷を売払っていたのです。そして活気に満ちた漁港、油津の地を引揚げ、まるで眠っているかのような静かな村里に帰って来る段取りを着々と進めていたのでした。

大人達が進めている話がどのようなものか、子供の私には知りようもありませんでしたが、すでに三月に入っていました。

祖母の家の近くには、山を切り開いて出来た村の墓地がありました。墓地は竹藪に囲まれていましたが、その竹藪のすぐ側に、大叔母夫婦が現在の家に引越す前に住んでいた平屋建ての持家が残されていました。住む人もなく、長い間雨戸も閉切ったまま放置されていた此の家を、日曜日に朝の仕事を終えた後、バケツや雑巾等掃除道具一式を持って大掃除に出掛て行きました。

此の時、初めて大叔母の口から、

「お前のお父さんお母さん達が綾に引越して来るから、家の内外をきれいに大掃除しとかんといかんからね」

と言われたのです。

大叔母の後ろに続き高い石段を上り、いざ家の中に入ってみますと、長い間閉切ったままだった部屋の畳は赤茶け、古くさい、かび臭い臭いが充満していました。庭の向うには墓地を取囲む様に大きな孟宗竹が生茂り、里に下りて来た鶯が盛んにさえずっていましたが、墓地に隣合せる此の一軒家は、昼でも何となく薄気味の悪い家でした。

三月も半ば過ぎには、弟が父に連れられて大叔母の家にやって来ました。そして私が来た時と同じ様に、弟も父に置去りにされてしまいました。父が油津に帰った後、弟も父恋しさから身も世もなく泣き叫んでおりました。そんな弟を背負っていた私でしたが、自分が置き去りにされた日を思い出し、五歳の弟の悲しみが分りすぎる位に分る私は、慰めの言葉をなくしてしまいました。狂ったように泣き叫ぶ弟が、祖母の家の方を指さしては、「アッチ行く、アッチ行く。うちに帰る」と繰返し繰返し声を限りに叫び続けるのです。涙と洟が一緒くたになって、私の背中に流れ落ちて来ます。弟の心の痛みが手に取るように分る私も一緒になって泣きじゃくりながら、とぼとぼと夕暮れの道を祖母の家へと歩き始めました。姉と弟二人して泣き叫びながら祖母の家迄辿り着いていました。

そんな姿を見た祖母が、

「トヨちゃん、あんた迄泣いてどうするとね。姉ちゃんが泣けば、澄ちゃんは余計泣くじゃないね。あんたが先に泣きやまにゃ」

と諭されました。背中の弟を下ろして祖母に預けました。祖母の横に座りながら、弟はまだ、「アッチ帰る。うちに帰る」を繰返し、泣き叫んでいました。目を真赤に泣き腫らし、顔も赤く腫上がったようになり、声迄しゃがれ声になっていました。そんな弟を曲った腰に背負いながら、

「あっちに行っても家には帰られん。うちは遠い遠い所にあるとじゃからね。澄ちゃんはお利口さんじゃから泣きやむね。今日は婆ちゃんとこで御飯食べて、婆ちゃんと一緒に寝らにゃね。お利口にしとかんと、お父さんお母さんが早うに来てくれんよ。ほーら澄ちゃんはお利口じゃからすぐ泣きやむよ……ヨシヨシ」

と祖母が、弟を何とか慰めよう、なだめようと必死でした。

三月も下旬、家財道具を大型トラック三台に積んで、父母と姉の三人が油津から引越して来ました。兄の姿が見当たらないのが気になって、

「峯子姉ちゃん、敏あんちゃんはどうしたと」

と尋ねました。

「うん、敏兄ちゃんは散髪屋さんに弟子入りして行ったとじゃが」

「どこの散髪屋さんにね」

「宮崎から佐土原《さどわら》を通って、西都原《さいとばる》の方に行けば、妻《つま》ていうとこがあって、そこの散髪屋さんに行ったとじゃが」

「うーん、そうじゃったとね」

油津から近所の人や工場の人達七、八人が手伝いに来てくれたお陰で、荷物はバタバタと手早く家の中に運び込まれました。大きな荷物はあらかた所定の位置に納められ、夕方には家の中はほぼ片付きました。油津から持って来ていた沢山の魚を料理して、大勢で食事をした後、加勢に来てくれた人達には父母が礼を言って帰って貰いました。

父母と一緒に生活したいと、毎朝、昼も夜も神様仏様に祈り続けていた私は、こんな形で父母や姉と会う事が出来たのです。然しどうした事か、私の心には此の日からポッカリと穴が空いてしまったような気がして、落込んでしまいました。

日曜日に引越して来た父母の手伝いに行った私は、気忙しく立ち働く父母や姉の姿から、自分が家族とは全く関係のない所に居る人間になってしまったと自覚したのです。姉からは兄の消息を聞いただけで、母が初めて声を掛けてくれたのは、「トヨ子、お前は早う学校の下に帰らんか。遅うなったらいかんが」という言葉でした。母に言われた通り大叔母の家に帰る途中、祖母の家に立寄りますと、弟が嬉しそうに祖母や妹と遊んでいました。

帰る道すがら、私はもうあの高台の家には行くまい。父母や姉弟は居るけれど、あそこは私の行く家ではなさそうだ。父も母も、もう私を自分の子供だとは思っていないのではなかろうか。あんなに待ち望んだ父母であったのに……。

結局、家族が身近に来た事によって、自分は大叔父大叔母の家しか身を置く場所はないのだという事が、はっきりと自覚されたのでした。此の時点で、十歳になったばかりの私の心から、父母に対する甘えの気持がサッパリと消え去って行きました。祖母の家と高台の家は目と鼻の先という近さで、妹はいつも行き来していましたが、私は引越しの日以来一度も行く事はありませんでした。

父の出稼ぎ

冬の間中、無惨なひび切れに悩み続けた手足でしたが、此の頃になって、鶯の声と共に柔らかい春一番の風が頬を撫でるように吹き始めたせいでしょうか、大叔母の言った通り、嘘のように手足のひどいひび切れが治ってしまったのです。春風と共に温かくもなり、大叔母の湯タンポ代りも御用済みとなり、両足首をしばっていた紐も外し、一人のびのびと眠る事が出来るようにもなりました。私はそれらの事が嬉しくて、家事に勉強にと一生懸命励んでおりました。それに、父母が綾に来てからは、大叔母から口汚く罵しられる事も大分少なくなりました。以前なら、父母を引合いに出して親の躾がなっていないからと、口汚く叱責されていましたが、それもなぜか少なくなっていました。

やがて四月になり、新学期と共に私は四年生に進級し、妹は新一年生として入学、姉は六年生となりました。姉と妹は、祖母の家の裏道を通り一緒に通学していました。

丁度此の頃高台の家では、引越しの後片付けもどうにか終り、父母の間ではこれからの生活をどうするかについて話合いが続いていました。然し山間の此の小さな村では父の働き口はなく、結局は綾行きを大反対していた油津の上杉の伯父伯母の側へ、父一人だけが働きに出る事に決りました。

人一倍子煩悩な父が出稼ぎに出て、一人淋しい自炊生活を始めたのです。自身の生活を切詰めてでも、妻や子供達のために毎月送金を続け、綾に帰って来るのは盆と正月の四、五日という生活に変ってしまいました。此の時父が四十四歳、母が四十歳でした。

父が出て行く前には、大叔父大叔母とも話合いが持たれたようです。父が万が一病気やケガで働けなくなった時の事を考え、油津の家屋敷を売払ったお金で商売を始めたいというのが母の希望でした。母と祖父母とも話合いが持たれていたようです。そんな或る日の事、遅い夕食が終り、私は後片付けのために炊事場で立ち働いておりました。その間、大叔母はいつものようにイロリ端で一服しておりましたが、大叔父と何やら話が続けられておりました。ひどい喘息に悩む大叔父は、「骨皮筋衛門」という言葉がピッタリの痩せた体付きをしています。肩で大きく息をしながら、あえぐようにして大叔母の話し相手をしておりました。

此の夜の二人の話合いは仲々終る様子もなく、私は勉強も終え、やがて店の雨戸を閉める時間になっていました。するとその時、まだイロリ端で話合っていたはずの大叔母が、突然恐ろしい形相をし

て立上がり、はだしで土間にとび下りた後、

「私は今日限り此の家を出て行きますからね。後は皆で何とかやって行って下さい。あなた頼みますよ」

と言って出て行こうとしたのです。驚いた大叔父は慌てて土間に飛び下りました。そして、

「私はこんな体、あんたに出て行かれたら生きては行かれん。思い直して、気持を取直して、出て行く事だけはやめておくれ」

と、土間に座り込んで頭を下げ、泣きながら必死で頼んでいました。大叔母の着物の裾をしっかりと握りしめた大叔父は、土間に座り込み息も絶え絶えに泣いておりました。私も二人の様子から、これは只事ではないという雰囲気を察知し、大叔父と一緒になって一生懸命大叔母の着物を持って引止めていました。

子供の私がチラホラと小耳にはさんだ所では、大叔父と大叔母の言い争いの原因は以下のようなものでした。五十も半ばを過ぎた二人には子供がありません。そこで大叔母としては他人を養子として迎えたいと考えていました。一方大叔父としては、人一倍厳しい大叔母の性格を知り尽している事から、他人では絶対一緒に生活する事は出来ないと分っている事から、血のつながりのある私の母に老後を見て貰いたいというものでした。そして山や畑等の財産も、大叔父達の死後は母に全部譲り、墓守も母に頼むのが一番いい方法だと言うのです。

当初は大叔母の主張が通り、何人もの女の子が入れ替り立ち替り此の家に来て、一緒に生活を始め

ましたが、十日として続く子はありませんでした。その結果、大叔父の主張通り、血のつながりのある私に白羽の矢が立ったわけです。然し私ではまだ幼いため、母に老後をという大叔父の意見が通り、今回の母達の引越しとなった様でした。

母がこれからの生活のために店を持ちたいと言い出した時、大叔父が、

「それでは、此の家は大阪に行った村岡のミサオ大叔母の家だから、私達が新しく家を建て、此の家にお悦達を入れるようにしたらどうだろう」

と言ったため話がもつれ、大叔母としては今更新しく家を建てて迄、という気持になったものでした。

然し、それから二、三日後にはトントン拍子で話が進み、新しい土地を購入した大叔父と大叔母の新しい家造りが急進展して行きました。材木は持山の木で充分間に合うとの事でした。

茶摘

あれやこれやで目まぐるしい中、四月はまたたく間に過ぎて、五月の茶摘の季節がやって来ました。土曜日の午後から日曜日に掛けて、朝仕舞を早めに終え、学校の校庭より十メートル程高くなった、錦原《にしきばる》の畑に出掛けて行きました。見渡す限り続く畑がどこ迄もどこ迄も広がっていました。背負っ

て来た竹製の大きなカライカゴにお茶の新芽を一杯摘取ると、家迄担いで帰って溜めておき、月曜日に祖母の家にある大きな平釜を使って、大叔母が二日掛りで、新茶を作り上げていました。

五月のポカポカとした日射しと温かい風の吹く中、人影もない静かな畑には、山鳥の鳴声と、時々野兎の走り去る姿が見られました。単調な茶摘の作業では、眠気が襲って来て仕方がありません。然し此の作業は五月の間中ずっと続きました。土曜日、急いで学校から帰ると、昼御飯もそこそこに大叔母と出掛け、夕方薄暗くなる迄摘取り、日曜日にも朝早くから暗くなる迄摘んでいました。一年分としても余る程の量を摘取っていたのです。

やがて茶摘に追われていた新緑の季節も終り、うっとうしい梅雨が、六月の暦通り折り目正しくやって来ました。農家は田圃の仕事に追われる日々が続き、日掛取りに回る家も留守の所が多く、田圃に出向いて集金する事も度々でした。

此の季節に付きものの激しく降る雨と雷鳴轟く中、傘をすぼめ肩をすぼめて、日掛道具を握りしめ、はだしで走り回る恐ろしさといったらありませんでした。小学四年の私には、頭上に落ちて来るのではないかと思われる雷の音と光は、何よりも恐ろしいものでした。集金に通る道路のすぐ側で、田植を終えたばかりの広い田圃の真中に雷が落ちて直径十四、五メートルの大きな穴が出来た事がありました。穴の中には赤茶けた水が溜っていました。又、道路沿いに立っていた大きな杉の老木に雷が落ちた時は、無惨な姿に引裂かれ、折れ曲っていました。そんな姿を目にすると、思わず「神様仏様どうぞ私をお守り下さい」と両手を合せ、心の底から祈らずにはいられませんでした。人の通る道路のすぐ近くでした。もし、自分が通り合わせていたらと思うとゾッとする思いでした。

大叔母の家を出る

雷や大雨に怯えた季節も過ぎて、七月ともなれば夜明も早くなって来て、私にとってはとても心休まる季節到来でした。

やがて夏休みに入ると、その時を待っていたかのように、イロリ端に座る大叔母からあれやこれやと夏の大掃除の指示が飛びます。毎日少しずつ掃除をする事になり、二階の隅々から床の下迄、何年分も溜っていた埃やクモの巣を取払って行きました。大掃除が終ると、今度は毎日使っている布団の洗濯でした。久留米絣で作られた布団のガワはゴワゴワと硬く、水を含むととても重く、洗濯には骨の折れるものでした。然し丈夫な事では一番だったようです。

布団の洗濯が終ると、大叔父と大叔母の冬の普段着を解いて、裏表も何もかもバラバラにしてきれいに洗い上げました。大叔母と二人で何日か続けましたが、最後にシワを伸して張板に貼付けて行く作業は大叔母の仕事でした。夏休み中これらの作業は続き、息抜く間もなく気が付けば、丁度夏休みも終る頃でした。高台の母の家には夏休みにも行く事はなく、姉とも余り顔を合せる事はありませんでした。

九月一日から二学期が始ると同時に、子供達が買物に来るので店の方も朝から大忙しで、大叔父も大叔母もてんてこ舞いをしていました。

そろそろ運動会の練習が始った十月も初めの頃でした。日掛集金を終え、祖母の家に水汲みに行った私に、

「トヨちゃん、外山の大叔父さん達の家が近々出来上がり、今月の終り頃引越しになるげな。新しい家には井戸を掘って手押しポンプが付くげなかいよ。もう水汲みする事はいらんげな。今の家では水が不自由で、水汲みいうてあんたを呼寄せたとじゃかいね。新しい家では炊事場に井戸が出来たとじゃかいよ。もうあんたはいいとじゃが、此の近所でも、本当の親が側に来ておりながら、トヨちゃんが可哀想と思いならんとじゃろーか。鬼のような親じゃね。近所の人達があんたが可哀想な言うて、早うからそんな話が婆ちゃんの耳にも入って来ちょったつよ。朝早うから、夜は遅う迄働くあんたの姿を近所の人達がよう知っちょんなっとじゃが。これ以上婆ちゃんも放っておれんと思うてな、よくよく考えたとじゃけどな。あんたがいつも茶碗洗いしちょるじゃろ。朝でも晩でもいいから、茶碗の一つ二つ手を滑らして割れたごととして、何か大叔母さんに叱られるような事をわざと作って叱られたら、明くる日勉強道具全部を持って学校へ行って、そのまま夕方婆ちゃんの所へ帰って来んね。ワザとでもいいから、茶碗の一つ位割っていいが。何にも事がないのに出るいうわけにいかんからな……。二、三日内でいいから、そうやって出て来んね」

と言うのです。

余りにも突然の祖母の言葉に戸惑い、私は水を担ぐと急いで学校下に帰って行きました。祖母の話を聞いてからは、洗物をする朝にしろ晩にしろ、今こそ、今こそと思いながらも、どうしても作為的に茶碗を割る事等出来ませんでした。他にも大叔母から叱られるような事はないものかと悩み続けていましたが、どうしても実行に移せないまま日日だけが過ぎて行きました。五日位経った頃でした。このままグズグズしていたら、大叔母の家から出る機会を失ってしまう、やがて寒くて冷たい冬がやって来ようというのに……と悩んだ末、一度は悪者になってもいいからと、今日は祖母の家に行こうと決心したのでした。

此の日の朝、勉強道具一式を持って、いつものように大叔母の家を出て学校に行きました。夕方になって、その勉強道具を抱えて祖母のうちへ向ったのです。心の内では、「大叔父さん、大叔母さんご免なさい」と大叔母の家に向って手を合せていました。言いようのない思いを振切るように、それでもまだ複雑な気持のままに、祖母の家への近道を走り続けました。

息を切らして祖母の家に飛込んで行った私を見て、広い土間の奥で夕食の仕度をしていた祖母がその手を休め、

「あー、トヨちゃんか。何か叱られるような事をしてから出て来たとね」

と尋ねました。

「んんにゃー、何も出来んじゃった」

と、祖母には悪いなと思いながらも答えました。

「そうね。それならそれで又返事のしようがあるからね。よしよし、座敷に上がって、今日は何もせんでいいから、じっとしとかにゃ。どうせヨネちゃんが探しに来るとじゃから。そん時は、もう学校の下には帰らんて、はっきり言わんと駄目じゃかいね」

こうして、まるで格子なき牢獄のような大叔母の家から、一年二ヶ月ぶりに解放されたのでした。当然しいざ祖母の家に来たものの、私の気持はまだ複雑に揺れ動いていました。身の置き所に困り、じっと座っている事が出来なくて、祖母が土間の奥の方に居て分らないのを幸いに、座敷の掃除をした後も土間から表迄を箒で掃いて廻りました。その姿を見た祖母が、

「トヨちゃん、トヨちゃん、今日はそんな事したらいかん。今日は何もせんで、じっと座っとかんといかんが。早う火鉢の側でいいから上がって、上がって」

と、折れ曲った腰を伸しながら、気忙しげな口調で私を座敷に追いやります。しぶしぶ座敷に上がった私を見届けると、祖母は再び土間の奥へ消えて行きました。

段々と暮れて行く秋の夕暮れを眺めながら、座敷の奥に座る私の心は罪の意識にさいなまれておりました。小さな胸の内には色々な思いが渦を巻き、恐れおののいておりました。まるで断罪を待つ囚人のような気持で、大叔母の現れるのを今か今かと待っていました。

夕闇が迫って部屋に電灯が灯される頃、下駄の音も荒々しく、怒気満面の大叔母がやって来ました。そして敷居の外から、

「んだ、おミワ姉さん、トヨちゃんが帰って来んとじゃが、どこに行ったもんじゃろかいと思うて、

あっちこっち探して回ったとじゃが」

と言いながら土間に入って来て、座敷の隅に小さくなって座っている私を見るなり、

「んだ、こんげなとこで座り込んでしもうて」

と、鋭い目付きで、射るような視線を向けて来ました。私は恐ろしさの余り一言の言葉も出ないまま、まるで草履虫のように体を丸めて縮み上がりました。

大叔母の声を待受けていたかのように、祖母が落着いた声で、

「学校の下にはもう帰らんて言うもんじゃかい、仕方がねーわ」

と言いました。祖母の話を聞いた大叔母は、暫くの間をおいて、

「帰らん言うならしようがねー。引きずって帰るわけにもいかんじゃろー」

と吐捨てるように言うと、ひより下駄の音も高く響かせながら、宵闇の中に足音も荒々しく消えて行きました。

大叔母の顔を見る迄は、自分の仕事を放棄して、黙って出て来てしまった事を申訳なく思い、自分を責めさいなんでおりましたが、大叔母の出現で、その責め苦から自分自身を解放する事が出来たのです。やっと安堵して、胸を撫下ろしました。

こうして祖母の元に引取られた私は、学校にも妹と二人で通うようになりました。ようやく平和な日々が、祖母の手によって与えられたのでした。

一年二ヶ月の間、共に暮した大叔母から受けた厳しい躾に悩み苦しみ、熱い涙を流し続けた十歳の私の心には、いつの間にか、質素、倹約、貞節といった人間としての常識だけが、行儀作法と共に育まれていました。それは、一本筋の通った大叔母の生き方から学んだものでした。心穏やかな祖父母の家で、妹と共に二年半と言う心静かな生活の中で、祖父母の手助をしながら一生懸命に働き、妹と共に学校に通える此の上もなく幸福な月日を祖父母から与えて貰いました。これから五年後、母と同居生活を始めた時に、それはっきりと思い知らされる事になるのでした。

毎日毎日叱られ通しでしたが、

「仕事でも勉強でも、何事をするにも性根を入れてせんか。する事に対して、しっかり性根を入れてせんと、ろくな事は出来ん。何事をするにも上の空でするな、性根を入れてせんか」

と言う大叔母の罵声は、まるで豪雨が降り注ぐが如く浴びせられていました。然しそのお陰で、注意力散漫であった十歳の私も、いつの間にか集中力をしっかりと養う事が出来たものでした。

三、祖父母との生活
生きるとは働くことなりと見付けたり。の心境を無言の内に祖父母の後姿から学び取る事が出来た十歳の私

祖母の家での一日目

祖母の元に引取って貰った私は、その日から祖父母と妹との三人暮しの中に加わりました。自分に出来る事は何でも手伝って祖母の手助けを心掛け、畑仕事から帰って来る祖父と共に夕食が始ります。私は大叔母の家で躾られた通りの食事の作法で、体は前屈みにくの字に曲げ、俯いたまま只黙々と食事をしておりました。その姿を見た祖父母が、

「トヨちゃん、トヨちゃん、あんた何ちゅう格好をして御飯を食べよるとね。背中は曲げてしもうて、もっと真直ぐ向いて御飯食べんと体に悪いが」

と優しく注意をされてしまいました。然し、その時だけは真直ぐな姿勢をしていますが、暫くすると又前屈みの姿勢になっていました。大叔母の側で長い時を掛けて、辛く悲しい思いをして出来上がった姿勢だとは、祖母達が知る由もありませんでした。食事の度に見かねては、「トヨちゃん、又曲っちょるが」とポツリと、それでも大らかな口調で注意されます。此の不自然な姿勢になるにも月日

が掛りましたが、自然な状態に戻るのにも又日にちが掛りました。

　夕食の後片付けを済ませ、祖父母が一服している間に、雨戸を全部閉め終えました。その後風呂に行く用意をしていると、祖父母も疲れた体と重たい腰を「よっこらしょ」と上げて、四人揃って近くの銭湯に出掛けました。

　大叔母と一緒に行っていた時は、浴用石鹸には自由に触る事さえ出来ませんでしたが、今は違います。祖母と妹の三人で風呂につかり、一杯泡立ったタオルで自分の体を洗い、後は妹の体を洗いあげ、祖母の背中を念入りに流し、祖母からは私の背中も流して貰いました。極めて普通のこうした事が、私には物凄く有難く思えてなりませんでした。背中を流してくれる祖母の手から、その大らかな人柄と愛情がひしひしと感じ取れ、心に積っていた垢迄が洗い流され、心身共にのびのびと、爽やかになって行くのがはっきりと感じられました。

　暗がりの石ころ道を三人で帰りますと、先に帰った祖父は、昼間の畑仕事の疲れからでしょう、すでに布団に入り寝ていました。私は持帰った三人のタオルを広げて干したり、最後の戸締りを済ませ、長火鉢の側でキセルをくわえ一服している祖母に尋ねて、祖母と妹が一緒に寝る布団と、自分の布団を敷きました。

　総て用事を終えた所で、ふと時計を見上げますとまだ八時半でした。大叔父大叔母の事が急に気に掛りました。水汲みはどうやって、掃除は誰がやっているのだろうかと思うと、大叔母の険しい顔が目に浮びます。苦しそうにあえぎながら、ソロソロと掃除をしている大叔父の姿も重なります。大叔母の家ではまだまだ宵の口でした。

祖母の向い側に座ってそんな事を思っていた私に、一服し終った祖母が、「トヨちゃん早う寝ろうや、朝が早いから」と言います。朝の三時から起きて豆腐や油揚を作っている祖母は、お客さんが買いに来る六時前迄に仕事を終えておかなければなりません。従って、夜は早く休んでいました。

奥座敷に敷いた祖母の布団では、もう妹がスヤスヤと眠っていました。私は長火鉢が置いてある方の座敷に敷いた布団に入りました。然し、昨日迄の生活のリズムが体にしみ付いているためでしょう、布団に入っても仲々眠れません。大叔母に叱責される度に、「此の穀つぶしが」と罵倒されていた事が思い出された私は、大叔母の言葉通り、私は又祖母の家の穀つぶしになるのではないだろうか、私が食べさせて貰うお米はあるのだろうか、と此の事が一番気掛りでした。一人増えたからにはお米だけでなく、風呂銭から色々な雑費迄、年老いた祖父母の負担増になるのは避けようもない事実です。自分に出来る事は、骨身を惜しまず祖父母の手助けを一生懸命するしかない。

そんな事に思いを巡らせていました。大叔母の家から引取って貰ったお礼の言葉も言っていません。感謝の気持を直接祖父母に伝える術を知らない私は、布団の中で横になったまま、両手を合せて心の中でつぶやきました。

「爺ちゃん、婆ちゃん、本当に有難うございました。口に出してお礼を言うのは恥ずかしいから、ようう言いませんが、明日から爺ちゃんと婆ちゃんの役に立つ事ならどんな仕事でも、一生懸命手伝います。私は峯子姉ちゃんのように頭脳明晰、学業優秀ではありませんが、体を使う仕事なら自信があります。「爺ちゃん婆ちゃんのためならどんな仕事でも一生懸命頑張りますから、どうぞお願いします」と言い終わると、ホッとしてか、薄暗い電灯の下で安らかな眠りに入って行きました。

大叔父大叔母の引越し

祖母の家に引取られて数日後、秋晴れの上天気に恵まれた日曜日の朝早くから、祖父と高台の母、姉、妹の四人が大叔母の家の引越し手伝いに出掛けて行きました。何しろ文房具や日用雑貨等細々とした商品が多くて、まとめて運ぶのは大変だったようです。大八車に山のように積んでは、石ころだらけのガタガタ道を何十回となく往復していました。昼休みもそこそこに、三時の休みもなく運び、手伝いに来て貰っていた近所の人達には夕方早く帰って貰いましたが、母達四人は最後迄残って後片付けを手伝って、学校下の家の戸締りを終えて帰って来たのは夜も九時頃になっていました。四人は夕食も喉を通らない程くたくたに疲れきっていました。風呂に行く元気もなく、顔と手足を洗っただけで、祖母の注いでくれた熱いお茶を飲み、母と姉は眠っていた弟をおんぶして高台の家に帰って行きました。祖父と妹も、軽くお茶漬けを流し込むようにして食べた後、すぐに布団に入って寝てしまいました。

私は此の日一日弟の守りをする事になっていましたが、掃除洗濯等家の仕事を片付けた後、朝御飯

の時に祖母から、

「今日は学校の下は引越しで忙しいから、近くに行ったらいかんよ。まして大叔母さんの目に付くような所には絶対行ったらいかんからね。澄ちゃんも、此の近くで遊ばしておかんと」

と言われましたが、その口調にはいつになく厳しいものがありました。

祖母の言葉の意味はよく分っていましたが、昼御飯の後片付けを済ませた私は、弟の手を引いて、遠回りしながら田圃の畦道伝いに学校下の引越しの様子を見に行きました。四、五軒隣の家の陰に隠れて暫く眺めた後、又田圃の畦道に引返し、今度は新しい方の家の様子を見に行きました。トロッコ道の土手にもたれ、隠れて様子を眺める私の目は、しきりに大叔父と大叔母の姿を探し求めていました。弟と二人、三十分も眺めていたでしょうか、余り遅くなっては祖母に悪いと思った私は、「澄ちゃん、もう帰ろうか」と弟の手を引いて、トロッコ道の枕木を数えながら、祖母の家へと向いました。

癒される心

此の引越しの日に、私が油津から持って来た着物類が、持って来たそのままに大風呂敷に包まれたまま、母の手によって祖母の家に運び込まれました。

こうして祖母の家に落着いた私は、大叔母達が井戸のある家に引越した事により安堵すると共に、大叔父大叔母に対する私の責任が一応終ったように思い、気持が軽くなりました。これからは優しい祖父母のために一生懸命働こうと、自分の心に言聞かせました。

冷たく厳しかった大叔母の側から、愛情豊かな、人の二倍も三倍も働く祖母の元に落着いた私でしたが、十月もまだ下旬だというのに、手足がかさかさに荒れて来ました。去年の冬の、すさまじい迄に荒れた手足のひどいひび切れを知っている祖母は、

「早めからクリームを付けて手入れしとかんと、ひどうなってからでは間に合わんからね」

と言って、風呂から帰ると必ずクリームを付けるようにと言ってくれ、私達が学校に行っている間にわざわざ出掛けて買っておいてくれた、クリームを引出しから出して渡してくれるのでした。それは大叔母が付けていたような上等のクリームではなく、一番安価な量り売りのものでしたが、甘くて優しいその匂いは、温かい祖母の心そのままでした。祖母のぬくもりが私の手足から心へと、しみじみと伝わって来るのでした。

こんな風に、事あるごとに祖母の温かい思いやりに触れ、それ迄大叔母の家で受けて来た傷が、萎縮しきっていた私の心が、日一日と解けて行ったのです。乾燥しきった海綿が春の水を目一杯吸収するように、祖父母の大らかな愛情の下、私はいつの間にか元の自然な明るさを取戻して行きました。心の傷も日一日といつの間にか癒されて行ったのでした。

毎朝、姉や妹と揃って通学出来る事の嬉しさ楽しさといったらありませんでした。学校へ行っても安心して勉強が出来るゆとりも出て来ました。授業が終れば軽い足取りで帰宅出来ます。帰れば病弱

な妹の世話から祖父の田畑仕事の手伝い、祖母の家事の手助けと、自分から進んで仕事を見付けてこなしていました。

大叔母の所では躾という名の下、強制された仕事に明け暮れていました。狭い枠の中に無理矢理に も押込まれ、又私自身も幼心を砕き無我夢中で働いていましたが、勤労の喜び等感じる余裕もありませんでした。子供の犯すわずかなミスさえ許されず、口汚く罵倒されていた私でした。然し祖父母の下では、手伝いをすれば、いつもそこには喜んでくれる、にこやかな二人の顔がありました。たったこれ位の手伝いで、たったあれ位の仕事でと思いますが、祖父母がこんなにも喜んでくれるなら、私はもっともっと働こうと思いました。祖父母の手足となり、真心込めて一生懸命働こうと思ったのです。働く事がこんなにも嬉しく尊いものであるという事を、私は此の時初めて知りました。

無口と言っていい程に口数も少なく、只黙々と働く祖父母の姿を見て、私は働く事の喜びを教えられたのです。繰返し繰返し「生きるとは働く事なり」と、自身の心に語り掛けていました。又、祖父母の温かい心を受止める事が出来たのも、大叔母の下で辛い思いをして来たからだという事も自覚していました。改めて、厳しかった大叔母にも感謝する私でした。

祖父と祖母の日常

朝三時から起きて働く祖母を助けるため、五時には起き出して御飯を炊き、味噌汁を作り、朝御飯の用意を調え、六時前には買いに来るお客さんに豆腐や油揚を売っておりました。それも一段落した頃に妹と祖父を起し、長火鉢を囲んでの四人の朝食が始ります。一本も歯のない祖母は、細く切ったタクアンを歯ぐきだけで食べていました。ゆっくりとした食事の時間が終ると、祖父は野良着に着替え畑仕事に出掛けて行きます。祖母は煙草を一服した後は、濡れた足半を履いて次の仕事に取掛かっていました。私は食事の後片付けを済ませ、座敷と土間、表をきれいに掃除をした後、妹と共に学校に行きます。

授業が終れば急いで帰り、カバンを下ろすとすぐ、翌日の豆腐用の大豆を一斗洗います。一升ずつ十回に分けてきれいに洗ったものを、大きな木の桶に入れて水を一杯に張り、翌朝迄漬けておくのです。これは祖母の豆腐作りには欠かせない仕事でした。働き者の祖母は、余程の事がない限り豆腐作りを休む事はありませんでした。盆と正月の四、五日休む位で、毎日毎日豆腐作りを続けておりました。

大豆洗いが終ると、夕方の掃除を座敷から庭の方迄奇麗に片付けて行きます。その後、六羽程居た鶏に餌をやり、床下等に産み落された卵を拾い集めて行き病弱な妹のためにと飼われていた鶏ですが、余った卵は豆腐を買いに来るお客さんにも売っていました。

日曜日にも休む事なく働く祖母に合せ、私もいつもと同じ時間に起き出し、朝仕舞を済ませた後は、一週間分のみんなの洗濯物を豆腐の絞り汁で洗い上げて行き、残った豆腐の絞り汁で洗髪をした後、昼御飯に帰って来た祖父に付いて、畑の草むしりや田圃の土起しを手伝いに行きます。一鍬ずつ掘り起していく此の仕事の大変さには驚きました。それを身をもって知った時、私は年老いた祖父の背に向い、両手を合せずにはおられませんでした。こんなにも大変な仕事を今迄何十年も、そしてこれから先も祖父はやって行くのだと思った時、土と戦うその姿に私は感動してしまいました。幼い私には祖父の手助けになるような事は余り出来ませんでしたが、それでも日曜の午後は、祖父は喜んで田圃や畑に私を連れて行ってくれました。

こうして祖父が額に汗して野良仕事をしている姿を見た時に、大叔母の言った言葉を鮮やかに思い出しました。私がお米を量って釜に入れようとした時、手元をじっと見ていた大叔母が、一粒でもこぼれ落ちる事があれば、「それ又こぼしたが。貧乏人程物を粗末にする。一粒の米でも麦でも、出来上がる迄には、どれ位人の手間と汗と努力が掛けられたもんか分らんとじゃから。米一粒には八十八回の手間を掛けんと一粒の米も出来上がらんとじゃから、粗末にしたら罰が当る」と言われたものでした。

母達の引越し

秋の空のように澄切った爽やかな心で平穏な日々に感謝して、働く喜びに満ちた楽しい毎日はあっという間に過ぎ去り、すでに十月も三十日、大運動会の日になっていました。

去年の運動会は弁当もなく、大叔母の家に走って帰り冷たい味噌汁とタクアン三切れという昼食でしたが、今年は違います。祖母が豆腐作りを一日休み、卵焼や煮〆《にしめ》を握飯と共に重箱四つに詰めて持って来てくれたのです。その上、祖父が私達のためにと丹誠込めて椄木で育ててくれた柿の木に、真赤に熟れた実が沢山なったものを持って来てくれたのです。淋しかった去年の事がふと思い出され、有難いなあと、祖父母の温かい心配りに感謝せずにはいられませんでした。小さなゴザに姉と妹、私と祖父母の五人が座り、祖母の心尽しの弁当を囲んで、本当に楽しい昼御飯を頂く事が出来ました。

運動会を終えて十一月を迎えました。十月の中旬から始っていた学校下の大叔母の家の手入れが終り、十一月も中旬には、高台の家から母と姉と弟が、移り住んで来ました。

大叔母達が引越して行った学校下の家は、母が頼んだ大工さんによって改装が行われ畳二枚分あるかないかの、暗くて狭い炊事場全体が大改造され、四畳半位に広くした上、大きな窓ガラスも二枚取付けられ、炊事道具や食器等を置く棚も出来て、御飯を炊く竈《かまど》も新しく作り替えられました。広くなった流し台のすぐ横には、セメントで作られた丸くて大きな水槽も置かれました。太陽の光が一杯射込む明るくて便利な炊事場が出来上がり、以前は昼でも薄暗かった座敷の方迄も明るくなりました。

然し炊事場を広げた事により、便所の場所を変更しなければならなくなってしまいました。裏にあった便所を表の入口の一番端に作り替えたのです。現在のような水洗便所なら臭いもなく清潔ですが、昔の便所はどうしても臭いがひどく、春先から夏に掛け、特に雨の日等には店中が家の中一杯が臭っておりました。

店の方も、座敷との区切りをきちんと付けるためにと、一間物の大きな陳列棚を三本据えてありました。四方がガラス張りの半間物も一つ、右端の中程に人目に付きやすいように置いて、化粧品や事務用品等をきれいに陳列してありました。文房具類も、学校で必要な手芸用品から裁縫道具に至る迄、種々雑多な商品が所狭しと並べられ、こざっぱりとした新しい文房具店が出来上がっていました。それでも大叔母達の頃と比べれば、商品も半分程しかありません。従って、店の土間も三分の一は空いていました。自転車なら十台位は楽に止めて置かれる程の広さが余っていたのです。資金に余裕があれば大叔母達のように、日用雑貨や金物、食料品、生活必需品等全般に渡って置きたかったのでしょうが、そこ迄は手が回らなかったようです。油津の家屋敷も、安く買い叩かれてしまったようでした。

何はともあれ、一応家族がそれぞれの場所に落着いて生活するようになったのでした。私と妹は祖父母の家で、母と姉と弟は学校下の家で、大叔母達は新しい家で前と同じ商売を続け、父は一人遠く離れて油津で働き、兄は五年の年季奉公で散髪屋に弟子入りしておりました。兄は、結局年季が明ける五年間、一度も帰省する事はありませんでした。

祖母の麹作り

祖母の家では、十一月に入るのを待っていたかのように米麹作りが始りました。

私は学校から帰ると先ずは一番先に豆腐用の大豆を洗い上げ、その後麹用の白米二斗を洗い、大豆と同じように大きな桶に入れて水に漬けておきます。麹用の米は翌日祖母が蒸して、麹菌を混ぜ合せて諸蓋《もろぶた》（餅箱）に入れ、麹室《ムロ》の棚に次々と入れて行きます。これを一週間程続けると室《ムロ》の棚が一杯になってしまい、暫くは私の米洗い作業はお休みです。それから一週間もすると毛足の長い、柔らかい毛糸を思わせる、雪のように真白くて美しい麹が出来上がっていました。

然し特上の米麹を作るには、命を削る程の祖母の努力がいりました。朝早くからの豆腐作りは続けながら、夜は夜で一、二時間置きに室の中に入って温度調整をしなければならないのです。二百枚近く積上げられた諸蓋を丁寧に一枚ずつ、麹菌が満遍なく繁殖するように、四角い木のへらで混ぜ合せて行くのです。夜も昼もなく眠る事さえ忘れたかのように、只ひたすらに働き続けていました。冬だというのに、流れ出る汗を手拭で拭きながらの作業でした。

一週間後に室から出された麹は、麹一升が米一升と交換して売られていました。祖母の実家、つまり私達の曾祖父達が焼酎を製造して手広く販売していた関係から、祖母も子供の頃から家業を手伝い麹作りをしていました。上質の麹は大変評判が良くて、味噌の材料や甘酒の素にと飛ぶように売れていました。近郷近在から注文が来ると、三里も四里もの道のりを肩にして売りに行くのは祖父の役目でした。弁当持参で朝早くから、祖父は天秤棒の両端に沢山の麹の入った諸蓋を重ねて、肩に担いで出掛けて行きました。麹の重みで天秤棒は弓なりになり、今にも折れそうでした。

古びた作業着に地下足袋を履き、首には白いタオルを巻いて、重い荷物を肩に出て行く祖父を見送りながら、いつも「爺ちゃん、重たいけど頑張って」と心の中で語り掛けておりました。私がもう少し大きくなったら、爺ちゃんの重たい荷物は半分私が担いで行こうと心に決めておりました。

出来上がった麹は数日で売切れてしまいますから、再び私の米洗いが始ります。こうして十二月末迄の二ヶ月間は、祖母にとっては猫の手も借りたい程の忙しい日々でした。こんな忙しい十二月も半ば、夕食が終ってお茶を飲んでいた祖母が、

「トヨちゃん、あんた今晩から学校の下に帰って水汲みせんといかんもんね。又婆ちゃん所迄水汲みにおいで。昨日の日曜日に母ちゃんが来て、水に不自由するからあんたを帰してくれ言うて来たからね。後片付けが済んだら帰るといいが」

と言うのです。「どうして」という言葉が出掛かったのをぐっとこらえて、私は「ハイ」と言うしかありませんでした。

「ハイ」とは言ったものの、後片付けや朝の用意をしながら、婆ちゃんが夜寝る暇もない位忙しい此

の時季に、何で私を水汲みのためだけに呼戻さなければならないのか。女手は母と姉二人もあるのに、水汲み位どうして出来ないのだろう。婆ちゃんの忙しさを母だって知らないはずはないのに、と思っていました。と同時に、祖母が可哀想で、気の毒でなりませんでした。「学校下より、婆ちゃんの手伝いがしたい」と喉元迄出掛かりましたが、口には出せませんでした。

用事を済ませた私は、大叔母達の引越しの日に母が持って来た着替の入った風呂敷包みと勉強道具を入れたカバンを背中に、忙しすぎる祖母に心を残しながら祖母の家を出ました。寒くて暗い夜道を一人とぼとぼ歩きながら、人目のないのを幸いにそっと手を合せました。

「婆ちゃん、どうか元気で長生きして下さい。一日でも長く生きていて欲しい。私も婆ちゃんのような人になりたい。口先で人を使う人よりも、只々黙々と自分の仕事に精を出して働く人、愛情深くて働き者の婆ちゃん。私も婆ちゃんのような人にならなければ」

と、星空を見上げつぶやいておりました。

人一倍働き者の祖母は、人一倍負けず嫌いでもありました。かぎ型に折れ曲ってしまった腰を時々伸して、一年中膝頭迄しかない短い仕事着を着て前垂を掛け、これ又一年中濡れた足半を履き、黙々と働く祖母でした。私はいつも、婆ちゃんがあんなに腰が曲ってしまったのは、若い頃からの働きすぎからではないか、私が大きくなって働くようになったら婆ちゃんに楽をさせてあげたい、と真剣に思っていました。

そんな事を思っていた私は、現実の時の流れが何ともまどろっこしく思われたものでした。四、五年の月日がさっと流れ去って早く大きくなれないかと、年老いた祖父母の姿を見ていていつも思ったものです。そして、懸命に生きる祖父母の側に暮した二ヶ月の間に、人として生きる上でのあり方を無言の内にも学んでいたのでした。私が油津から大叔母の家に来た時に、落込んでしまった私を適切に導いてくれた祖母の言葉は、私に勇気を与えてくれました。苦しみを乗越えて行く原動力ともなったのです。

久々の家族団欒

大叔父大叔母と共に暮した学校下の家に帰った私は、苦しかった頃、母達と暮す事をどれだけ待ちこがれたかと思い返していました。

二ヶ月程休んでいた水汲みが再開しました。今度は、大叔母が住んでいた時の三倍も大きな水槽に変っていました。朝は柱時計が五時を打つと同時に姉と二人で起き出し、私は特大のバケツを提げて祖母の家に通い、姉は御飯炊きと掃除を受持っていました。水汲みの終る六時半頃には姉の方も掃除が終り、御飯と味噌汁が出来上がっていました。そこで奥座敷に寝ている母と弟を起し、七時前には朝御飯を終えていました。朝食の後、母は店に座り、私と姉は後片付けを済ませて学校へ行っていました。

間もなく冬休みに入り、十二月三十日の昼頃、油津から父が帰って来ました。

翌三十一日の朝六時頃、祖母の家の比較的広い土間の真中に臼が置かれ、家内総出で餅搗きが始りました。祖父と父が杵を持ち、母が手水を打ち、私達子供は祖母が小さく千切ってくれた餅を丸める手伝いをしました。楽しい正月が来るのだという実感を、久しぶりに味わっておりました。

然し山里の正月は至って質素なものでした。餅に甘酒、数の子に野菜の煮〆、大根のなますがあれば上等な方でした。仕事を休むのも元日だけで、二日からはもう朝早くから働いても良いと言われてはいましたが、三が日はどの家でも主立った仕事は休んでいました。

父が帰って来た家の中は、まるで暗闇の中に急に明るい日射しが射したような思いでした。いつも苦虫を噛みつぶしたような顔をした母も、心なしか表情がゆるやかに見えます。両親の揃った正月の間だけは賑やかな、楽しい一家団欒がありました。物心付いた頃から、五人兄妹の中でも特別に父さん子であった私は、油津での楽しかった父との思い出等をなつかしく思い出しておりました。そして、大叔母の家に連れて来られた日に父に置去りにされ、父母恋しさに身も世もなく泣き叫んだあの時の気持が、今更のように思い出されていました。

両親が揃った楽しい正月は夢のように過ぎ去り、再び父が油津へ出て行かなければならない日がやって来ました。口には出せない淋しさを、タクシーに乗込む父は後ろ姿に漂わせながら、淋しげな作り笑いを残し、走り去って行きました。

父の居なくなった家の中は、まるで火が消えたように冷たく、淋しい風が吹抜けて行くようでした。

父親っ子であった私には、父でなければ埋められない淋しさはどうしようもありませんでした。

幼い時から母の言葉での暴力に苦しめられてきました。学校の成績も何も彼もが優秀そのものであった姉は、母の宝物でした。それに引替え、学校の成績は悪く何事にも鈍感な私は、母から見下げられ、無視され続けていました。私はいつでも母から、

「みっともない顔をして、お前の顔は丸盆に目と鼻を引っ付けた様な顔ぢゃ。おまけに鼻の穴は上を向いてみっともない言うたらありゃーせん。お前の様な子はいつ死んでもお母さんは何ともないからね。昔の人は、死なん子なら一人でいい。絶対死なん保証があれば子供は一人でいい。何人もはいらん言うたもんぢゃ」

この様に子供の心をズタズタに切り裂く様な言葉を平気で私に投げ付けていました。

姉の進学

やがて、一月十日から三学期が始まりました。始ると同時に、厳格な授業をする事では学校一番という、姉の受持の久保先生がわざわざ家迄足を運んで来られました。成績抜群の姉を、是非上級学校へ進学させるようにと説得に見えたのです。県から奨学金も出るからと熱心にすすめてくれました。一月一杯は、根気良く幾度も来られましたが、母は断り続けておりました。

たいていの人は、学科によって得手不得手があるものですが、姉の場合は全科目、どれ一つとっても不得手な科目がないという不思議な人でした。それに裁縫や手芸等も好きで、手先も器用で早くて、人一倍きれいに作り上げておりました。それに、運動会で走っても一番で、リレーの選手にもなっていました。字を書かせれば、ペン字でも毛筆でも特別練習した人のような、美しい文字を書いておりました。

こんな姉は油津時代も綾に来てからも、一学年全体（東、中、西、生徒数百五十人程）でいつも一番ばかりで、母に通信簿を見せる度に、私はいつも叱られていました。そんな姉も、勉強といって特別にするわけではなく、家でも三十分位の宿題をするだけでした。物心付く頃から忙しい母を助け、家事の手伝いに忙しくて、子供らしく友達と一緒になって遊ぶという事はほとんどありませんでした。

こんな優等生の姉に比べてのんき者の私は、妹や弟の面倒を見るのは大好きでしたが、家事の手伝いは大嫌いな油津時代でした。暇さえあれば近所の遊び友達と一緒に走り回っていました。四季折々の自然の恵みを受け、思いのまま遊び呆けていたのです。

宮崎市内から六里の距離にある、山沿いの道をバスに乗って一時間余りの最終地点が綾村です。山奥の純農村地帯の此の村は、昭和も初期の五、六年の事ですから、小学校六年間の義務教育を終えれば、家の農業を手伝う人がほとんどで、他は色々な所に弟子入りするか、都会に働きに出る人が三分の二も占めていました。小学校六年から中学へ進学する人はわずか五、六人で、男子三、四人、女子二人位のものでした。此の内、東京の大学迄進学する人は一人か二人あるかないかという所でした。後の三分の一の人は、尋常高等科に入り、二年で卒業していました。此の高等科に進む人は、男子が五十人位、女子が五十人位のものでした。

一月が終ると同時に、久保先生からの音沙汰がなくなりました。

勉強の好きな姉は、燃えるような向学心を持ちながらも、望みが叶わない淋しさを私にはちらっと話していました。切なくて悲しい思いは、母には言えない胸の内でした。母がお寺参りに行って留守の、日曜日の午前中の事でした。祖母の家に家族皆の洗濯をしに行こうとしていた私に、

「トヨちゃん、金持の人はいいね。婆ちゃんとこのすぐ近くに小岩屋ていう酒屋さんがあるじゃろ。あそこに三郎さんいうて、私と同級の人が居んなっとよ。兄さんは徹さんいう人で、姉さんが道子さんいうて、三人兄妹で三郎さんが次男坊じゃげな。此の間算術の試験があった時、難しい問題ばっかり出て、九十五点は私と三郎さんだけじゃったもんね。あん人ん方は酒屋さんで金持じゃから、東京の大学迄行きなっとじゃげな。頭がいい上に、おとなしい、いい人じゃもんね」

と言うのです。

姉が妹の私にこんな話をしたのは、後にも先にも此の時一度きりでした。姉の此の言葉は私の心にも、貧富の差というものを強く印象付けました。昭和初期の、ましてや九州も南の端、宮崎県東諸県郡の山里は、東京とははるかに遠い所でした。昭和の初期では東京の一流大学に行くと聞いても現実離れしていて、夢のような世界にしか思えませんでした。

姉の話を聞いてから、私は姉の羨望の的の三郎さんとはどんな人なのだろうと思っていました。綾に来て一年余り、小岩屋酒店の前はいつも通っていたのに、そんな人が居た事等全く気付きませんでした。それ以来、私は祖母の家に水汲みに通う度に、祖母の家の少し手前にあった大きくて立派な家を意識するようになりました。そして、姉が太鼓判を押した三郎さんを一目見たさに、店先の向うにその姿を探していました。

或る日の夕方の事でした。水汲みに向っていた私がいつものように店の前を通りながら、酒樽や酒瓶の一杯並ぶ店の中を何気なくのぞいた時、事務机の側に立ち道路の方を見ていた三郎さんらしき人と視線が合ってしまったのです。慌てた私はすぐさま視線を外すと、急ぎ足で店の前を通り過ぎました。まるで悪い事でもしたかのように、小さな胸は高鳴りました。そして此の時程、自分のみすぼらしい姿を惨めに思った事はありませんでした。

祖母の家で水を汲みながら高鳴る動悸を押え、あああの人が姉と同級生の三郎さんなんだ……。やや色白で眉の濃い、彫りの深い顔立ちで鼻筋が通り、きりっと引締まった目元口元に頭の良さが表れている、と眉目秀麗な美少年に私は感心してしまいました。同時に、成程あの人なら東京の一流大学へも立派に行ける人だと、直感的にそう思いました。此の時から、数え年十一歳の小さな胸の奥深く、三郎さんの姿が焼付いて忘れられなくなっていました。

こんな事があって以来、祖母の家に通うのが、心秘かな楽しみにもなっていました。朝夕の水汲みの度に、酒屋さんの店の事務机の辺りがいつも気になっていました。そして、見ないようなふりをしながらも、その実ちゃんと見て通っていました。時たま視線を合せる機会に恵まれても、みすぼらしい自分の姿がたまらなく恥ずかしくて、いつも慌てて目を伏せていました。憧れと尊敬の念があったのでしょう。雲の上の人を見るような思いに私の胸は一杯になり、一年でも一番寒い二月というのに、水汲みの寒さも冷たさも少しも気にならず、夢のような毎日を過ごしていました。

再び祖母の家へ

二月中旬から下旬に掛けて、山奥から里へと下りて来た鶯が、家の前の竹藪で盛んにさえずり始めました。鶯の鳴声が日増しに上手になって行くにつれ、冷たい北風もやわらいで行きました。校庭の桜の蕾も急速にふくらみ、やがて満開の桜の花が見られる頃、三月二十七日に姉達六年生だけの卒業式がやって来ました。此の日を最後に、百五十人程の六年生の生徒達はそれぞれの道に進んで行きます。

姉は久保先生に励まされ、綾尋常高等小学校の高等科一年生となりました。六年生迄は男女共学でしたが、高等科は女子だけ五十人程のクラスでした。男子も五十人程で一クラスありました。上級学校へ進学した人は男女合せて五、六人でした。小岩屋の三郎さんも宮崎市内にでも下宿されたのか、卒業後は一度もその姿を見る事はありませんでした。

満開の桜も雨風に打たれ散ってしまい、春はいつの間にか過ぎ去って、暑い夏が訪れました。暑くなると共に、必要な水の量が増えて行きます。母は将来の事も考えてでしょう、学校へ行って校長先生に相談し、夜八時から十時迄の二時間だけ水を貰えるように交渉して来ました。

早速学校の土手際に大きなセメントの水槽を据えて、大きな竹どいを土手に沿って掛け、夜八時になるのを待って五、六メートルのゴムホースを持って学校へ行き、水道の蛇口と竹どいをつないで水を貰うようになりました。

こうして水が不自由なく使えるようになれば、私は母の家に必要な存在ではなくなります。夏休みに入って間もなく、再び風呂敷包みと学用品を背中に、私は祖母の家へ加勢に行く事になりました。

「婆ちゃん又来たよ。家の方は学校から水を貰うごとしなったから、水汲みせんでもいいごとなったとよ」

「そうかそうか。そりゃあよかったね」

祖母は此の頃からリウマチの症状が出て、手足が痛むようになっていました。痛む手の指や手首をそっと押えたり握りしめたりしながら、相変らず懸命に働いていました。そんな祖母や祖父を少しでも助けたいという気持から、丁度夏休みという事もあり、私は精一杯働きました。

美味しい水瓜《すいか》を作る事に掛けては名人と言われている祖父は、此の年も油粕をたっぷり使って美味しい水瓜を作っていました。私はその収穫の手伝いにと、祖母が起き出す朝三時よりは少し後、四時前に起きる祖父に合せて起き出し、妹を起して皆の布団を片付けます。顔を洗った後、物置から出して来たカライカゴの大きい方を自分が担ぎ、小さい方を妹に背負わせると、祖父と妹の三人で家を出発。祖父の腰には良く切れる鎌がはさまれていました。

ようやく東の空が白み始める頃です。急勾配の石ころだらけの狭い山道を、転ばないようにと気を付けながら、三十分程歩くと広い畑に辿り着きました。収穫期に入っている水瓜は、畑の中の藁座布団の上に行儀良く座って、日ごとに大きくなって行きます。濃いグリーンのモダンな形をした縦縞模様が、朝露に濡れて光っていました。畑一面の大小様々な水瓜が、今にも「お早うございます」と、私達に声を掛けてくるのではないかと思われる程に行儀良く鎮座していました。中には一寸横座りに座ったような、行儀の悪いものもありました。

私が初めて此の光景を見た時、水瓜の蔓がまるでクモの巣を張巡らせたように見えたものです。畑の片隅には簡単な番小屋が造られていて、最盛期には水瓜泥棒に備え、祖父が泊り込んで番をする事もありました。番小屋の中に籠を下ろした私と妹に、

「子供は畑の中に入ったらいかん。水瓜の蔓を踏むとすぐ枯れてしもうて、後実がつかんごとなるから、あんた達は、小屋ん中で待っとかにゃ。爺ちゃんが熟れたとを千切って持って行くから」

と祖父に言われ、私達二人は番小屋の中から、祖父の様子や畑を眺めながら待っていました。間もなく、祖父が中位でも少し大きめの水瓜を一個抱えて来て、腰にはさんだ鎌を手に持ち、真中から惜しげもなく二つに割ってくれました。真赤に熟れた水瓜は、果肉の細かい粒が朝の光を受けて

郵便はがき

恐縮ですが
切手を貼っ
てお出しく
ださい

160-0022

東京都新宿区
新宿1－10－1
(株) 文芸社
ご愛読者カード係行

書　名				
お買上 書店名	都道 府県　　市区 郡　　書店			
ふりがな お名前			大正 昭和 平成　年生　歳	
ふりがな ご住所	□□□-□□□□			性別 男・女
お電話 番　号	(書籍ご注文の際に必要です)	ご職業		

お買い求めの動機
1. 書店店頭で見て　2. 小社の目録を見て　3. 人にすすめられて
4. 新聞広告、雑誌記事、書評を見て(新聞、雑誌名　　)

上の質問に1.と答えられた方の直接的な動機
1.タイトル　2.著者　3.目次　4.カバーデザイン　5.帯　6.その他(　　)

ご購読新聞	新聞	ご購読雑誌

文芸社の本をお買い求めいただき誠にありがとうございます。この愛読者カードは今後の小社出版の企画およびイベント等の資料として役立たせていただきます。

本書についてのご意見、ご感想をお聞かせください。 ① 内容について   ② カバー、タイトルについて
今後、とりあげてほしいテーマを掲げてください。
最近読んでおもしろかった本と、その理由をお聞かせください。
ご自分の研究成果やお考えを出版してみたいというお気持ちはありますか。 ある　　ない　　内容・テーマ（　　　　　　　　）
「ある」場合、小社から出版のご案内を希望されますか。 する　　しない

ご協力ありがとうございました。

〈ブックサービスのご案内〉

小社書籍の直接販売を料金着払いの宅急便サービスにて承っております。ご購入希望がございましたら下の欄に書名と冊数をお書きの上ご返送ください。　（送料１回210円）

ご注文書名	冊数	ご注文書名	冊数
	冊		冊
	冊		冊

銀色に輝いて見えました。

「夜露朝露で冷えた水瓜は、丁度食べ頃に冷えて美味しいから、早う食べてみらんな。今年も油粕をうんと入れてあるから甘いはずじゃが」

と、祖父も一口食べてみて、

「うん、よしよし、良う出来とる。残したら捨てるだけじゃから勿体ないから、全部食べた方がいいからな。婆さんには内緒じゃ。畑で水瓜食べた事は言わん方がいい。婆さんなやかましいもんな。油粕代を取戻す迄は家のもんな水瓜は食べんごとせにゃ言うて叱られるだけじゃから」

と言います。祖父にしてみれば今迄何十年も一人でして来た仕事です。幼いながらも加勢する人間が出来た事が余程嬉しかったのでしょうか、いつもは無口な祖父が、孫の私達を相手に口元をほころばせておりました。

私と妹は、その水瓜を前にして大奮闘でした。祖父の言葉通り残しては勿体ない、せっかく祖父が丹誠込めて作った水瓜、残しては祖父に申訳ないとの思いで、かなり無理をして食べ終りました。私と妹のお腹はまるで水瓜のような感じで、パンパンになってしまいました。私達が食べている間に、祖父が千切って来た水瓜を私には大きなのを二個、妹には小さめのを一個カライカゴに入れてくれ、籠を持上げ背負わせてくれました。

「帰りは下り道で転びやすいから、足元に気を付けて転ばんように帰らにゃ。帰ったら婆さんに聞いて、土間の端の方へ並べておくといいが」

という祖父の声を聞きながら、畑を出発した二人でした。

然し坂道に来た時には、背中の重みをこらえたためお腹の方に力が入ったせいでしょうか、四、五分も歩くと、私も妹もこらえきれなくなって、籠を道端に下ろすと慌てて藪の中に駆込み、思い切り水分を放出しました。甘くて美味しい水瓜をつい食べすぎてしまった二人は、祖母の家に帰り着く迄に、二度も三度もトイレに通う羽目になってしまいました。

こうして朝日が昇ってしまう迄には、その日収穫された水瓜は番小屋に集められ、私と妹が何回も往復して家の庭先迄担いで帰りました。たまには足の弱い妹が、坂道で石ころに足を取られて転び、はずみで籠の中の水瓜が飛出し、あっという間もなく真赤な果肉がそこら中に無惨にも砕け散る事もありました。

祖父の此の水瓜は甘くて美味しいという長年の定評から、運んでも運んでも、庭先に溜る事なく次々と買い手に引取られて行きました。

収穫を終えた三人が畑から帰り、朝御飯を食べるのは八時過ぎになっていました。その日は祖父から口止めされていたので、水瓜を食べた事は祖母には内緒にしていたのですが、祖母のよそってくれた朝御飯を胃袋の方が受付けてくれません。妹と私は、「御飯食べたくない」と言って、食事に手を付ける事が出来ませんでした。そんな様子を見た祖母が、「あんた達は畑で水瓜を食べて来たっじゃろ」と、私達にともなく祖父にともなく言いますが、祖父は素知らぬふりをして一人黙々とご飯を食べていました。

朝食の後片付けの後は、朝の掃除と洗濯を片付け、昼御飯の後は畑の草むしり等で祖父に付いて行く毎日でした。忙しい日々は、山間の川を流れ落ちる水のように早く過ぎ去り、いつの間にかお盆になっていました。

父が油津から帰って来た日に、種水瓜にしようと祖父が大事に育てていた、一番成長のいい水瓜が二つに割られ、半分は父達に持って行き、残りの半分を祖父母の家で食べました。食べた後の種子は、一粒残らずきれいに集められ、ザルに入れて何回も洗った後、陰干しをして来年用の種子として祖父が大事に保存しました。

毎年お盆になると必ず、祖母が自分で石臼を廻して米の粉を作り、米の粉菓子を作ってくれるのが楽しみでした。米の粉に白砂糖を混ぜ合せたものを木型に入れて押し固めたお菓子で、ピンクと白の二色がありました。形も味も素朴なものでしたが、忙しい合間をぬって祖母が孫の私達に食べさせようと作ってくれる、祖母の温かい気持が伝わって来るお菓子でした。その上、お盆には祖母から妹と私の二人に赤い鼻緒の下駄を買って貰っていました。

楽しかったお盆も三日程で終り、祖母も痛む手足を押えながら豆腐作りに、祖父と妹と私は再び水瓜畑に通う毎日が始りました。私達三人が朝家を出る時、毎朝必ず、

「畑で水瓜を食わんごとせにゃ。まだ油粕代が全部取れとらんとじゃから」

と、祖母の声が追掛けて来ます。然し祖父は素知らぬふりをして、返事をする様子もありません。毎朝畑に着くと、先ず最初に私達に食べさせる水瓜を一個小屋に運んで来て、食べられる大きさに小

さく切ってくれてから仕事に掛っておりました。私達としては祖父の気持に応えようと、残さないようにせっせと水瓜を食べ、帰り道では姉妹二人して藪の中に駆込んでおりました。

そんな私達の様子を知ってか知らずか、祖父は、

「水瓜は何ぼ食べてもいいとじゃから。桃色の汗が出る位食べていいとじゃが。大体水瓜は腎臓の薬ていう位じゃから」

と、番小屋で水瓜を切りながらいつも言う言葉でした。私や妹は水瓜を食べ終った後、汗の色がどんな色かと思いながら、暫くは自分の手足を見たりしたものです。八月も終り頃、

「姉ちゃん、毎日毎日水瓜を仰山《ぎょうさん》（沢山）食べて来たとじゃが、汗の色が桃色になったじゃろか」

と、妹が真剣な顔をして私に聞いていました。

鮎捕り

水瓜の収穫作業も八月一杯で大方終り、九月一日からは二学期が始りました。九月に入ると、今度は一年に一度しかないという鮎捕りに行くため、祖父の後を付いて行きました。綾には村の南を流れる南川と北を流れる北川がありましたが、三十メートル位の川幅で、どちらも蛇行しながら六里余りを流れた末、宮崎市内を流れる大淀川へと流れ込んでおりました。

九州山地の高くて深い山々から流れ落ちる水は冷たく、川底の小石が見える位透き通っていました。深くたゆたいながら流れ来る水は、天然の栄養素をたっぷりと含み、川底の小石に良質な苔を沢山付けておりました。その苔を食べて大きくなった綾川の鮎は、香魚の名にふさわしく、焼けば甘くて優しい味と香りがしていました。品質の良い此の鮎が捕れる綾川は、その昔島津藩の鮎所としても有名だったそうです。

学校から急いで帰って先ずは大豆を洗い、掃除を済ませます。そして夕食もそこそこに、夕方六時頃には、

「トヨちゃんぼつぼつ行かんと。色々用意があるから出掛けようかな。遅うなっても他の人に悪いから」

と祖父から声が掛ります。すでにその肩には、大きなビクをかついでいました。家は南川に近かったのですが、去年迄は漁網を二人分持っていても、一人分の分け前しか貰う事が出来なかった祖父は、今年は私も行けば二人分の分け前が貰える事になっていました。綾北川・南川共権利証（鑑札）が発行されていて、鑑札のない人は鮎を釣る事は禁止されていました。

祖父の後を不安半分、興味半分といった感じで、南川の河原に急ぎました。河原にはすでに三十人位の男の人達が集まっていて、広い川幅一杯に漁網が張られ、暗くなるのを待っている所でした。壮年の人が三分の二、後三分の一は老人で、女は私一人だけでした。毎年の事でもあり、何もかも知り尽している祖父はみんなと話合い、手順等の打合せをしていました。

やがて暗くなり、赤々と燃えるたいまつの火をかざした十人程が、川幅一杯に一列に並び川面を照らします。その人達の前に、二人乗り位の小舟が三艘、やはり横一列に並びます。舟に乗った二人の内の一人が舟を操り、一人は四、五メートルもあろうかという長い竹竿を持って、舟の左右の水面をバシバシと叩きながら前に進みます。暗い夜になり、川底の石影等にじっと身を潜めていた鮎は、その音や水の波紋に驚き慌て、燃盛るたいまつの火の下に集まって来ます。たいまつの後を静かに付いて行く川幅一杯に張った魚網が、舟とたいまつの移動に合せ、じわじわと鮎を追込んで行きました。三十メートル程川上の方へ追上げた所で網が上げられうじゃうじゃという程に沢山の鮎が夜の闇の中、川原の石の上で飛跳ねていました。

私は祖父に教えられた通り、川上に向って移動して行く魚網を持つ役に回りました。川の中央部は深くて流れが速いので、私や老人は岸に近い方に回ります。九月ではありましたが、夜が更けて来ると、深い山から流れ出て間もない川の水はとても冷たく感じられました。全身ずぶ濡れで、着ていた夏服も髪の毛もびしょびしょでした。河原に沢山流れ着いた流木が集められ、惜しげもなくドンドン燃やされていましたので、その焚き火の周りに皆が集まり冷えた体を温めていました。フンドシ姿の大人達に交じり、私は服を着たまましゃがみ込んで乾かしていました。

暗い闇を照らし燃盛る焚き火から少し離れた所では、鮎の分配が始りました。人数分に小分けされた後、それぞれが自分の取り分を貰っていました。祖父の取り分は当然二人分でした。分配が終った後は、早速持寄りの焼酎の肴に捕れ立ての鮎を焼き、今年の鮎捕りの打上げが始りました。

私は焚き火の側で服が乾くのを待ちながら、その酒盛りの光景を眺め、幼い日の油津の製材工場での事が思い出されていました。工場が休みの日に、父を筆頭に従業員の小父さん達が集まって、やはり此のような宴会が時々催されていました。人数も丁度これ位だったと思います。工場の収益も良かったからでしょう。芸者さんも二、三人呼ばれ、三味線を弾く人太鼓を叩く人歌う人、とそれぞれに酒席を盛上げていたものでした。父の横に座って見とれていた私は、その三味線の音色が忘れられず、翌日には必ず、そっと母の裁縫箱から東京糸を持出しました。そして工場で小さな板切れを見付け出して、三味線に真似て三本の糸を張り、うまく音が出るように工夫したものでした。同じ音しか出ないのに、それでも一生懸命かき鳴らしては遊んでいました。あれはまだ、私が幼稚園に通う前でした。

そんな事を懐かしく思い出しながら焚き火に当っていると、祖父が竹串に刺した鮎の塩焼きを持って来てくれました。体が温まり眠くなっていた私が、

「爺ちゃん、用事が済んだら早う帰ろう」と言うと、「うん、もうすぐ帰るから、これ食べて一寸待っちょきない」

と言って、気忙しげに魚網やビクの置いてある方に行きましたが、間もなく戻って来て、「トヨちゃん帰るよ」と言う祖父の肩には魚網が担がれ、反対側にはビクを提げていました。

暗い夜道をとぼとぼと歩いて家に帰り着くと、起きて待っていたらしい祖母が長火鉢の側で煙草を吸っていました。私達の顔を見た祖母が、

「遅うなったね。もう十二時過ぎじゃが。今年はどんな風じゃった、鮎の捕れ具合は」

「うーん、まあいつもと変らん位じゃった。そってん、今年やトヨちゃんが来てくれたかい二人分貰えたもんな。いつもの年の倍あるぞ」

土間に下りて来た祖母は、鮎をビクから洗桶に移し替えました。頭の付いたまま腸《はらわた》だけを出した後は竹串に刺して、用意した大きな火鉢の炭火三つ四つの周りに立てて行き新聞紙等で囲んで置きますと、翌日にはその鮎は完全に乾燥していました。腸も塩漬けにすれば保存がきき、このわたとして酒の肴として珍重されていました。昭和も六年頃の事です。まだまだ豊かな自然の恵みを受けていました。ちなみに此の時に貰った鮎は、二人分で百二、三十匹でした。

祖母の湯治

鮎捕りの季節も終り、秋空が見られるようになりました。澄切った秋の空気のように爽やかな、心弾む日々を送っておりました。祖父母の手伝いに励みながらも、家の横を流れる小川のせせらぎに似て、一日一日はさらさらと、何のこだわりもなく流れて行くようでした。

やがて十月の運動会を迎え、今年も又祖父母が美味しい弁当と柿の実を持って来てくれました。祖父の作る柿の実は、まるで山の端に掛るお天道様が今にも沈むかと思われる夕日に似た、赤みと丸みを持っていました。

十月末日の運動会を終えて季節にも一区切りが付いて、初冬も十一月に入ると、今年も又祖母の麹作りが始りました。注文は毎年増えるばかりです。祖母は老いの身に鞭打つ思いで働き、眠る暇さえ惜しむかのようです。祖父は祖父で重い荷物を肩に、遠く迄届けに行きます。祖父の荷は、麹を白米に交換するために、行きより帰りの方が重くなってしまいます。此の時季が来ると、私は早く大きくなって助けてあげなければ祖父母が可哀想だと、あせりにも似た思いに駆られていました。

目の回るような忙しさで二ヶ月が過ぎた正月も三が日、祖父母は上り框の炊事場寄りに置かれた箱火鉢の側で、ゆっくりと骨休めをしていました。私や妹は甘酒を沸かして飲んだり、祖父は朝からチビリチビリと盃を傾け、数の子や煮〆をつまんでおりました。遅い朝食の後、私と妹は油津時代に母が作ってくれたモスリンの外出着に着替え、祖母から新しく買って貰った赤塗りの下駄を履いて、ゴム毬や羽根突き、お手玉等で楽しく遊んでいました。祖母から五銭玉も貰い嬉しくてなりませんでした。

二日には、父が帰っている学校下の家に妹と行ってみました。三十日に帰っていた父は、去年と同じで三十一日には祖母の家で餅搗きを済ませ、元日は一日ゆっくりとして、二日は朝早くから起きて盆迄の薪作りに大忙しでした。山の立木を安く買い求め、それを切出して来て鋸で一定の長さに切揃えるのです。出来上がった薪は父の背丈程の高さに、物置の壁に沿って積上げられて行きます。父としては自分が留守の半年間、家族が不自由しないようにと、短い日数で仕上げておかなければならない重要な仕事なのです。盆も正月も、まるで薪作りに帰って来るようなものでした。翌日三日には、もう仕事場へ向け発たなければならないのです。

正月もあっという間に終ってしまい、一月も十日からは三学期が始ります。

一年で一番寒の厳しい旧正月前には、旧正月の甘酒用にと麹の注文が沢山入り、祖母は又一室の麹作りに励んでおりました。

旧正月が終り暫くすると、山の奥から春の使者、鶯が人里に下りて来てさえずるようになります。ホーホケキョーと上手に鳴く頃には、三月も春一番が吹く頃となり、やがて桜の蕾もふくらみ、優しい春風にほころんで桜も満開となる頃には卒業式がやって来て、春休みに入ります。

春休みを待望していたのは子供の私達だけでなく、神経痛やリウマチで手や足の痛みがひどくなって来た祖母でした。

春休みになったその日の朝、祖母は疼く手足の痛みをやわらげるため、湯治場へ行く事になりました。湯治場は祖母の家から二里程山奥に入った、国有林のすぐ側にある粗末な淋しい一軒家でした。朝御飯を早く済ませた後、祖母の身の回りの品や食料等を入れた大きなカライカゴは私が背負い、祖母はかぎ型に曲った体を杖で支えながら、母と妹の四人でワラジ履きで歩いて出掛けました。

村外れを流れる北川の渡し場迄は、足の痛む祖母と一緒だと一時間余り掛りました。二十メートル余りある急流を渡し船で向う岸に着くと、山の中の細い道へと入って行きます。細い山道の両側は深い草むらになっていて、温かい春風に乗った、むせ返る程の草いきれがムンムンと立上がっていました。草むらにはスミレやタンポポ、野アザミ等色々な春の草花が咲き、白や黄色の蝶々が舞い、木々の上では色々な山鳥がそれぞれに違った鳴声でさえずっていました。一人か二人が通るのがやっとの細い道には、所々に大きくて長い青大将が通せんぼをしてしまい、その度に私達はなす術もなく立ち往生させられ、蛇がのろのろと草むらに移動して行くのを待たなければなりませんでした。段々と山深く入って行きながら、幾つもの小川を渡り、山沿いの道を幾回りかする内、お昼にはまだ間がある頃に目的の湯治場に着きました。

人里を遠く離れた此の湯治場は、春先の故かお年寄の客で一杯でした。どの人の顔も普段の多忙さから解放された風で、のんびりと横になり雑談をしたりしてそれぞれに楽しんでいました。此処の湯は温泉ではなく硫黄を含んだ冷泉で、飲めば胃腸にも良いという事で、早速私も妹も飲まされました。御飯を炊くにも此の水で炊くため、硫黄独特の味と匂いがしていました。小さくて粗末な此の湯治場は、二十人足らずで超満員になってしまいます。十六畳位のだだっ広い座敷では、簡単な寝具に皆思い思いにごろ寝をしていました。風呂場の方も狭くて、男女別々にはなっていましたが、二人位ずつ交代で入るようになっていました。

藁葺の湯治場を一歩外に出ると、四方どちらを向いても、大きな木の密集した国有林が目の前に開けていました。その深い山々から流れ出た水が湯治場のすぐ前を流れていました。幅五、六メートルの深い小川には、きれいな水がさらさらと音を立てていました。然し、此の小川も一晩雨が降ると一変します。山奥から流れて来る水は山の土を含んで赤茶色に濁り、恐ろしい勢いで渦を巻きながら岩を砕き、水しぶきを高く上げ、ゴウゴウと地響きを立てて流れ落ちて行きました。

私達が着いた日は、春先の晴天続きの後で水嵩は浅く、川底を見せる流れは穏やかで、子供の遊び場としては丁度良いものでした。私は早速妹を連れて川に下り、ヌルヌルと滑る粘土質の川底で転ばないようにと気を付けながら、沢ガニや小さな川エビ、虫等を捕って遊びました。祖母が硫黄水で炊いてくれた遅い昼御飯の後は、薄気味悪い程深くて大きな裏山に、妹と二人で出掛けて行きましたが、何となく山の静けさが恐くて、妹の手を引張るようにして帰って来てしまいました。

そんな二人に祖母から、

「トヨちゃんもかねちゃんもせっかく来たとじゃから、湯に一ぺんは入って来んね。薬湯じゃから体にいいとじゃが」

と言われて、私達二人はしぶしぶお湯に入りました。五右衛門風呂の狭い風呂場は、明り取りの窓も小さく昼でも薄暗くて陰気な上、不透明の濁ったお湯は生温かく、余り気持の良い風呂とは言えず、私と妹は早々に上がってしまいました。

辺りを深い山々に囲まれた湯治場では、日の暮れるのも早くて、夕方の気配が漂い始めました。遅くなっては女ばかり三人の帰りの道が恐ろしいと、祖母を残して早々に帰り支度をして、私はカライカゴを背に急ぎ足で家に向いました。行きは祖母の歩調に合せてゆっくり歩き、又蛇の通せんぼに遭って立ち往生したりで時間が掛り、遠く遠くに思われた山道も、大急ぎで歩けば割合早く帰り着く事が分りました。

祖母の家での二年目

祖母の居ない家の中はなぜか淋しく、大きな穴がポッカリと空いたような、真中にあった大きな柱が突然なくなったような気分でした。そんな空しい日々を送りながら、祖父と妹の三人で祖母の帰りを待ちこがれていました。

春休みの間中湯治場で過ごした祖母を、母の言付けで学校が始る前の日の朝早く、妹と二人で迎えに行く事になりました。再び大きなカライカゴを背負って湯治場に行き、祖母の身の回り品をまとめて籠に入れ、杖を頼りに歩く祖母を真中にして、一列に並んで歩いて帰りました。祖母の様子に気を配りながら後を付いて歩いた私ですが、家に帰り着くと、

「トヨちゃん、今度は夏休みになったら、又連れて行って貰おうかな」

「うん、いいよ。今度はどこからかリヤカーを借りて来て、布団を敷いて、そこへ婆ちゃんが座ったら、私が引張って行くのになー」

と言うと、

「まこっちゃな（本当やな）、どこかでリヤカーの貸して貰うとはないか、聞いちょかんといかんな」

そんな会話をやりとりしながら、持って帰った身の回り品を片付けていました。淋しかった家の中

は久しぶりに活気がみなぎり、祖母は翌日から、早速三時起きして豆腐と油揚作りを再開しました。然しその祖母も、骨休めに十日程湯治場に行ったのは余程嬉しかったようです。一年中、夏は夏、冬は冬で忙しく立働き、一日の内でも食事時の三度だけ長火鉢の側に座るだけで、祖母のじっとしている時はなく、いつ見ても土間の中をクルクルと動き回っていました。そんな祖母と暮して約一年半、祖母の手足の痛みも腰が曲ったのも、永年にわたる過重労働から来ている事は分りきってはいましたが、口に出して言う事も出来ませんでした。何とかして楽にしてやりたいと、常に思う私でした。

此の春、私達姉妹も姉が高等科二年、私が六年生、妹が三年生、此の年から弟が一年生になりました。相変らず姉と弟は母の元から、妹と私は祖母の元から通い始めました。

祖父母を助け一生懸命働いているつもりの私も、未だ小学六年生です。何程の手助けにもなってはいなかったのでしょうが、祖父が春先の水瓜の種蒔きの時に、

「トヨちゃん達が一生懸命加勢してくれるから、今年も水瓜を仰山作って、好い加減儲けた後は、あんた達が食傷して水瓜を見るのも好かん言う位食べさせてやるからな」

と言ってくれるのでした。

水瓜の苗も育って行く頃、六月に入るとすぐに梅雨の雨がしとしとと降り出し、田植が始りました。猫の手も借りたい程と言われる田植には、近所の人達の加勢を貰い、私も苗代を運んだり、昼食や三時のお茶を畦道迄運ぶ等して手伝いました。

田植の時季と重なるようにして、六月には祖父待望の鮎の解禁もあります。田植を終えて、早速北川や南川に出掛けて行き、夕食のお菜になる位の鮎を釣って来ていました。梅雨の長雨も、田植や作物のためと思えばそれ程嫌なものでもなく、雨も又良きかなという所でした。

梅雨が終れば、南九州の夏は照り付ける太陽にジリジリ焼かれるような暑さとなり、その恩恵を受けた祖父の水瓜畑には、今年も藁座布団の上に行儀良く座った水瓜が沢山並んでいました。「油粕代を取戻さにゃいかん」と言う祖母の声を背に、今年も又朝早くから起き出した祖父に付いて、妹と私の三人は水瓜畑に向います。祖母も祖父も毎朝同じ言葉を私達孫に掛けていました。

「ほらー、よう出来ちょる。朝露で冷えちょるから美味いぞ。婆様にゃ言うなよ。早う食べてしまわにゃ」

と今日も又、畑に着くと先ず最初に、祖父が鎌でサクサクと小さく切った水瓜を私達に食べさせてくれます。

祖父の心尽しを残しては申訳ないと頑張って頬張る私達でしたが、やはり何度かは藪の中に走り込まなければ、お腹の方が収まりがつきませんでした。

水瓜はグリーンの縞模様が鮮やかで、色つやも形も良いものが美味しいとされていました。祖父の作る水瓜は甘くて美味しい代りに、取扱いに注意しなければ、少しのショックでもひび割れが走り売物にならなくなります。まるで腫物にでもさわるように、静かにそっと扱わなければなりませんでした。妹と二人、背にしょった籠の中の水瓜を慎重に運んでいました。

多忙な一日一日の流れは速く、やがてお盆が来て、学校下には父が油津から帰って来ました。今年も一番成長のいい大きな種水瓜が、父の帰省と同時に祖父の手で持帰られ、学校下と祖父母の家とで半分ずつに割られ、種も保存されました。

祖母の家のすぐ横にあった、広くて大きな石段を五十段程上り詰めた所に村役場がありました。然し此の村役場が二年程前に、村の中心部に立派な建物を建てて引越して行きました。役場という公的な施設があれば自然に人は集まり、人が多く集まれば豆腐も油揚の売上も良かったのですが、役場が遠くへ行ってしまった事と、少し離れたバス停近くにもう一軒豆腐屋が出来た事で、売行きも段々と落ちて行きました。此の年も、お盆迄は作っただけ売れていたのですが、お盆過ぎからは今迄になく沢山の豆腐が売残るようになっていました。

三十度を超える真夏の暑さでは、生の豆腐は一日で腐ってしまいます。そこで、手桶に冷たい水を張り、その中に豆腐十丁程を浮せ、妹と二人で売りに行く事にしました。浮んでいる豆腐が崩れないようにと慎重に歩きましたが、その重さはかなりのものでした。午後三時頃、炎天下を持歩くには余り時間は掛けていられません。兎に角一刻も早く売切ってしまいたい一心で、余り遠くない顔見知りの家を一軒ずつ回って歩きました。

「おばさん、今日は。豆腐売りに来たとですが、いんなさらんでしょうか。一つでもいいとですが、買うち下さーい」

と妹が一人、立派に話をつけて行きます。私は何も言えず黙ったままでした。残っていた豆腐を三回に分けて売歩き、それでも意外と早く売切る事が出来ました。

バス停近くに最近出来た店でも豆腐や油揚を売っているわけですから、祖母も作る豆腐の量を少なくしなければなりません。競争相手よりも、祖母の家の立地条件が悪かった事もあります。

それでも、夏休みになっても湯治場に行く暇はない祖母は、家で塩湯を沸かして入るようになっていました。毎晩五右衛門風呂を沸かすには燃料が沢山必要となり、妹と私は夏休みの間は毎日のように、遠く離れた村外れの製材工場迄材木の切れ端を買いに行っていました。

水瓜畑から帰った後、家の掃除や洗濯を終えるとすぐに、妹には小さい籠を背負わせ、私は大きな籠を背負って製材所に向います。妹の小さい籠にはバラバラと軽く入れて一銭、私の大きな籠にはギューギューと詰込んだ上に、長い板切れで囲って嵩上げし、山盛り詰込んで三銭でした。欲張って詰込んではみたものの、その重さといったらありませんでした。籠を背中に起上がる迄が大変でした。どうにか立上がって、フラフラしながらも歯を食いしばって歩き出すものの、こらえきれなくなると適当な場所を見付けて籠を下ろし休んでいました。三、四回、休みながら持帰った薪は、日当たりの良い土間に広げて乾かしました。手頃な大きさの切れ端は燃えやすく便利な燃料でした。夏休みが終り学校が始ってからは、日曜日ごとに買いに行きました。

八月一杯で水瓜の収穫も終りが近くなっていました。九月一日に二学期が始って間もなく、今年も鮎捕りの網張りが行われ、祖父と一緒に出掛けて行き、去年と同じように夜中の十二時頃、二人分の分け前を貰って帰る事が出来ました。

祖父母達と共に働く日々は楽しく、どんなに困難な仕事でも、少しも心の負担に思う事はありませんでした。逆に、苦しい仕事程終った時の喜びは大きく、

「ああ私でも、こんな仕事が出来て、ほんの少しでも祖父母の手伝いが出来たのだ」

と思った時には心が晴れ晴れとしていました。玉のように流れ落ちる汗は、喜びの涙でした。病身な妹に引替え、健康だけしか取柄のない私は、どんなに働いても疲れる事はありませんでした。

夏の終りを告げる鮎捕りが終れば、日一日と深まって行く秋と共に、柿の実が熟れる季節となりました。学校から帰った私は、裏の畑に飛んで行きます。大きく枝を広げた柿の木に登り、手頃な枝に腰掛けて、尖った小さな実が鈴なりになっている中から一つをもぎ取って、先ずは腹ごしらえをします。その後は妹のためにと、二、三個袂に入れて帰り、「かねちゃん柿千切って来たよ」と言うと、私の方を見向きもせず、妹は「いらん」と答えます。病弱な故か妹は好き嫌いが激しく、その上少食でした。

祖父が接木をしてくれた二本の柿の木の内一本が此のトンガリ柿で、実が小さくて早く食べられるために普段用とされていました。もう一本の御所柿は丸くて大きな赤い実が、丁度運動会の頃が食べ頃となるので、此の柿が運動会用となっていました。

十一月に入るとすぐ、例年通り祖母の麹作りが始りました。湯治に行きたくともそんな暇もない祖母の手足は相変らずで、長年の過労から来ていると思われる痛みは薄らぐ事もなく、その症状は少しずつ悪くなっているようでした。然し黙々と働く祖母の口からは、泣き言一つ愚痴一つ出る事はありませんでした。

祖母は麹と引替えに貰った米に糯米が沢山あったからと言って、多忙な毎日にかかわらず、私達にお菓子を作ってくれました。糯米をこんがり煎って石臼で粉にし、その粉に白砂糖と熱湯を加えてこね、重しを乗せた四角い木型に入れて固めたものです。一定の時間を置いて木型から出された煎り粉餅は、食べ良い大きさに切られますが、香ばしい香りと共に適度な粘りがあってとても美味しいものでした。

十二月のてんてこまいの忙しさも終り、正月も半ば頃、少しの暇を見付けた祖母が又お菓子を作ってくれました。今度は石臼で粉にした糯米と、柔らかく炊いた小豆で作ったこし餡を混ぜ、白砂糖を加えて固め、小一時間蒸籠《せいろ》で蒸したものです。その他にも、春先には、少量の酒と砂糖を入れたメリケン粉に、薩摩芋を細切りにしたものを混ぜて小さくまとめ油で揚げたお菓子も作ってくれました。忙しい日々を送りながらも、孫達のためにと手作りのお菓子を色々作ってくれる、愛情深い祖母でした。

姉の卒業

　多忙な日々が流れ、早くも旧正月用の麹作りでてんてこ舞いの祖母の元へ、普段は顔を見せる事もない母が度々出掛けて来ては、祖母と何事かを相談していました。それは昭和八年二月の事です。此の春高等科二年を卒業する姉を、大阪へ出すための話合いでした。祖母の妹に当る村岡のミサオ大叔母や、大叔母の家に下宿している祖母の一人息子、母にとってもたった一人の弟である捨夫叔父とも連絡が取られていたようです。

　山奥の綾では働く場所もなく、農家の長男や家業を継ぐ人以外は、どうしても働き場所を求めて故里を出て行かなければなりません。母は大阪へ手紙を出していましたが、三月半ば、ミサオ大叔母の長女婿で大阪府高槻署の署長をしている岩衛門さんが、仕事で九州の方へ来る事になったので、その時に姉を一緒に連れて行って貰えるとの返事が来ました。早速にも母は、姉に持たせるための布団を新しく作ったり、宮崎市迄買物に出掛けては布地を求め、せっせと針を運んで着て行く着物を作ったりして、姉の旅立ちの準備に一生懸命でした。

　頭脳明晰、学業優秀、何をしても何をさせても優秀であった姉は、母の誇りであり、宝であり、生き甲斐でもありました。父との別居生活の淋しさを支えてくれたのも、姉より他には居なかったようです。姉の上阪が近付くにつれ、母は母なりに、姉は姉なりに何かと忙しい毎日を送っていたようです。姉は学校の方も忙しかったようで、帰りも遅い日が続いておりました。

三月二十七日の卒業式を待つ暇もなく、二十日の早朝には綾を出発して、宮崎駅で岩衛門叔父さんと会う予定になっていました。学校の方は校長先生に頼んで、特別に繰上げ卒業させて貰うようにしていました。

二月下旬の日曜日、昼御飯を食べ終った時に、

「トヨちゃん、あんたは又、学校ん下のお母さん所へ帰ってやらにゃあいかんごつなったねー。峯ちゃんが大阪に行けば、早速手が回らんで困るじゃろーからねー。うちの方は婆ちゃんが何とかして行くから。そしてな、あんたが暇のある時には、又加勢に来てやんないよ」

と、祖母からしんみりと言われました。私は胸の奥が熱くなり、やりきれない思いでした。

人間はどうして年を取って、老人になって行くのでしょう。こんなにも人の好い、立派な心の持主である祖母がどうして手足を痛め、動かなくなる程の病気に罹らなければならないのでしょう。十二歳の私には考えも及ばない程に、人生とは不可解で、不思議な事ばかりでした。

思えば二年半前に、大叔母の家から救い出してくれた祖母です。傷だらけの私の心をその大らかな愛情で包込み、いつの間にか癒して本来の私を取戻させてくれました。その祖母の家での丸二年という月日は、大叔母の家での一年二ヶ月には比べようもない、喜びの中にあっという間に過ぎてしまい

ました。澄切った日本晴れのような心を持つ事が出来たのも、平和で幸福な毎日が送れたのも、総て祖父母のお陰でした。一方、大叔母の家に居る時には恋しくてならなかった父母でしたが、祖父母の家に来てからというもの、私の心の中から父母の存在は薄れて行きました。代りに、黙々と働く祖母の姿が強烈に心に焼付いたのです。

私もお婆ちゃんのような人になりたい。心温かく包容力があり、曲った事が嫌いで、自分はせっせと働き、人には押付けがましい事は言わず、不言実行の祖母のようになれるよう、私も努力して行こう……。祖父母と共に暮した二年の間に、二人の日常生活の中から、多くの尊い教訓を学び取った私でした。

このようにして、数え年十歳から十三歳迄の私を、精神的に大きく成長させてくれた祖父母でした。然しその温かさを感じ取る事が出来たのも、ヨネ大叔母の家での厳しい体験があったお陰だという事も、同時に忘れる事はありませんでした。過酷な迄の生活も、通り過ぎてみれば懐かしい思い出として心の奥深く残っていました。これから先どんな困難が襲って来ようとも、私は負ける事なく立派に乗越えられるという自信が持てたのですから。

そして大叔母の厳しい躾と重労働に耐え抜く事が出来たのは、優しかった父の愛情と共に、人間として正しく生きる事の大切さを幼い時から毎晩のように話してくれた教えが心に刻まれて、幼い私を励ましてくれたお陰でもありました。

祖母の家から母の家へ

祖母の家で明るく張りのある毎日を送っていた私は、姉の上阪に伴い、辛く苦しい思い出ばかりある学校下の元大叔母達が居た家へ、今度は泣いて恋しがった母と暮すため、再び帰って行く事になりました。

祖父母と妹と四人で夕食を済ませた後、片付けもきれいにして明朝の用意も全部終り、戸締りも済ませてから、勉強道具を詰込んだカバンを肩に、わずかばかりの着替を包んだ風呂敷を小脇に抱え家を出ました。祖母の家には心残しながらも、「ほんなら学校下に行って来ます」と三人に挨拶をして、三月になったばかりの寒くて暗い夜道を歩きながら、二、三日前の午後の光景を思い出しておりました。

厳しかった此の冬の寒さからか、最近祖母の手足の関節が、激痛を伴いながらうっすらと紫色を帯びて来ていました。骨の所が硬く腫上がり、少々変形した手足の指は、曲げ伸しが段々と不自由になって来ていました。負けず嫌いの祖母は、そんな自分の体が歯がゆくてならないのでしょう。仕事の一段落した午後の一時、上り框に腰掛けていた私の横に来て一休みしながら、今迄一度も聞いた事のない悔み事を言ったのです。

「どうしてこげな病気になったとか知らん。情けねえ事じゃー。若い頃は病気をした事も、病気で寝た事もなし。お産の時でも二、三日しか寝た事あないとになー。お産と言えば思い出すが、婆ちゃん達が若い頃にはなー、間引き言うてな、生れ落ちてすぐの赤子を、産声をあげる前に、産んだ母親が自分の手で赤子の上に座布団をかぶせて、鼻と口の所に片方の膝をしっかりと当て、片方の膝では体を押え付けて殺してしまいよったもんよな。生れ立ての赤子は、鼻と口を押えられると、ひとたまりものうて、死んでしまうてな。産着も何も着せて貰えんで裸のままボロ切れに包まれ、後産と一緒に、ムシロに包まれて縄で縛られ、夜の暗い内に、山や墓地の隅に埋められたりしたもんじゃ。貧乏人はこうして間引きをせんと食べて行けんかった時代もあったからなー。後には何人も何人もそうやって子供を殺した女の人の膝には、殺された何人もの子供の魂が食下がって膝が立たんごとなった人もあったもんじゃがな。婆ちゃんな働く事あ人に負けんごつ働いて来たが、我が子を手に掛けて殺した事あ一度もないとに、どうしてこげん病気になったとかしらん。自分でも原因が分らんで。はがゆーて、はがゆーて、ならんとじゃがねー」

数え年十三歳の私には、余りにも強烈な祖母の話でした。耳の底に、心の中にこびり付いて、忘れようとしても忘れられる話ではありませんでした。人の世の悲しさ、女であるが故の悲しさを思いながら、夜道をとぼとぼと歩く私でした。

然し何はともあれ、祖母の病気がこれ以上悪くならず、少しでも良くなるようにと、夜空を見上げて空一杯に輝くお星様に、両手を合せて祈りました。「どうか婆ちゃんを助けてやって下さい」様々な事を思いながら歩く私の目の前に、学校下の家の灯がすぐそこ迄近付いて来ていました。

四、学校下の家で母と暮す日々

油津時代から母には色々な面で虐待されていましたが、又又精神的に大きく痛烈な虐待を受ける日々の中で、母を殺してしまいたいと真剣に思い悩む日が続き、一時期夜敷蒲団の下に刺身包丁を隠し持って寝ていた時があった十三歳の私

金策に走る母

上阪する姉の仕度で何かと気忙しい母と姉を助け、朝夕の家事一切の責任が私に回って来ました。そしてあっという間に三月二十日の朝になってしまいました。

姉の出発の日の姿は、母の心尽しの新しい着物（長襦袢、袷、羽織）を着て三尺帯を締め、足元には真白の足袋を穿き、きれいな草履を履いたものでした。百六十五センチのほっそりとした体に、長めに着付けをした着物姿は、姉を急に大人びて見せました。一人前の立派な娘姿でした。大阪へ出ても、優秀な頭脳の持主の姉ならきっと充分働ける事でしょう。私は姉の門出を拍手で送り出したい気分でした。

朝御飯もそこそこに姉と連れ立って、バスで宮崎駅に向った母は岩衛門さんに姉を託し、昼過ぎに

は帰宅しました。

出来すぎる位に優秀であった姉を手放し旅立たせた母は、淋しさをこらえながらも、後二週間程しかない春休みの内に学用品の仕入をしなければなりません。新学期には、一年の内でも一番多くの品物が必要ですが、その資金繰りに頭を痛めていました。運転資金に蓄えていた金の大部分が、姉の仕度に使われてしまったからです。旅費やこれから先一ヶ月分の小遣い、蒲団や衣類等大阪に行っても困らないようにと持たせたものです。母親としてはギリギリの線で済ませた心づもりではあっても、まとまった金が出て行くのはどうしようもありませんでした。たぶん此の種の苦労は、男親には分らないものかも知れません。

先ず母は油津の父に手紙を書いて、上杉の伯父伯母から金を借りて貰うよう、父から相談して欲しいと頼んだのですが駄目でした。上杉の伯父伯母の猛反対を押切って、母の故里に帰って来た事も関係していたのでしょう。

父から毎月送られて来る、決った額の送金だけではどうにもなりません。母は日暮れ時を待って、油津時代に作って普段は手を通す事もない上等の着物五、六枚を大風呂敷に包み、八キロ程離れた隣村の、古くからの知合いであるお寺さんに出掛けて行きました。大風呂敷を背負って宵闇の中をとぼとぼと、淋しげに歩いて行く母の後ろ姿が余りにも哀れで、成長した子供を旅立たせる女親の苦労をその背中後姿に見る思いでした。八キロの道を歩いて行った母は夜も遅く十一時前に、やはり歩いて帰って来ました。

金策に苦しむ母を見て、たまりかねた私が翌日の朝食の時、

「昨日の着物はどこに持って行きなったと」

と恐る恐る尋ねてみましたが、不機嫌な母は、

「子供はいらん口出さんでもいい。子供にゃ分らん事じゃから」

と、にべもなく言われてしまいました。此の頃から母の目は落ちくぼみ、食欲もなくなって行きます。そんな親を見て、心配しない子供が居るでしょうか。


着物類は食料品とは違い、待ってましたとばかりに右から左に売れる物ではないようでした。店の商品の仕入は総て現金取引となっていたために、今日明日にも現金が必要な母でした。その翌々日、今度は母も一緒に暮した事のある、かつては祖母の兄嫁であった、すでに離婚した人の家に行ってみようと出掛けて行きました。私も同行したのですが、母としては藁をもつかむ思いだったのでしょう。早起きをして朝仕舞を早めに終り、小学一年の弟に留守番を頼み、片道十キロ余りの道のりを歩いて行きました。母の気持が痛い程分る私は、「どうか神様母をお助け下さい」と心の中で祈りながら、母の後ろを歩いていました。梅干を入れた二個の握飯は、二人分の昼の弁当として、私が胴に巻付けていました。

母の苦しい胸の内は分っていながらも、大叔母の家に居る間中待ちこがれていた、生れて初めての母子二人だけの遠出に、私は心弾む嬉しさを押隠しておりました。昼なお暗い国有林の中の小道には、色んな山鳥や鶯の声が聞こえて来ます。うっすらと射込む木漏れ日を足元に受け、夢のような気持で

歩いておりました。

長い山道を過ぎて、目指す小母さんの家に辿り着いたのは、昼にはまだ暫く間のある頃でした。どこもかしこも開け放たれたままの家の入口で、「ご免下さい」と母が何度も声を掛けましたが、家の中は静まり返っていました。小一時間も前庭で待っていた所へ、大きなカライカゴ一杯に桑の葉を入れた、六十半ば位の小母さんが帰って来て、母と懐かしさ一杯の口ぶりで挨拶を交わしました。

やがて家の中に招き入れられ、上り框に腰掛けてお茶を頂いた後、私は外に出て、綾の村よりはるかに山奥にある此の村の様子が物珍しくて辺りを見て回っていました。私の居ない間に母の話も終ったらしいのですが、家の中に戻って母の顔を一目見て、交渉が駄目であった事が分りました。母の方も私が戻って来たのを機会に、

「ほんなら、お茶をもう一杯貰うて、昼弁当を此処で済まさせて貰うてから帰ろうかね」

と、私に話し掛けました。

梅干入りの握飯で腹ごしらえをした私達母子は、午前中よりは何となく重い足取りで、帰りは反対側の山道を通って帰りました。然し、帰りの道の方が随分遠回りしているように思われて仕方がありませんでした。疲れた足を引きずるようにして帰り着いたのは、もう夕方も遅くなっていました。四月十日の新学期は目の前に迫って来ているというのに、今日一日の苦労も又水の泡となり、万策尽きた思いの母は沈み込んでいました。

差し当り良い方法もなかったのでしょう。考え込んでいた母は翌日の夕方、私に一通の手紙を持た

せ、四、五日前に着物を持って行った隣村の寺へ行って来いと言うのです。八キロの道をマラソンランナーのように走り続け、お寺さんで返事を貰うと、再び宵闇の中を走って帰りました。村外れの人家もない道や山沿いの道、周りが田圃という淋しい道を必死で走り抜きました。然し母の苦しみが少しでも軽減出来るなら、何度でも行って良いと私は思っていました。金の工面に苦しむ母を見ていると、私も早く働いて母を楽にさせてやらなければと思う毎日でした。

そんな折りも折り、昭和八年と言えば世界大恐慌真只中の年です。子供の私には難しい社会情勢は分りませんでしたが、日本のあちらこちらで銀行が次々と閉鎖されるという事態が起り、不景気の風は中央から始ってまたたく間に山奥の此の村迄押寄せて来ました。

当時、綾にも只一つ日向《ひゅうが》銀行という銀行があったのですが、家族ぐるみで上阪して行った村岡のミサオ大叔母の預金が永年そこに預けたままになっていました。当時のお金で四、五百円でした。此の銀行の支店長さんが吉川さんという人で、母の同級生であり、同じお寺さんの信仰仲間でもありました。その方が突然「銀行の帰りです」と言って、我が家を訪ねて来られました。

「永年私を信用して預けて下さっていた村岡さんの大事なお金を、銀行が倒れるからといって黙ってそのままには出来ません。今日こうして全額持って上がりましたので、吉田さんの方から村岡さんに送って上げて下さい。銀行は今日迄で、明日からは閉鎖します。もう何日も前から金の支払いはしておりませんので、今日私がお金を持って来た事は絶対他人様にはおっしゃらないで下さい。それでないと大変な事になりますので」

と言い終わると、慌ただしく帰って行かれました。

母としては丁度苦しい最中にピッタリとタイミング良く、棚ぼた式に手にした大金でした。母は早速大阪のミサオ大叔母に手紙で交渉し、高利で良ければ貸してやるとの事で、此の金を高利で借りたのです。保証人は弟の捨夫叔父になって貰い、返済義務は姉と私二人に掛けられたのでした。母が何を思い、どういう理由を持ち出して必要以上の大金を借りたのか等、子供の私達には何一つ知らされる事はありませんでした。又、父も祖父母も一言も知らされていなかったようです。思い掛けない現金札束を手にした母は生活の様子がガラリと変ってしまいました。

母の宮崎通い

大金は納戸の隅に隠し、必要な時に持ち出すというやり方で、早速にも母は新学期の仕入に宮崎迄出掛けて行きました。数日前迄はあんなにも苦しみ悩んでいた母が、嘘のように明るくなり、仕入にもバスではなく、当時ではまだ数少なかったタクシーで出掛けて行ったのです。然し、新学期ギリギリでも仕入が間に合って、母の明るい顔が見られ、私もホッとしていました。

新学期と共に、私も高等科一年、弟が小学二年生となりました。母も苦境を乗切った後は落着いた生活に戻り、姉の上阪に伴う多忙さから遠ざかっていた、夕食後のお寺参りにも毎晩出掛けて行くようになりました。

油津時代に上杉の伯母から導かれて熱心な信者となっていた母は、綾に移り住んでからもその信仰は変らず、毎晩お寺さんに通っていました。お上人《しょうにん》さんや、姿も心も美しい、まるで仏様のような奥様と一緒にお経を上げ、大きな太鼓を打ち鳴らして夜のお勤めをしていました。母が出掛けて暫くすると、学校の広い校庭を吹抜ける風に乗った大太鼓の音が、夜のしじまを破り私の耳にも届いて来ます。母独特の一寸癖のある太鼓の音は、母がお参りする姿を彷彿とさせるようでした。四年ぶりで母や弟と暮せるようになった当時の私は、父の居ない淋しさもあったでしょうか、必要以上に母の言動や行動を注視していたようです。

大金を手にした母は、四月の新学期の慌ただしさを終えて五月の声を聞く頃から、三日に一度は宮崎へ出掛けて行くようになりました。新学期の仕入れに行く時に乗ったタクシーの市川運転手が、その度に家迄迎えに来ていました。母が外出の仕度をする間、車を家の前に止めた運転手は、勝手に座敷に上がり込んで待つようになっていました。

当初は、体の具合が悪いから針灸の治療に出掛けるのだと言っておりました。然し髪をきれいに結い上げ、濃紺の地に細かい模様の入った単衣の着物に白い半襟で胸元を引締め、着物よりは薄い紺色に細かい柄の沢山入った名古屋帯をきりりと締め、真白の足袋に外出用の草履を履き、ハンドバッグ代りの小さな風呂敷包みを抱え、いそいそと出掛ける垢抜けた母の姿は、子供の目にも眩しい程女の色香を漂わせていました。まるで芸者さんのような感じがしましたが、私はそんな母を見るのは初めての事で、近所の人達に対し恥ずかしくて恥ずかしくて仕方がありませんでした。父との別居生活が始ってすでに四年、四十四歳の母が何を思い何を考えているのか、私は子供心にも不安でたまりませんでした。

　間もなく香水迄買って来て、宮崎に出掛ける時には必ず襟足や耳たぶ等に付けて、そこら中に匂いを撒散らしていました。針灸院に通っているという母の身辺は、段々と怪しい雰囲気が漂うようになって行きました。三週間程経った頃、針灸の女先生に買って貰ったと言って、宮崎から帰った母の左薬指には、大豆よりやや大きめの赤みを帯びた紫色の宝石が、プラチナ台の上で光り輝いていました。宮崎通いをしている内に、母はいつの間にか当時大流行していて沢山の信者を集めていた、新興宗教にも入っていました。宮崎通いの理由を、そんな所にもこじ付けているとしか思えませんでした。

　宮崎迄は二十四キロ、タクシーで行けば四、五十分です。往復市川運転手の横に座り、昼食を宮崎で食べ、針灸の治療費を払えば、一回の往復でも相当な出費になっていたはずです。昭和八年当時では、米一升が二十五銭位でした。一銭銅貨で飴玉なら五個も買えた時代でした。毎月月末には油津の父から、二十五円の送金が必ず書留郵便で届けられていました。

　母が宮崎へ出掛ける日には私は学校を休んで店番をしていたのですが、それも当初は週に一回位でした。出掛けるのもその日と日曜日だけだったのが、段々熱を帯びて行った母は、一週間に二回も三回も出掛けて行き、それだけ私も学校を休まなければならなくなりました。最初の頃は受持の先生に直接会って休みを貰っていましたが、余りにも休む日が多くなって来ると、先生の顔を見るのが恐いような辛い気分に追込まれてしまいました。それからは、朝早く学校へ行き、黒板の隅に「先生今日も暇を下さい。吉田トヨ子」と小さく書いて帰るようになりました。

姉が家に居る頃は母は余り外出もせず、余程の事がない限り宮崎に行く事もなく、時たま行く用事があっても日曜日にバスで出掛け、早くに帰っていました。どうしても出掛ける用のある時は、「峯子に学校を休ませるわけにはいかんから、トヨ子お前が休まにゃ。お前なら少々休んだ所で、どうっていう事はないとじゃから」

と、優秀な姉と鈍な私とでは何かにつけて大差を付けられていました。学校の教材にしても姉にはふんだんに買い与えていたのに、私には裁縫や手芸の教材は全く与えてはくれませんでした。教材が欲しいと頼んでも、

「裁縫も手芸も下手くそなお前がせんでもいい。下手くそなお前がするのを見るとはがゆーてはがゆーて、見ておられん」

と一蹴されました。教材を持参しない私は先生に叱られ、クラスの人が楽しそうに裁縫や手芸をしている時間、私一人だけは何もする事がありませんでした。どの授業よりも嫌いな科目となっていました。

姉は学業も優秀でしたし、家ではどんな仕事を任せてもテキパキと段取り良く仕上げるという、どこから見ても申し分のない人でした。然し只一つ、親兄弟や他人を思いやる気持には欠けた所があり、自分一人だけが良ければいいという利己的な面を多分に持ち合せていました。その性格は母に一番よ

く似ていました。頭の良さも、手先の器用な所も、まるで母の分身のような人でした。姉にとっては最高の母でしたが、私にとっては、油津時代から「みっともない顔をしてお前なんかいつ死んでもいいとぢゃから」といった言葉を使っての虐待は、母のストレス解消の様に、いつもいつも行われていました。何も彼も姉とは大きく差別され続けて、母からは駄目人間と言う、レッテルまで付けられていました。

父の帰省

母の代りに店番をしながら、私は自分一人が皆から取残されてしまうような気がしてなりませんでした。勉強もどんどん遅れて行くようです。何とも言いようのないいらだたしさが、まるで水垢が少しずつ水底に溜っていくように積って行きました。母の派手すぎる日常を考えまいと、その日の時間割を見ては自分の分る範囲は進めて行き、分らない所は参考書で調べる等していましたが、難しい算数等は分らずじまいで、中間考査や学期末試験の時は泣きたい思いをしていました。

家の事も全く何もしない母に代り、あちこち整理整頓し、汚れ物があればきれいに洗って、家の中はいつもきちんと片付けていました。そして暇が出来れば、当時流行していた小唄、勝太郎さんの『島の娘』や佐藤千夜子さんの『涙の渡り鳥』、赤坂小梅さんの『ほんとにそうなら』等の歌を口ずさんでいました。近所の大きな金物屋さんの店先ではいつもレコードが掛っていて、これらの歌を聴きかじって、暗く落込んで行く自分の心を慰め励ましていました。そんな日々を送る中、夕方母が宮崎から帰って来た時に掃除や食事の支度がきちんと出来ていなければ、母は物凄く不機嫌な険しい顔付きをして、言葉も荒々しく私を叱り付けました。

新緑萌える五月から始った母の宮崎通いは、六月、七月と続いていましたが、余りにも派手な母との交際から、若くて人の好い市川運転手は会社の規則に違反したとの理由で、綾営業所から遠くの営業所へ転勤になってしまい、七月末を境に全く姿を見せなくなりました。当時のタクシー会社には厳格な規則があって、特定の客との一対一の長い交際は禁止されていたとの事です。市川運転手の転勤と共に母の宮崎通いも下火となり、私はホッと胸を撫下ろす思いをしていました。

然し、八月も十日余りでお盆休みを取った父が帰省します。それを思うと、私は子供心にも空恐ろしいような不安な気持で一杯でした。三ヶ月程の母の派手な行状は、誰の口からともなく油津で働く父の耳にも届いていたようです。

七月も終り近く、二十六日から学校は夏休みに入っていました。休みに入ると同時に、私は毎朝三時半に起きて、祖父の水瓜畑の手伝いに小走りで出掛けて行きました。それは夏休み中続いたのですが、私が行くのを待受けていた祖父と妹の三人は朝も白み掛ったもやの中を畑に向いました。去年と同じように、祖父が先ずは番小屋で待つ私と妹に水瓜を食べさせてくれた後、私達が食べている間に次々と水瓜を千切って運んで来ます。番小屋から家へは、妹と私が何回も往復して運びました。

こうして水瓜畑に通う内にお盆を迎え、油津から父が帰って来ました。私は父と母との間に何事もなければいいがと、一人ハラハラしていました。十二日の夕方、油津からタクシーで帰って来た父が車から降りて来るのを見た私は、飛んで行って出迎え、父の帰宅を喜び母にも知らせに行きましたが、憂鬱そうな顔をした母は、何となく父に対し無愛想でした。久しぶりに帰った父に、何とかして母から優しい言葉を掛けて欲しいと思い、父の土産物を見せてその気持を引立てようとしましたが、そんな思いも空しく相変らず母は無表情のままでした。私にとっては懐かしい油津の匂いがするかまぼこや本鰹の削節等が食卓を飾り、いつも粗末なお菜に慣れている私と弟は大喜びして夕食を食べました。

丁度その晩八時から、近所の隣組長さん宅で寄合がある事が前の日から知らされていました。夕食の後、母が寄合には行きたくないと言うので、父が、「それならわしが行って来よう。いつも家を留守にしていて、近所の方々にもお世話になっている事じゃから。こんな時にでもお礼を言うとかにゃ、仲々お礼を言う時はないからね」と、昼間自動車に揺られて帰って来た疲れ等見せずに言いました。八時十分前には、長身のがっしりした体に黒っぽい絣模様のしゃきっとした麻の着物に、薄ねずみ色の錦紗の兵児帯《へこおび》をきりっと締めて、茶色の本革の鼻緒が付いた桐の柾目の下駄を履き、腰には煙草入れをはさんで父は出掛けて行きました。

祖母の家へ向って四軒目の、古くから薬屋を営む組長さん宅でどんな話合いが持たれたのか、父は一時間程して帰ってくるなり、母に向って、

「わしは今夜恥をかきに行ったようなもんじゃ。わしが行って座敷に座ると間もなく、わしに聞こえよがしに、お悦さんな今晩も忙しいとじゃろ。久しぶりに帰って来なった旦那さんを集まりに出してよーって言われたぞ」心の中の怒りを押え切れないまま父の口から出た言葉でした。

まるで父を嘲笑うかのような口調で声高に言う、二、三人の年増女にやりきれない思いをしたというのです。父のその話を聞いて、そんな事を言う女は子供の私でさえ見当が付く人達でした。常日頃から意地が悪くて口も悪い、私の家の両隣の女達です。一方は同じ文房具店の未亡人、もう一人は母と同じような立場の、主人が山奥に行っていて盆と正月休みだけ帰って来るという半未亡人のような人です。私の家を真中にして、此の二人は意地悪同士で仲が良く、事あるごとに共謀して母に意地悪を言ったりしたりしていて、常日頃母は一人で悔しがっていました。

不機嫌な父は着物を脱ぎ終えると、裏の縁側で刻み煙草をキセルに詰込み、ポンポンと打出しながら涼んでいました。母は店の座布団に座り、いつもは出した事もない帳簿を一生懸命付けていましたが、父も母も心の中では何を考えていたものか、家の中には重苦しい空気だけが漂っていました。

相変らず私は朝早くから祖父の水瓜畑に通っていましたが、午後は家に帰り、裏庭で半年分の薪作りに懸命な父を手伝っていました。手頃な大きさに割られた薪を物置小屋に運んでは積上げて、少しでも父の気持を慰めようとしていましたが、子供が思う程簡単な問題ではなかったようです。

朝早くから夕方遅く迄薪割りに精を出していた父も、五日程でその作業も終えて、翌日朝食が終るとすぐに油津の仕事場へ帰って行きました。暗雲をはらんだままの父と母の間でしたが、とりあえずは私が心配していたような大きな摩擦も起らずに済み、まずはホッと胸を撫下ろしていました。然しこれ以降、母は何ものかに取憑かれたように、母親として、一人の人間として女として絶対歩いてはならない道を自ら求めて歩き始めるのです。元々「子供なんか大嫌い」と言う母には、我が子の将来よりも、夫の立場よりも、近所に住む自身の親の立場よりも、自分の事しか頭にありませんでした。母親の立場を忘れ果てた女が辿った道は、家族全員を巻添えにしながら地獄の底へと引きずり込み、自身も泥沼に落込んで行き、人としての正しい道を見失ってしまうのです。歩いてはならない道に迷い込んだ母は、再び人間らしい道に戻る事もなく、立直る事も出来ませんでした。

騎手の明さん

朝早くからの水瓜畑での手伝いに明け暮れる毎日は日々の流れも早く、水瓜も終る頃には夏休みも終り、九月一日から始った二学期と共に、真黒に日焼けした子供達の元気な姿が家の前を通るようになりました。二学期が始って間もなく、今年も南川の鮎捕りに祖父に連れられて行きました。夜の川を舞台にした、男の祭とも言える此の鮎捕りは、私の心に深く刻まれる事になります。

一学期は母の頻繁な宮崎通いで休みがちだった学校ですが、二学期はそんな事がなければいいがと不安を抱える私でした。丁度その頃、私の家の隣に楠本鍛冶屋の倉庫兼競走馬の立派な厩舎が出来上がりました。今迄は宮崎の方に預けていた持馬を、此の頃から騎手と共に自分の家の側に置くようになったのです。小倉競馬や福間競馬で優勝した事もある馬は、相当な賞金も稼いでいたようです。つやつやした光沢の栗毛色の馬は体格も良く、私は生れて初めて見る競馬馬の勇姿に目を見張る思いでした。此の馬と共に住むようになったのが騎手の大和田明さんでした。年齢二十四、五歳、小柄できりっと引締まった体からは勝負師としての雰囲気が漂い、整った精悍な顔立ちの、独身の美青年でした。

二学期になって、他の人と同じように毎日学校に行かれるようになり、私はホッとしていました。然しそれも束の間の事。母が今度は騎手の明さんに近付いて行くようになったのです。子供の私にさえ分る母の様子でした。明さんの方も、弟や私に優しい言葉を掛けて来るようになり、気安く私の家に出入りするようになって来ました。

夕方学校から帰った私が、掃除や夕食の仕度をしている最中でも、「トヨちゃん、明さんは今、小舎《こや》に居んなるかね。横の窓から一寸見てくれんね」と、母から言付けられます。仕事の手を休め、土間の中程にあった横の窓から、手を伸せば届く程近い隣の馬小舎の中を見て、明さんの姿のあるなしを母に伝えていました。

明さんが小舎で馬の手入れをしている事が分ると、母は帳簿付けの手を休め、化粧品の入った大きな陳列棚から一流メーカーのクリームの大瓶と上等の化粧石鹸を上等のタオルに包み、横の窓から差し出して、「明さん、明さん」と小さい声で呼掛けます。母の声に気付いた明さんが手を休め、馬小舎の窓から片手を伸してそれを受取り、「幾ら上げたらいいとじゃろかい」と聞きます。「お金なんかいるもんね。入用のもんがあったら遠慮せんで何でも使うていいとじゃが」と母が答えるのでした。

私は仕事をしながらそんな母の声を聞き、見るともなくその様子を見ながら、情けないと思いました。父が油津でどれだけ辛い思いをしながら働いているかを、母も少しは考えて欲しいと思いました。一人質素な自炊生活を送る父です。毎月決った額を送金し続けてくれている父は、人一倍子煩悩な人なのです。私達と離れて暮し淋しい思いをしているはずです。

此の店を構えられたのも、商品を仕入れられたのも、元はといえば父と母の汗の結晶である油津の家屋敷を売払ったお金があったればこそです。その上、つい此の間は新学期の仕入にも困り果て、金策にあんなに走り回ったばかりなのに、母はあの苦しさを忘れてしまったのでしょうか……。

たとえ安い商品だったとしても、他人に只で上げていいものとは思えません。母の善意からだとしても、それは行き過ぎでした。ましてや相手が若い独身の美青年であれば尚更です。数え年十三の子供の私でさえ、母の心は見え見えでした。私が学校に行っている間の事は分りませんでしたが、相変らず身の回り品を明さんへ差し出す母の行為は続いていました。子供心にも、私は再びあらぬ方向へと歩き始めている母の心が哀れで、母自身が一日も早くその道が危険な道である事を気付いて欲しいと願っていました。

窓から品物の受渡しが始って暫く経った頃、明さんは馬の手入れや調教等の仕事を終えた後に私の家へ度々出入りして、母や私達姉弟にも心安く話し掛け、冗談さえ言って笑わせるようにもなりました。私も弟も生れて初めて見る競走馬と、その立派な馬を扱う騎手という特殊な職業の青年に、自分の住む世界とはかけ離れた遠い所に住む人という目で見ていました。心の隅には、何となく遠い親戚のお兄さんといった好感も抱いていました。

こうして一日に何回となく出入りするようになった明さんですが、我が家はまるで明さんのペースで毎日が動いているような感じにさえなって行きました。然し彼は家に来ても長居する事はなく、座敷にも上がらず土間の上り框にもたれ、いつも十分か十五分位立話するだけで帰って行きました。

母の流産

宮崎通いをしなくなった母は、又以前のように夕食の後お寺参りに行き、大太鼓を打ち鳴らして夜の勤行に励んでいました。然しいつからともなく、段々帰りが遅くなって行きました。それでも十時迄には帰っていたでしょうか。

そんな毎日を過ごしていた、十月も終ったばかりの或る日の朝の事でした。私が朝御飯の仕度が出来たと母と弟を起しに行ったのですが、母は体の具合が悪いと言って起きて来る気配がありませんでした。私は弟と二人で朝御飯を終えると弟を学校へ送り出し、後片付けを済ませた後は店の大きな座布団に座り店番を始めました。母が病気のため学校を休むという事は、表を通る同級生に言付けました。

八時半過ぎて人通りのぱたっと途絶えた表通りを眺めながら、母はどこが悪いのだろうと心配していた私の後ろを、奥で寝ていたはずの母が便所へ走り込んで行きます。慌てふためきながら、はだしのまま座敷を駆下りて行く所でした。驚いた私が立上がり座敷の方に行ってみますと、母が走って行った便所の前迄、大粒の赤黒い血がポタポタと落ちていたのです。便所から出た後も、母は青い顔をして寝ているだけでした。一言も言わず、御飯も食べずに只じっと寝ているだけで、時々思い出したように便所に走り込んでいました。

私としても子供ながらに、出血するような病気は軽いものではないという事だけは分っても、その理由や原因が分るはずもありませんでした。まだ初潮もない私に、何故あのような出血があるか等理解出来るはずもありませんでした。

翌日になっても、母はまだ食事をする事もなく寝たままでした。私は弟が学校から帰って来るのを待って、弟に店番を頼んで祖母の家に走りました。兎に角祖母に相談し、祖母の判断に従うのが一番いいと思ったからです。祖母に昨日からの母の容体を話した所、兎に角行って見てみようという事になって、取るものもとりあえず、杖をつきながらも急ぎ足で駆付けてくれました。家に着いた祖母は母の側に行って、母の様子を見たり昨日からの様子を尋ねていましたが、兎に角油津の父に電報を打って帰って貰い、その上で医者を呼ぼうという事になりました。

早速私が、走って三十分程の村の中心部にあった郵便局迄行って、「ハハビヨウキオモシ、スグカエレ、トヨコ」の文面で父宛の電報を打ちました。電報を見た父は驚き、上杉の伯父伯母にも事情を話して、タクシーを飛ばし帰って来てくれました。帰って来た父と祖母が、「兎に角、西郷さんに診て貰わん事にゃどうにもならん事で」と言って、再び私が西郷医院迄走って往診を頼みに行きました。帰ってみると驚いた事に、誰が知らせたものやら近所の小母さんが五、六人、神妙な顔をして座敷に並んでいたのです。こんな時に集まって貰うのは有難い事と感謝しなければいけないのかも知れませんが、私にはちっとも嬉しくはありませんでした。邪魔になるだけで、有難迷惑とさえ思われました。特に二、三人の底意地の悪い小母さん達の顔を見ると、無性に腹が立ちました。上辺ではいかにも心配そうな素振りを見せて、その実内心では好奇心一杯という人達です。

診立ても治療も評判の高い西郷医師は、六十四、五歳の温厚な方で、医者の少ない田舎では、内科、外科、小児科はもちろんの事、時には産婦人科、耳鼻科、眼科等全般を診察治療しなければなりません。みんなが心配しながら見守る中、奥座敷の屏風の影では西郷医師の診察が続いていました。一通りの診察が終ると、屏風の影に父が呼ばれました。

「お目出度ですよ。お目出度でも、惜しい事にもう中で死んでいて駄目になっています。少し時間が経ちすぎて、腐り掛っていますから、早く出さんと母体の方に無理が行きますからね。今から早速出しましょう。私は用意をしますから、私の用意が出来たら、お父さんは患者さんの頭の方に座って、患者さんの両手をしっかりと押えてやって下さい。患者さんが動くと危ないですから」

静まり返った家の中に、お医者さんの声が響き渡りました。母の容体は皆にも分ってしまいました。

用意を終えたお医者さんが手術を始めたようです。カチン、カチンという金属の触合う音が聞こえていましたが、三十分程経った頃、

「さあー楽になりましたよ。それではこれを墓地に埋めて下さい。もう大丈夫ですよ、心配いりません。でも体の方が衰弱していますから、どちらにしても当分薬を飲んで頂かんといけませんなあ。それでは薬を取りに来て下さい。お大事に」

と言うお医者さんを表迄見送った祖父母が、父と共に近所の人達にお礼を言って帰って貰いました。

その後祖父母が父に、

「まあまあ、あんたも忙しい所を呼付けて本当にすみませんでしたなー。でもまあ後は日にちが薬でしょうから、どうぞよろしゅーにお頼みします」と言って父に頼むと、二人は連れ立って帰って行きました。

皆が帰った後、一段落した所で、お医者さんから父に渡されていた汚物を墓地に持って行く事にしました。物置から出して来たカライカゴにボロ布に包んだ汚物を入れ、それを背負った私と小鍬を手に持った父と二人で、夕暮れ近い道をとぼとぼと歩き始めました。祖母の家の前を通り抜けてから少し歩いた所の右手高台の、大きな竹藪に取囲まれた場所に墓地はありました。

墓地への道を歩きながら、私は背中に背負っているボロ布の中身が急に一人の赤ん坊になって、籠の中で今にもオギャーオギャーと産声を上げて泣き出しそうな、そんな錯覚に捕われて仕方ありませんでした。父はやり場のない憤懣を吐出すかのように、母の身の上話を始めました。母の出生の秘密

は、此の時初めて父の口から聞いたのでした。

明治二十三、四年頃の話です。当時は風紀も厳しく、結婚といえば親の許しがなければ絶対出来ない時代でした。当時の祖母は十六歳で、親に隠れて恋愛をした結果、母をお腹に宿しました。然しどうしても母親の許しが出ないために、一緒に暮す事は出来ませんでした。生れ出た子は曾祖母に引取られました。私の母は実の父親の愛情を全く知らぬまま、曾祖母の下で八歳年上のヨネ大叔母と姉妹のようにして育てられたものでした。厳格な時代でしたから、戸籍上母は私生児と記され、世間からは父無《てて な》し子と囃立てられ、冷ややかな目で見られていたそうです。祖母の方は母を出産した後十三、四年後に、周りにすすめられて男の子を一人抱えた祖父と一緒になり、捨夫叔父を出産しました。祖父の連れていた虎夫という男の子は、祖父に似て歌舞伎役者の様に顔立ちも整った人だったそうですが、年頃になって役者に憧れ、家を出たまま行方知れずだったそうです。

父の話を聞きながら、私は驚きの連続でした。そんな私に又もや追打ちを掛けるように、父が「今度の此の子は俺の子じゃあーない」と吐捨てました。青ざめた顔をしたその口元は引きつっていました。父の言葉に胸騒ぎを覚えると共に、私の心臓はドキドキと早鐘を打つように高鳴り、体中が小刻みに震え出しました。母の行状を目の当たりにしていた私は、自分が責められているような錯覚に陥り、背中に背負った一固まりの小さな汚物が急に重たくなったように感じられました。背負う私が押しつぶされるような思いで、その包みが空恐ろしくさえ思われました。

驚きを必死の思いでこらえていた私に、父は誰にも言えない胸の中のもやもやを一気に吐出すかのように、「峯子も、あれは俺の子じゃない。確かに兵次郎の子じゃあ」と言うのです。此の言葉を聞いて、これは父の嫉妬深さが言わせたものか、はたまた母の行状の悪さが父の心を深く傷付けてしまったためなのか、私としては何もかもが分らなくなってしまいましたが、最近の母の行情から、父の意見の方が正しいと思わざるを得ませんでした。

重苦しい父の話を聞きながら、やがて墓地に着きました。私は籠を下ろし、父が掘っている穴を見ながら、横に置かれた小さな墓石は誰のものかと尋ねました。すると、これは冬子といって、二ヶ月で亡くなった父と母の最初の子供だと言うのです。父はその墓へ籠の中の包みを埋めて、小さな墓石を元に戻していました。

何とも言いようのない重苦しい心を抱いて帰る道すがら、家々には温かそうな光を帯びた赤い電灯が、平和な家族を照らし出しているようでした。

明さん綾を去る

家に帰り着いた後に私は薬を貰いに行き、いつものように粗末なお菜で夕食を終え、此の日は早く休みました。そして翌日の朝早く、父は言葉少なく油津へ帰って行きました。

薬を飲んで安静にしていた母は、一週間も経った頃には元のような健康を取戻し、起上がって食事

をするようになりました。一応ホッとした私は、

「明日から学校に行ってもいいじゃろか」と母に尋ねてみました。勉強の遅れが気になって仕方がなかったからです。母からは、

「長い事休んだからね。明日から行ってもいいが」

と言われました。子供達が登校する時間も終り、学校では授業が始っています。教室の中からは、子供達が声を揃えて教科書を読む声が聞こえて来ました。

母が食事をした後の後片付けをしようと店の座布団から立ち、座敷の方に入って行った私に、

「トヨちゃん、お父さんと此の間墓地に行った時、あんたにゃ何も言いならんかったね」と母が言うのです。私はドキッとしましたが、平静をよそおい、

「いいや何も」

ととぼけました。すると母は、

「今頃流産して月が合わん。わしの子じゃない言うて、人をなじってから……。八月のお盆に帰って来た時、自分が種付けして行ったくせに。男らしゅうもない、勝手なこつばっかり言うて」

と言うのでした。

母の宮崎通いも人づてに聞いて知っていた父です。一生懸命働いて毎月送金して来る父の気持を思うとやりきれませんでした。私は母の話を聞きながら、母がどんなに言訳をした所で皆分っている事だと思っていました。そしてそんな言訳をする位なら、自分の正しさは自身の態度で証明して見せれ

ばいいとも思いました。独り言のように、母が更に言葉を続けます。

「金さえ送ってくれたらそれでいいとに。盆も正月も帰って来る事あいらんとにな」

と言うのです。何と恐ろしい事を言うのだと、私は母の心の醜さに只々呆然とする思いでした。

父も祖父母も全く知らされていなかった大金は、毎月毎月高利に高利が付いて、雪だるま式に増えていました。増え続ける借金の後始末は、総て姉と私の肩に掛けられていました。こうして大金を隠し持った母の心は、家族から次第に離れて行き、歩いてはならない地獄への道をひた走っていたのでした。


母のお陰で十日近くも学校を休んだ私は、遅れた勉強を取戻さなければと必死でした。そんな十一月も終り近く、油津の父が仕事中に大きな材木が落ちて足の骨を折り入院したとの便りが、上杉のトヨノ伯母から母宛に届きました。然し母は毎日浮ぬ顔をしているだけで、見舞いに行こうとはしませんでした。私は一人淋しく入院している父が可哀想で、一日も早く母が見舞いに行ってくれますようにと祈り続けていました。

父の大ケガで送金が途絶えた母は、丁度健康も取戻した事もあり、仕立物をするようになりました。外山のヨネ大叔母から裁縫を厳しく教え込まれた母は、紋付きの重ね物から男袴、女袴、綿入れの着物、布団、丹前に至る迄、あらゆるものがきれいに縫えて、いわば衣類や仕立物の免許皆伝を授かっていたのです。学校から帰った私が、夕方その仕立物を届けに行きますと、依頼された小母さんが、

「あんた所のお母さんに縫うて貰うと、本当に気やすくて体にピッタリ合うから着心地がいいもんね」と言って、母が貰って来いと言った仕立賃よりも五銭か十銭多く貰える事がありました。

元来縫物が好きな母は、店番の傍ら昼間は縫物に精を出し、学校から帰った私が夕食の仕度をして親子三人の質素な食事を終えると、毎日七時頃からお寺参りに行くのが日課となっていました。丁度十二月に入ったばかりの頃で、正月用の新しい着物や縫直しの物が次々と持込まれていました。母が縫物をしている所へ騎手の明さんも度々顔を出し、冗談を言っては十分か十五分位で帰っていました。

十二月一杯は縫物で忙しい日が過ぎて、新しい年が近付いて来ましたが父の姿はなく、餅搗きさえもありませんでした。父が居なければ普段の日と変る事はありません。母は野菜の煮〆一つこしらえる事もなく、心淋しい正月となってしまいました。炊事場には全く入る事のない母でした。

正月が開けると縫物の注文もなく、母はお寺参りを一生懸命続けていました。一月の大寒小寒には、油津時代に上杉のトヨノ伯母と二人で夜更け迄寒行に回っていた時と同じように、此の冬はお寺の奥様と二人、寒の間中毎晩団扇太鼓を叩きながら夜の九時頃迄村中を歩いて回り、集まった浄財はお寺さんへ奉納していました。

寒い冬も終り、やがて梅の開花と共に近くの藪で鶯が鳴き始めました。春の訪れと共に、お寺参りに行く母の帰りが目立って遅くなって来ました。最近は縫物もせず、夕方出て行った後はどこで何をしているものやら、お寺の大太鼓の音も聞こえなくなってしまいました。寒行の後は十時頃迄には帰って来た母でしたが、近頃では十一時、十二時になってからふらーっと帰って来る母の姿には異様な雰囲気が漂い、私は思わず目を背けたくなる思いでした。

そんな日が続く中、騎手の明さんが地方競馬に出走するため、馬を引いて宮崎の厩舎迄帰る事になりました。夜中に発って、二十六キロ程の道を馬の手綱を引きながら歩いて行く事になっていたのですが、私はそんな事は知る由もありませんでした。

夜中にふと人の気配がして目を覚しました。すると、私達がいつも御飯を食べている長火鉢で牛肉とネギやこんにゃくを煮る、美味しそうな匂いが部屋中に立ち込めていたのです。私達姉弟が一度も食べた事もない上等のお菜で、明さんが御飯を食べている所だったのです。そんな光景を布団の中から見ている私に等気付くはずもない母は、食事を終えると急いで後始末をし、身支度を整えました。そして、まるで若い恋人気取りで、明さんを村外れ迄見送りに出て行くのでした。

何という哀れな母の姿でしょう。隠し持った大金に目がくらんだ母の心が哀れでなりません。年若い明さんにしてみれば、二十円、三十円というまとまった金がいつでも引出せるという母を利用しているだけだったのです。

宮崎に帰って最後の調教をした後レースに臨んだ明さんでしたが、成績は良くなかったようです。そんな事からか、明さんの代りに今度は騎手ではなく、馬丁の松井さんという人が馬を引いて隣に帰って来ました。馬丁さんは馬の世話だけをする人で、騎手のように馬に乗って出走する事はありません。

馬だけは帰って来たものの、明さんが居なくなった母は、宮崎の厩舎勤めになった明さんを訪ね、又々宮崎通いをするようになりました。今度はバスで出掛けました。年若い結婚相手としてもふさわしい女の人ならともかく、二十歳も年上の人妻を持て余した明さんは、臆面もなく訪ねて行く母に二十円、三十円という金を要求し続けていました。然し六、七回目には、とうとう路上で金だけ受取るなり、自転車に乗って一目散に逃げて行ったというのです。これらの事は、恥も外聞もなくした母が悔し紛れに私に話したものでした。明さんの方としてもそれ迄しなければ、母との腐れ縁を切る事が出来ないと思ったのでしょう。それっきり、母は明さんの事を言わなくなりました。

鍛冶屋の保良さん

明さんの動きに合せ右往左往する哀れな母を見ている内に、三月二十七日の終業式の日が来てしまいました。同級生達はみんな、すんなり終業証書を貰う事が出来るのですが、私一人だけ出席日数が不足するという理由から、修業証書を渡す事は出来ないとの厳しい通知が来ました。然しその通知を受取った母が、どこでどんな風に話を付けたものか、終業式の日にはかろうじて修業証書を頂く事が出来たのです。こうして昭和九年の春、私は十四歳で高等科二年に、弟は小学三年生になりました。以前春休みの間に、母は何回か宮崎に通って学用品を仕入れ、店の商品は手落ちなく揃えました。

外山の大叔父大叔母がやっていた時に比べても、文房具類の数は余り変らない位揃えてはいましたが、母の店となってからは、何故か子供達に敬遠されているようでした。店の前を素通りして行く子が多く、立寄る子供が少ないために、母も店の座布団に座り手持ち無沙汰のようでした。店番は母一人で充分間に合っていました。

見るからに病身の痩せ細った大叔父を助け、大叔母と二人が店番をしていた頃は、常に店には十人位の子供達が押寄せていました。まるで買物競争でもしているかのように賑やかで、品物を引張り合って買い求める光景が毎朝一時間位は続き、大叔父も大叔母も毎朝汗だくで子供達の相手をしていたものでした。

母達が住むために暗くて狭い炊事場を広く明るくした際に、裏にあった便所を表に移し替える等した途端、店に活気がなくなってしまったのでした。子供達の数も大叔母達の時の三分の一か四分の一に減ってしまいました。

店の移り変りを知っているのは私一人です。此の家の持主でもある大阪に移り住んだ村岡のミサオ大叔母も、此の家で早くに主人を亡くした後、幼かった四人の子を育て、女学校迄出した上に小金もガッチリ貯めていました。その後を引受けた外山のヨネ大叔母は、病身の大叔父と共に商売に励み、やはりガッチリと貯めていました。このように、祖母の妹のミサオ大叔母とヨネ大叔母は、同じ家で同じ商売をして、同じくしっかりと小金を残していたのです。

昔気質で特別厳しかったヨネ大叔母に、並外れて厳しい躾を受けた私です。然しその大叔母には同時に倹約、質素、貞節の心も教え込まれ、叩き込まれました。此の家で母と生活を共にして一年、人生を歩む姿勢の余りの違いを目の前にして、子供心にも暗澹たる思いに落込んでしまいました。

明さんが宮崎に帰って母との縁が切れ、ホッとしていた私でした。然し新学期が始って間もなく、今度は楠本鍛冶屋の四、五人居るお弟子さんの中でも兄弟子の、保良という青年が家に出入りするようになったのを知りました。此の春徴兵検査が終ったばかりで、今年一年お礼奉公を済ませたら、来年の一月半ばには遠く離れた山里の実家に帰って行くという青年でした。

私の家の隣にあった楠本鍛冶屋の持家は、競走馬を入れる際に建替えられ、二階が資材置場兼出来上がった製品を保管しておく倉庫として使われていて、一階の半分は馬小舎、もう半分は座敷になっていて、馬丁さんと鍛冶屋のお弟子さん達が寝泊り出来るようになっていました。

明さんが出入りしていた時と同じように、保良さんも又、午後三時半から四時頃には必ず現れて、母と十五分か二十分位立話をした後帰って行きました。年季奉公中は厳しくて、仕事場から離れる事が出来ないようですが、五年の年季が明けてお礼奉公ともなれば、割合自由が認められていたようです。

保良さんの出入りが始って間もない四月下旬、暖かくなった春風にでも誘われるように、お寺参りに出掛ける母の帰りが段々遅くなって行きました。

しとしとと雨の降りしきる梅雨を迎えた六月上旬、此の頃になると母が余りお寺参りに出掛けなくなりました。静かな田舎の夜更けは殊更に淋しく、父が不在の我が家では母の存在は大きなものでした。その母が夕食後も家に居るというだけで心が落着き、安らぎを覚えていました。然しそうした私の心に、思い掛けない小石が投げ込まれたのです。

それは学校の用務員の小父さんの存在でした。年の頃は母と同じ位の四十四、五歳、小柄で元気一杯の人でした。余り広くない田畑は奥さんに任せ、休日には自分も手伝ってはいましたが、特別忙しい時には人手を借りて農業も営み長年学校の用務員として働く気さくな小父さんでした。

用務員の仕事は、朝授業が始って夕方終る迄学校内のあらゆる雑務を片付け、夕方生徒も先生も帰った後校舎を巡回し、夕食に帰宅した後は夜の十時の鐘を突くために学校へ帰る事になっていました。十時の鐘を突いた後は再び校舎を巡回し、午前三時の巡回迄は用務員室で仮眠し、三時の巡回の後は午前六時迄再び仮眠をします。午前六時には、学校の正面横にある、一段と高くなった鐘突堂に上って釣鐘を時間の数だけ打つのです。静かな朝の空気を打破るかのようなその音は、ゴーンゴーンと村中に鳴り響いておりました。鐘を鳴らすのは、後は昼の十二時、夕方は四時、午後十時と、一日四回でした。

当時、子供達は用務員さんとは呼ばず、学校の番をしている小父さんという意味を縮めて、番じさんと呼んでいました。此の番じさんが毎晩のように家に立寄るようになったのです。十分程の立話ではありましたが、意味ありげな冗談を連発していました。男女の逢引きの様子を話したりするので、私がその度に綾言葉で、「のさーん、まこち（いやらしい、ほんとに）」と言うと、私の言葉尻を捉え

「トヨちゃん、のさん（野産）な兎の産（お産）じゃが」と切返されるのです。母が卯年生れという事を知ってか知らずか、意味ありげな冗談をポンポンと言って笑うと、十時の鐘を突くために学校への暗い坂道を足早に上って行きました。

六月早々から七月上旬迄の一ヶ月程、番じさんの冗談話は続いていましたが、私は素知らぬふりをしている母の顔色や態度から、何となく母に関係がありそうだと、漠然とそんな事を思っていました。

父の一年ぶりの帰省

七月も中頃になると、長い梅雨もようやく上がり、真夏の太陽がギラギラと顔を出して来ました。その頃再び母のお寺参りが始りました。私が夕食の後片付けをしている間に母が風呂へ行き、母と交代した私と弟が風呂から帰るのを待って母は出掛けて行きました。

春先から毎日のように出入りしていた保良さんは、私達が学校から帰って来る夕方が丁度休み時間なのか、土間に入って行くといつもそこに居て、家族の普段着等の縫直しをしている母と立話をしていました。そして色々な世間話をしては、間もなく帰って行きました。

母がお寺参りに再び行くようになり、宵の口から家を留守にするようになってから、番じさんは姿を見せなくなりました。毎日判で押したように出て行く母は、やがて帰りが遅くなって行きました。

そんな中、七月も終り近くには学校も夏休みに入り、私は例年通り朝三時半に起き出して祖父の元へ急ぎ、妹と三人で水瓜畑に通っていました。

ヨネ大叔母の下で泣いていた時には待ちこがれていた母との生活でしたが、それが心の重荷となった今、救われるのはいつも懸命に働く祖父母の姿と、全く飾り気のない大らかな愛情に触れる時でした。祖父母の家に居る時だけ心は落着き、安堵感を覚えておりました。

毎晩帰りの遅い母を待ちきれず、雨戸を閉めてもつっかい棒をしないまま、不安な気持で眠る夜が一番嫌でした。八月のお盆も間近に迫っているというのに、母は何を思い何を考えているのでしょう。正月には帰れなかった父も、お盆には帰って来るはずなのに、此の夜更けにどこでどうしているものやら。母親としての自覚を一日も早く取戻して欲しい、と不安な夜、一人思い悩む私でした。かといって、年老いた祖父母に相談出来る事ではありません。ましてや厳格極まりないヨネ大叔母には、尚更言える事ではありませんでした。

結局父が帰って来る前の晩も、母の帰宅は午前二時頃でした。翌八月十三日に父が帰って来ました。新鮮な特上の美味しいイリコを一貫目袋一杯と、削り鰹の新しいのやかまぼこ等、父は心尽しの手土産を一杯抱えて帰って来ました。然し母はふて腐れたような、嫌な態度のまま、自動車から降りて来る父を迎えようともせず、無言で素知らぬふりをしていました。私は一人で父の気持を引立てようと努力していました。懸命に父の帰りを喜び、母に父の手土産を見せては、何とか父に母からねぎらいの言葉を掛けて欲しいと願っていました。父と母のやりとりに全神経を集中させ、何とか二人の仲がうまく行きますようにと神様仏様にも祈り、先ずは何事もなければいいがと右往左往する私でした。

夕方近く帰って来た父と共に早めの夕食を済ませた後、夕涼みを兼ねて弟と三人で祖父母の家に行きました。父の土産のイリコはあり合せの紙袋に分けて持参しました。山里の綾では海産物には縁が薄く、魚類も値段が張ります。勢い上等のイリコも値段が高くて、いつもは値段の安いイワシイリコが常食されていました。我が家では母が魚嫌いで肉類も一切駄目という人でしたから、綾に来てからは子供の私達迄魚肉類を口にする事がありませんでした。ですから父の持帰る上等のイリコやかまぼこ、削節等は、そのまま醤油を掛けるだけでも私達には美味しくて、大変なご馳走だったのです。貴重な栄養源でもありました。

一年ぶりで帰って来た父は、祖父母とは色々と話が弾み、学校下の家に帰る頃には日も暮れていましたが、周りに広がる田圃には沢山の蛍が飛び交っていました。一夏の命を燃やし尽すかのように、懸命に光を放ちながら群がっていました。

お盆の今日は母も外出する事はなかろうと、いつもは私のしている戸締りを母に頼んで、此の日は弟二人で先に寝てしまいました。父が居るという安心感の中一眠りした頃、人の声を聞いたような気がしてふと目が覚めました。まだぼんやりしていた私の耳に、父と母の押殺したような、低い声で言争う声がかすかに聞こえて来たのです。一年ぶりに帰って来た父が、当然の如く母に寄添って行って、母の拒絶にあったようです。父の帰って来る事が分り切っていた昨夜でさえ、夜中迄保良さんと一緒に居た母です。心と体の微妙なすれ違いから来る悲しい争いだったのでした。

父と母の争いも間もなく静まり、私もいつの間にか眠っていたようで、午前三時半にはいつものように自然に目が覚めて祖父母の家に急ぎました。水瓜畑の仕事を終った後は朝御飯を祖父母と一緒に済ませ、押入れや納屋を調べて汚れ物を集めて洗い、畑の脇にある物干場にいつものように干しました。洗濯を終えた所に、祖父が大きな種水瓜を半分に切って、

「トヨちゃん、持って帰ってお父さんに食べて貰うといいが」

と声を掛けてくれました。祖母も痛む手足を押えながら、今年も又、鮮やかなピンク色と白の米の粉菓子を作ってくれて、

「トヨちゃん水瓜と一緒に、これも持って行って澄ちゃんと食べるといいが」

と、お菓子を紙に包んで手渡してくれました。

「水瓜はそのまま持って行くより、重たいからカライカゴに入れて行くといいが。納屋から出して来んね」

祖父母の温かい心遣いを背負って家に帰った私は、土間に入り座敷の方を見て驚きました。縁側のある奥の座敷に、父と保良さんが三メートル程の間を置いて向い合って座っていたのです。母は少し離れた所に居ましたが、不穏な空気が漂っていました。三人が三様の顔付きをしていましたが、ポツリポツリと途切れがちな話し声が聞こえて来ます。

大胆にも母は、父の目の前に自分の子供と同じ年格好の青年を呼んで、何を血迷ったか父に離婚を切出している所だったのです。母の話を聞いた後、父は静かな口調で、「若い男と一緒になっても、

すぐに捨てられるだけ。相手がお前に年相応な男なら、俺はすぐにでも別れてやる」と言いました。

上杉の伯父伯母達からの猛反対を押切って迄、強引に自分の故里へ帰って来て、そして父との別居生活を始めて五年目の母でした。母の我儘から来る、しかも一方的な家庭不和に苦しむ父は、そんな中でも、「薪だけはきちんとして置いてやらんと、米も野菜も煮炊きせんと食えんからな。お前や澄男が可哀想じゃ」と、薪作りを手伝う私に言いました。子煩悩な父はいつもと変らぬ態度で四、五日は一生懸命薪作りに励み、それを終えた翌朝、朝御飯を食べ終ると早速、遠く離れた仕事場油津へとタクシーに乗って帰って行きました。

子供の私が気に病んでいた父と母の間も、父の忍耐力により事なきを得たようでした。然し、父が仕事場に帰ったその夜から、母の外出が始りました。風呂から帰ると毎晩のように、祖母や私等には全く縁のない、香りの良い高級クリームで手や顔の手入れをして、髪を撫付け、浴衣を格好良く着こなすと、「お寺参りに」と言っては宵闇の中へ出掛けて行くのでした。

三平さん殺し

雨戸の突張り棒を外したまま弟と二人で眠りにつく事程不安な事はありませんでした。そんな中、夏休みも終る頃には水瓜畑の仕事も終り、九月一日からは二学期が始りました。去年のように母の宮崎通いも激しくありませんでしたから、学校に行かれるだけでも有難いと思っていました。然し、一年間ほとんど分らずじまいに終った算数の授業が此の年も仲々分りにくくて、頭の痛い思いでした。

九月に入れば日中は残暑があるものの、一雨ごとに涼しくなって来るようです。母の外出を気にしながらも時は過ぎ、十月も半ばに入っていました。そんな或る日の事でした。午前六時頃に私が店の掃除を終えた所へ、人通りもない早朝にもかかわらず、「ちり紙を下さい」とお客さんが店先に入って来ました。四十歳前後の色白の板前さんといった感じの男の人で、三歳位の可愛らしい、こちらも色白の男の子をおんぶしていました。私は子供迄おぶった見知らぬお客さんが、ずいぶん早くから来る等珍しいと、何となく奇異な感じを抱いていました。

然し、まさか此の人が三人もの人を殺し、自首して行く途中に立寄ったのだとは思いもしませんでした。一時間余り過ぎた頃に、急に隣近所が騒がしくなって、外に出た私が近所の人達の話し声から、三平さん殺しがあった事を知ったのです。三平さんとは、楠本鍛冶屋の隣に一人で住む、七十歳近い善良な木こりのお爺さんです。四畳半位の部屋が二間続きになった住居には、狭い土間と炊事場が付いているばかりで、ささやかな侘住まいといった感じです。嵐でも来れば吹飛んでしまいそうな程古い家でした。

そんな三平さんの家に、お盆前から娘さんが一人帰って来ていて、長逗留しているという噂は私もチラッと耳にしていました。お盆から十月半ば迄、二ヶ月間も大阪に家族を置いて帰っている娘さんの所には、帰って来るようにと何度か便りが届いていたようです。娘さんにも帰れない事情があったのでしょう。その娘さんを迎えに、子供を連れたご主人がやって来たのです。然し仲々解決を見ないようで、三、四日も話合う内に話がもつれてしまい、最後の夜には三平さんの姉のオサキ婆さんも泊りがけで加わったようです。そして夜中過ぎ、三平さんと娘さんとオサキ婆さんが寝ている時に、三平さん愛用の鋭利に研がれた手斧で三人共頭を切られていたのでした。

狭い家の中はそこら中血しぶきが飛散り、布団や畳は血の海となっていました。恐いもの見たさで、隣近所の人達はそれぞれの思いでのぞきに行っていました。余りにもむごたらしい光景をチラッとのぞき見た私は、背筋が寒くなってしまいました。そして母の身の上にあんな惨劇が降り掛りませんようにと、思わず両手を合せましたが、身震いする思いでした。此の事件は村中に知れ渡り、暫くの間は色々取り沙汰されていました。

十月一杯は何となく三平さんの事件も尾を引いていましたが、十一月に入り急に朝晩冷え込むようになると、それぞれの家庭でも冬の準備に忙しくなってか、三平さんの話も段々下火になって行きました。

そんな十一月半ばの事でした。寝ていた私が、夜中に人の気配で目を覚しますと、丁度保良さんが母と二人で土間から座敷に上がり、一番奥に敷かれた母の布団に一緒に入る所でした。母の不貞を目の前にし、驚きの余り私の心臓は高鳴り、破れんばかりに波打ちました。体と共に手足も小刻みにブルブルと震え、次第に冷たくなって行きました。それに反して頭と顔はまるで火にあぶられたかのようにカッカ、カッカと熱くなり、口も渇き、何とも形容しがたい状態に陥りました。

お盆以来気に掛っていた事が現実となってしまったのでした。十四歳の子供の正義感、潔癖性が母の不貞を許せませんでした。何という情けない母親、これが私の母親とは思いたくもない。こんな母親は嫌だ……。

然しどんなに嫌でも、私の母親であるという事実は動かせません。私とて此の現実から逃れられないのです。お母さん、お母さんが今歩いているその道は、私達家族皆が陥る破滅への道なのよ、そんな道を歩くのはやめて欲しい。家族を道連れにしている事、苦しむのは自分一人ではないという事が分らないの。子供の私でさえそれ位の事は分るのに、大人のお母さんがどうして分らないの。早くその道から引返して、正しい道を歩いて欲しい。一人の人間として、妻として、母親として早く目覚めて……。

布団の中で震えながら、私は必死になって心の中で叫び続けていました。どれ位の時間が過ぎたか私には見当も付きませんでしたが、保良さんが帰って行った後、少しの間まどろみ、間もなく起き出して、朝御飯の仕度を始めました。仕度が整った所で母と弟を起し、六時半には朝食を始めました。後片付けを終えて弟と学校へと急ぎました。

昨夜のショックと睡眠不足から頭は重いし、何だかぼんやりして勉強にも集中出来ないまま午前中の授業を終えました。昼御飯は走って食べに帰り、再び午後の授業を受けに学校へ急ぎ、昼からは農業の時間でしたが、実習ではなく肥料の配合や土作りの講義を教室で受けました。先生の話を聞いたり黒板に書かれたものを写したりしていたのですが、授業も半分以上終った頃、ふと睡魔に襲われて知らぬ間にコックリコックリとしてしまいました。

頭に何かがぶつかった痛みに思わず目を開けた私は、白墨の粉の一杯付いた黒板消しが私の頭に当り、そのはずみで後ろの壁際に転がって行くのを目にしました。そして目の前には、私を睨付けている男先生が立っていました。

「吉田君、授業中に眠るとは何事かね。君はそれだから駄目なんだ。君の姉さんを少しは見習い給え。姉さんは学年で一番というのに、君の成績は何だ。居眠りなんかして。そんな事だから駄目なんだ、しっかりし給え」

昨夜の出来事に続き、今日の此の有様です。私の心はどうしようもなく落込み、自己嫌悪に陥る事しきりでした。

此の農業の先生は二十四、五歳位、色白で学校一番の美男子でした。姉がまだ家に居た頃、当直の夜は我が家のすぐ上の校庭で小一時間、バイオリンを弾き続けていた先生でした。バイオリンの音色が聞こえる度に、ああ今夜はあの先生の当直だなと分りましたが、姉の上阪と共にその音色もピタリと途絶えてしまいました。

此の日を境にして、私の心の中には母と保良さんに対する激しい反発が湧き起こりました。夕方学校から帰った時、土間に立って何事か母と話している保良さんの姿を見る度に、襲い掛かって滅多打ちにしてやりたいという衝動に駆られました。母の非は分っていながらも、子供の私にとっては憎いのはその相手です。此の男さえ居なければと、心の中では彼への憎しみの炎が燃盛っていました。

母への反発

父の不在を埋め合せるかのように、一日も欠かす事なく、皆が寝静まった十二時頃毎晩通って来る愛人を迎え、母は嬉々としていました。此の頃は、もうお寺参りに出掛ける事もなく、昼間は店番をしながら家族の普段着を縫直したりしていました。元来子供が大嫌いという母は、私や弟の事等全く眼中になく、只ひたすら自分自身のためだけその日その日を過ごしていました。

そんな日々の中、母と若い愛人に対する不満が次第に募り溢れる程になった私は、段々と反抗的な態度を取るようになって行きました。今迄は、親に反抗したり口答えする事等思いもよらない私でしたが、心の底から突上げて来る思いを自分自身で抑えられなくなって来たのです。又、大それた道を歩き続ける母を何とか正常な道に向わせたい、そんな思いが反抗的な態度となって表れたのかも知れません。

夕方学校から帰ってすぐ、表の大きな水槽から炊事場の水槽へ大きなバケツで水を運ぶ私は、土間に立って母と話をしている保良さんに突っ掛るような態度で、「そこ退いて、狭い土間で邪魔になる」と荒々しく、憎しみを込めて叫んでいました。時には苦しみを吐捨てるように、低いうめき声で叫ぶ事もありましたが、片手に提げたバケツの水をバケツ諸共思い切り男の頭にぶっ掛けてやりたい、と何度思った事でしょう。然し私がそこ迄荒れれば、後で困るのは母です。そう思えば、憎しみに震えながらもどうにかその衝動は抑えていました。

十五分か二十分位の立話が終って保良さんが仕事場に帰って行き、姿も見えなくなった頃、

「何の話があれば、保良は毎日毎日昼も夜も家に来んならんとね」

と語気も荒く、吐捨てるように母に投付けていました。その度に、

「子供のくせに何を言うとか。大人の気持が子供に分ってたまるか」

と母が言います。母の決り文句はいつも、

「子供のくせに」

「何も分らんくせに」

でした。そんな時、私は心の中で、

「大人の気持は分らんでも、人間の道は私の方が子供でもちゃんと分っちょるよ」

とつぶやいていました。語気荒く投付ける私の言葉に、母は時々涙する事もありましたが、私は何とかして立直って貰いたいという一心でした。

こんな暗い日々を重ねて十一月も終り、十二月も押詰まって二十五日からは冬休みに入り、父が帰って来る正月が目の前に迫っていました。後四、五日で父も帰るというのにまだ毎晩通って来る男が、私の寝ている布団の横を通る時、「もういい加減にやめてー」と大声で叫び、襲い掛かって刃物で滅

多刺しにして殺してやりたいとさえ思うようになっていました。知らず知らずのうち、私の心は此処迄荒れて来ていたのでした。

道ならぬ道を嬉々として歩む二人を目の前にし、昔なら姦通罪は重ね切りにされたという話を思い出しました。裸のまま二人一緒に縛り上げ、町中をズルズルと引きずり回して見せ物にしてやりたい、とそんな残酷な事さえ思っていました。然し子供の私がどんなに心配した所で、地獄への道を歩き続ける母は、後先の事も考える余裕さえありませんでした。

父が帰って来るという前の晩、二十九日の夜も十二時頃足音を忍ばせてやって来た男（保良）は、いつものように二時半頃に母に送り出されました。再び足音を忍ばせ、自分の寝泊りしている隣の建物とは反対側の方へ二、三分歩いて行き、そこでUターンして、下駄の音も一段と高く響かせながら自分の部屋へと入って行きました。いつも通りのパターンでした。

父はこれ程迄に母が乱れきっているとは知らず、三十日の午後に持ちきれない程の土産物を持って帰って来ました。これ迄とは全然違う品で、温州みかんや自然薯、新しくてきれいなイリコ、刺身にして食べられる程に新鮮な魚類等を沢山買って来てくれたのでした。三十日は午前中から父を心待ちにしていた私ですが、母の様子から、父との間に何事も起らなければいいがと、内心ハラハラしていました。まるで爆弾でも背負っている様な気分でした。

父の爆発

午後三時頃、家の前に止ったタクシーの窓から元気そうな父の姿が見えた時、私は飛んで行って出迎え父の帰りを喜びました。そして土産物を次々と家の中に運び、母の気持を引立てようとその品を母に見せ、一人饒舌になっていました。父はタクシー代を払い終って家の中に入り、久しぶりの家族との再会を喜びました。

「澄男もトヨ子も大きゅうなったのー。病気はせんじゃったかなー」

「澄ちゃんも私も元気バリバリよ」

「そうか、そうか、そりゃ何より良かった。元気なんが一番じゃからな」

父は座敷に上がって普段着に着替え、一服した後に弟を呼んで、

「婆ちゃん所へ、お父さんが帰って来たから土産を少し持って来ました言うて、行って来んな」

と、イリコと温州みかんをそれぞれ袋に入れて風呂敷包み一つにまとめると、弟に渡し、

「みかんが一寸重たいから落さんようにな。せっかく美味しいみかんの味が悪うなってしまうからな」

と言うと、三年生の弟は「ウン」と言って祖母の家に出掛けて行きました。

昨夜も遅く迄若い男と一緒だった母は、久しぶりに帰って来た父には一言の挨拶も何の言葉もなく、

ふて腐れた態度で父を無視し続けました。その振舞は、
「何しに帰って来たのよ。あんたなんか帰って来ん方がいいのに」
と言わんばかりの冷たい態度をあらわにしていました。一人の人間として、女としての道を大きく踏外してしまっている母の、そんな態度が気掛りでならない私は、父と母の間に摩擦が生じなければいいがと、心の中でキリキリ舞いする思いで居ました。

子供の私がどんなに切ない思いで気遣っているか等分ろうはずもない母は、父がせっかく山奥迄行って、大変な思いで掘って来た自然薯でとろろ汁を作ったら美味しいから、沢山持帰った上等のイリコでだし汁を作ろうという父の提案にも、無表情のまま、「そんげな手のいるこつして、大飯食うばっかりで、私しゃ好かんもんね」と言うのです。それを聞いた父は、「とろろ掛けならどんだけ大飯食うてもいい。山芋がすぐ消化してくれて、腹にもたれる事あないから大丈夫。たまには腹一杯食べるといいが」と言いました。

いつもは炊事場等に入る事のない母です。炊事、洗濯、掃除と家事一切は、姉の居る間は姉に、姉が上阪した後は全部私が引受けていたので、母の仕事は店番と家族の普段着の手入れだけでした。そんな母も、父が帰って来た盆と正月だけは仕方なく炊事場に立っていました。

父に言われてしぶしぶと動いていた母ですが、山芋を扱うと手が痒くなると言って嫌がります。それを見た父が、自分で自然薯を洗い擂鉢でおろして行きました。ねばり強い自然薯は力がいるので、女子供ではとても擂鉢でする事は出来ません。力の強い父でさえ一生懸命すっていました。私は擂鉢

が動かないようにと大きな擂鉢を両手でつかんでいましたが、暫く経つと、真白なきめの細かい山芋がすり上がり、その中に醤油味のだし汁が少しずつ加えられ、丁度程良い薄さに伸されて出来上がりました。

とろろ汁が出来上がった後は、父が持帰った大きな魚の調理でしたが、魚嫌いの母は生臭いから好かんと言って、魚を扱うのも嫌がりました。そこでこれも父が手際良く三枚におろし、柳刃包丁を持って流し台の上で刺身にしていました。私は間もなく出来上がるご馳走を前に、夕食のお膳を整えようと、炊事場に居る父母とは離れて、いつも食事をしている箱火鉢の所へ茶碗や皿箸を揃えていました。

その時炊事場の方から、短い言葉のやりとりでしたが、父母の鋭く言い争う声が聞こえて来ました。その刹那、土間を走る母の姿を追掛ける父の姿が見えたのです。その右手には刺身包丁を逆手に握り、大上段に振上げて今にも母を刺し殺さんばかりの勢いでした。血相を変えて逃げまどう母を追掛け、「殺してやる」と、父がうめくような低い声で追掛けていたのです。私はその光景を一目見た途端、三平さん殺しの惨劇の様子が脳裏をかすめました。

目をつぶり両耳をしっかりと両手で押えた私は、何も聞こえないように、何も見えないように、座敷にうつぶせになって、体をブルブル震わせていました。どの位の時間が経ったものか、短いようであり長いようでもありました。

暫くして、何となく静かになったような気配で、私が恐る恐る顔を上げ周りを見回しますと、腰を抜かした母が土間にべったりと座り込み動けなくなっていました。父はと探しますと、座敷に上がって縁側に座り、煙草を吸いながら何事か深く考え込んでいるようでした。そんな父母の様子を確かめて、初めて私の体の震えも止りました。それから暫くは、何を言うのも何をするのも忘れたかのように、皆黙り込んだまま、三人三様の思いに沈んでおりました。

最初に動いたのは母でした。ようやく立上がった母が着物の泥を両手で払い落していました。その様子を見て、「何事もなくて良かった。丁度弟も居合せなくて良かった」と私は胸を撫下ろしました。

家の中は何となく気まずい空気が充満していましたが、時間と共に段々と落着いて行き、弟が帰って来た所で夕食が始まりました。私は重苦しい雰囲気を少しでも明るくしようと気を配りました。父の手料理は美味しく、弟と二人して大喜びで食事をしていました。刺身等、盆と正月に父が帰って来た時にしか口にする事はありませんでした。魚肉類が嫌いな母は、魚はイリコ以外に使う事はなく、それも味噌汁のだしにする程度でした。後は野菜を煮て食べるのが普段の食事だったのです。

久しぶりに父が帰って来たその日から、母の大いなる心得違いにより、楽しかるべき正月も全く味気ないものとなってしまいました。初日から目に余る母の態度に腹を立てた父でしたが、後は男らしくサッパリとした態度で、元日一日だけ骨休めした後は、いつものように薪作りに忙しい四、五日を過ごし、又一人淋しい仕事場へと帰って行きました。

ふしだらを繰返す母

父が仕事場に帰ったその日の夜中から、再び男が通って来ました。いつものように十二時頃に来て、二時半頃音のしないように雨戸を開けて帰って行きます。去年一杯でお礼奉公も終ったという此の青年は、仕事をする必要もないらしくて、朝の十時頃にはもう私の家へ顔を出して母と話込んでいました。去年から宮崎の方へ注文している、新規開業に必要な道具一式が手元に届く迄待っているとの事で、毎日暇を持て余しているといった風でした。

一月七日は学校もまだ冬休みで、弟は近所の友達と凧揚げに出掛け、店には客の姿もなく静かなものでした。私は朝仕舞を終った後に店番をしながら、冬休みの宿題をしていました。そこに母が来て、

「トヨちゃん店番頼んだよ。保良さんがお灸をしてくれ言うから、二階でしてやるからね。下では人が来たらいかんから」

と言いながら、さっさと二人で二階に上がって行きました。余りの出来事に私は、

「何がお灸よ。お灸なら下の座敷で据えてやればいい事に、わざわざ二階に上がる必要なんかあるもんか。誰が店番なんかしてやるもんか、泥棒でも何でもドンドン入って、何もかも持って行けばいい」

とぶつぶつ言いながら、勉強道具をさっと片付けると、足音をしのばせて静かに外へ出て行きまし

た。

どこにもぶっつけようもない腹立たしさで胸が一杯になった私でしたが、段々と自分の心が荒れて行くのが分るだけに、何とかしてそれを静めようと必死でした。然し、どうして私の母はあんなにふしだらなのだろう、つい此の間は父を失望させ、子供の私達に迄こんな苦しみを味あわせる母なんて此の世から消えてしまえばいい。あんなに汚れ果てた母なんか死んだ方がいい。あんな母が生きている限り、私達家族は破滅への道を滑り落ちて行くんだ。あんな母なんかいらない……と憎悪の炎を燃やしながらも、然し私の此の体の中にはあんなに汚れた母と同じ血が流れているのだと思うと絶望的な気分に陥りました。でも私はあんな母親にはなりたくない、自分の子供にこんな残酷な思いをさせて平気でいられるわけがない。母の汚ない血が自分の体の中を流れているかと思えば、今すぐにでも自分の血は全部捨ててしまいたいと思い詰る様にもなっていました。

油津時代、幼い私に神様仏様に両手を合せて祈る事を教えてくれた、トヨノ伯母さんの声が此の時ふと聞こえて来たような気がしました。「トヨちゃん、それはあんた自身が前世で今のお母さんと同じ事をして、同じように子供を苦しめて来たのよ。それの裏返しが、今のあんたとお母さんの姿なのよ。お母さんだけが悪いのではない。お母さんが今している事は、トヨちゃんあんた自身が前世でして来た事なんだから。それは、トヨちゃんあんた自身が此の浮世で果たさなければならない業なのよ」どこからともなく、はっきりとトヨノ叔母さんの声が聞こえて来ました。そうかも知れないと思った私の心は、さっき迄燃盛っていた憎悪が静かに落着いて行くように感じられました。

外をブラブラと歩きながら、いつの間にか私は祖母の家に来ていました。祖母の家は私の安息所でもありました。祖父母の姿を見ているだけで、いつの間にか苦しみも洗い流され、清められて行く思いでした。こんなにも善良な祖父母に、母の事で心配を掛けるわけにはいきません。然し、何故に祖母と母の性格や生き方がこう迄違うのでしょう。祖母は子煩悩で働き者、母は子供嫌いで派手好み、自分一人が良ければそれでいいという人です。何故母は狂ってしまったのでしょう。幾ら考えてみても、答えは見付けられませんでした。

祖母の家で心の洗濯をする思いの私でした。黙って上り框に腰掛けていた私に、

「トヨちゃんな、甘酒沸かして飲まんね。婆ちゃんも飲むから、中位の鍋に八分目位になるように沸かすといいが。体もぬくもるから」

と、豆腐作りに精を出す祖母が声を掛けてくれます。温かい思いやりのある言葉でした。こんなに優しい祖母の娘なのに、母はどうしてああ迄非情な上に非常識な人なのだろう、と心の中で繰返し繰返し煩悶しておりました。

祖母手作りの甘酒を沸かし、皆で飲むように湯呑みも揃えていると、仕事の手を休めた祖母が、

「かねちゃん、前のユキエ小母さんや正子さんを呼んで来んね。あんたがいつも世話になるとじゃから、甘酒を沸かしたから飲みに来てくんない、言うて来んね」

と、妹に声を掛けました。日当たりの良い表の方の土間で遊んでいた妹は、前の駄菓子屋さんに行

って祖母の言葉を伝えたらしく、小母さんと正子さんが一緒に来ました。

「かねちゃんがすぐ甘酒飲みに来てやんない、言いなるもんじゃかいよ。ご馳走になりに来たとじゃが」

　上り框の側にある四角い箱火鉢に掛けられた鍋からは、甘酒特有のまろやかな甘い香りと温かい湯気が立昇っていました。心も体も温まる思いで、それぞれが思い思いの場所に腰を下ろし、熱い甘酒をすすりました。美味しい甘酒を飲み終わって後片付けをしながらも、屓揚げに出て行った弟の事が気になる私は、昼御飯にはまだ間のある中を急ぎ足で家に帰りました。

　家にはまだ弟が帰った形跡はなく、私の姿を認めた母が、「あんだけ留守番を言うて頼んどったとにから、いつの間にか出て行ってしもうて」と、不機嫌この上もない態度で私をなじりました。そんな母の態度を見て、私は心の中で、

「何よ朝っぱらから、本当に灸を据えるなら、人が見ようとどうしようと、恥ずかしい事なんかないはず、嘘八百の灸据えなんかすれば、私はいつでもすぐ出て行くよ。誰が留守番なんかしてやるものか」それでなくても私の心の中では母と男の二人を一緒に殺してしまいたいと思う気持が最近私の心の中で大きくなって行くのをどうする事も出来ませんでした。そんな気持を自分自身で持て余す様な気さえしていました。此の頃は毎晩の様に刺身包丁を敷布団の下に隠して寝る様になっていました。

　切実に家出を考えた事も何度かありました。然し今家出した所でまともな働き口があるわけでもなく、保証人になってくれる人も居ません。兎に角高等科だけは卒業しておかなければ、就職の時に自

分が困るだけだからと、もう少し辛抱しようと思っていましたが、弟が可哀想でなりませんでした。

後数日で遠くにある実家に帰るという青年は、夜も昼も家に出入りして、昼間に来ると母と二人ですぐ様二階に上がっていました。私はその姿を見送るとすぐ様、足音を忍ばせて家を出ると、逃れる様な思いで祖母の家に向って走り続けました。

私の上阪

一月も十日から三学期が始まると、朝食の後は弟と私は学校へ行き、母は七時少し前から九時頃迄の二時間は店に座り、学用品を買いに来る子供達の相手をしていました。学校が始って一週間程過ぎた頃、注文していた道具一式が届いたと言って、男は故里へ帰って行きました。

男の帰省によって、私の心は何程かはホッとするものがありましたが、余りにも我儘がすぎる母は許せませんでした。十三、四歳という多感な年頃の私の心は、余りにも深い傷を受けてしまいました。姉の上阪直後から丸二年、狂気とも思える程に乱れきった母の日常は、私にとっては悪夢の連続でした。村岡の大叔母から借りた高利付きの大金も私が上阪する頃には無くなっていた様でした。

一月中旬に青年が故里に帰ってしまった後の母は、二月に入るとすぐ、私が上阪する時に着て行く着物を求めてわざわざ宮崎迄買物に行きました。明るい色合の春らしい柄の袷と羽織を見せながら、

「春らしい、淡い色の良い柄じゃろ。呉服屋さんを何軒も見て回って買うて来たとじゃから」

と言いますが、傷付き荒れていた心の私は、「そんな派手な色や柄は好かん」と吐捨てるように言いました。すると、私の言葉を聞いた母は、

「お前はどうしてそんなになにあるとかね。親の言う事に逆ろうてばっかり居るが、人が一生懸命してやりよるとにから。峯子なら大喜びするとにから、お前には何をしてやっても張合いのねえこっちゃ」

と言うのでした。

然し母のそんな小言を聞く私は、

「私はそんな良い着物を着ようとは一寸も思わん。派手な事は好かん。派手な着物も好かん。私はそんな派手な新しい着物より、洗いざらしでも、破れた所に継ぎの当った着物でもいい。きれいに洗濯さえしてあれば、古い着物の方がいい。そんな派手な新しい着物より、私は人間らしく、正しい道を歩いて行くお母さんの心が欲しい。着物はボロでもいい、まともな母親であり、まともな女であって欲しい。私が欲しいものはお母さんの心よ。まともな心だけよ。私のこんな気持お母さんには分らんじゃろうね」

と、心の中で叫んでいましたが、幾ら叫んだ所で、口に出してみた所で、反省するような母ではありませんでした。

こんな私の気持等全く分ろうともしない母でしたが、着物を仕立てる等、私の大阪行の仕度は二月の内に終っていました。姉の時には布団を作って持たせましたが、私には「峯子と一緒に寝ればいい

が」の一言でした。又、姉には当座の小遣いにと新しい財布に十円入れて持たせましたが、私には五十銭だけでした。

私が居なくなれば宮崎通いもままならずと思ってか、母は二月、三月には日曜日ごとに、学用品の仕入れに行くと言訳をしながら宮崎に行っていました。その内に又もやバスの運転手で、二十三、四歳の横山さんという人と仲良くなっていました。


三月ともなれば、春風と共に私の心にも希望という小さな思いが芽生えて来ました。兎に角母の側から離れて働けるという事が嬉しく、大都会大阪への夢は私の胸の中で日に日にふくらんで行きました。大阪へ行ったら一生懸命働いてお金をうんと貯め、父のために油津のような家を建てて父を楽にしてやりたい、等と見果てぬ夢を抱きその日が来るのを心待ちにしていました。

昭和十年三月二十七日、満開の桜の木から春風に誘われた花びらが散って行くのを眺めながら、卒業式が終りました。此の日を最後に、皆それぞれの道へと分れて行きました。

私も遠い親戚の小母さんに連れられて、三月三十日の朝、柳行李に着替を少しばかり入れて家を出ました。宮崎駅を八時五十分発の急行に乗って門司迄行って下車した後、関門海峡を連絡船に乗って下関駅に渡った後、改めて大阪行の急行に乗換えて、翌日の四月一日の夕方四時に、三十時間近く掛てようやく憧れの大阪駅ホームに降立つ事が出来ました。十五歳の私が大きな希望を胸に、宮崎県の山奥から大阪にやっと着いたのでした。

働き始めるとはいっても、母が若い男のために使ってしまった高利付の借金返済のために働く、というのが目的ではありましたが……。数百円の借金は日ごと月ごとに増大していました。

五、五年間の大阪での生活

自分一人だけの為に若いボーイフレンドを次々と作り、湯水のようにお金を使い散らす母の借金返済の為に必死になって働き続ける十五歳の私

母の弟、捨夫叔父の家で始った共同生活

夢と希望を胸に上阪した私は、会社の終った茂美《しげみ》姉さんに連れられて、夕方六時半頃に峯子姉がお世話になっている叔父夫婦の家に落着く事が出来ました。普通の娘さんでしたら、親元を遠く離れて叔父夫婦と同居するとなれば、心身共落着く迄には相当の日数が掛るでしょう。我が家に居るのとは違い、自分の気持と闘い抑える事が必要になって来るものです。私の場合は母の側を離れた事によって、一人残された弟の身を案じながらも、長い間の泥沼からようやく抜け出す事が出来た嬉しさの方が強くありました。叔父、叔母に迷惑を掛けないように、又共同生活の邪魔にならないように、身内である叔父よりも他人である茂美姉さんを立てるよう、私自身が心配りを忘れずに暮して行こうと決心しました。私達姉妹が二人もお世話になる事で、茂美姉さんに大変な負担が掛るのですから、本当に申訳ないという気持で一杯だったのです。

私が上阪した時の同居人は峯子姉一人でしたが、十日程して茂美姉さんの親戚に当る男の子、安《やす》ち

ゃんが高知県から上阪して来ました。一ヶ月後には、茂美姉さんの弟のお嫁さんだった春子姉さんも一緒に住むようになりました。弟さんが結核で亡くなったため、春子姉さんは一人身になっていました。

大人ばかり六人の共同生活が始りました。そこは玉出本通り二丁目。二階建のかなり古い借家でしたが、南海本線玉出駅が歩いて三、四分とすぐ近くで、玉出公設市場にも歩いて二、三分で行ける位、生活にはとても便利な所でした。その上、賑やかな本通りからほんの少し入った住宅街にあり、大きなお風呂屋さんもすぐ近くにある便利で住み良い所でした。

共同生活が始った頃、妊娠初期であった茂美姉さんは、長年勤務していた大阪タクシーの計理部を退社して家庭に落着き、生れて来る子供のための用意をしながら出産の日を待つようになりました。他の五人は毎朝それぞれに自分の職場へと出掛けて行きます。

叔父は大阪城のすぐ前にある府庁の外事課（外国人の取締り）へ、春子姉さんは大阪商科大学事務室のタイピストとして、安ちゃんは大阪タクシーの会計課へ、峯子姉は大阪中央電話局の交換手として勤務していました。私は毎朝、夷橋筋から心斎橋を通って、大丸百貨店のすぐ隣に新しく出来たそごう百貨店で店員第一回生として勤務するようになりました。南の繁華街である千日前や、道頓堀の様々な様子を横目に見ながら、難波からそごう迄、毎日歩いて通っていました。

共同生活の中で、朝の炊事方を引受けていたのは峯子姉でした。毎朝五時起きして、他の人が起きてお膳の前に座ればすぐ食べられるように用意しておき、自分と安ちゃんと私の弁当を作ると朝御飯を食べ、一番早く家を出ていました。他の人はそれぞれ自分の時間に合せて起き出すので、食事の時間は様々になり、皆で揃って食べる事はほとんどありませんでした。

昭和も十年頃は、娯楽と言えば即映画という位、映画全盛の時代でした。現在のようなテレビ等思いもよらない時代でしたし、ラジオでさえ余り普及していない頃です。一番手頃な娯楽が映画だったのですが、入場料も度々となればバカになりません。高利の付く借金を返済するという重荷を、否応なく母から背負わされてしまった私達姉妹はわずかなお金も大切にしなければなりませんから、映画もそうは観られませんでした。

私の場合は母の行状を目の前にしていて借金の理由もよく分っていましたが、峯子姉が上阪直後の出来事であったため、峯子姉には理由等全く分ろうはずもありませんでした。母の行状や多額の借金の理由を知らない姉は、やはり私より気楽だったのでしょう。府庁に勤めて居る叔父に電話を掛けては、時々映画に連れて行って貰っていたようでした。叔父は連れて行くだけで、自分は一人ですぐに帰って来るのですが、茂美姉さんにとっては焼モチの種になっていたようです。

叔父と茂美姉さんは同じ職場に勤めていて、向い合った机で毎日仕事を続けて十年という月日を経た後、年齢の違いを乗越えて結婚しました。村岡の大叔母達の反対を押切っての結婚は捨夫叔父三十歳、茂美姉さん三十六歳の時の事でした。女には大なり小なり嫉妬心というのがあるものですが、茂美姉さんは叔父より六歳年上というハンディキャップが無意識の内に働くのでしょうか、物凄い焼モチ焼きでした。私達姉妹が叔父と口をきくのは朝の挨拶「お早ようございます」の一言だけで、余分な言葉は口に出さないように心掛けていました。

お世話になっている立場を考え、茂美姉さんの気持を尊重して、共同生活という難しい暮しに波風を立てないようにという気持で一杯でした。私は、自分の休日には炊事、洗濯、掃除と出来る限り家の仕事を喜んで引受け、精を出すように心掛けていました。峯子姉も同じように、休みの日には一生懸命家事を片付けていました。

他人同士が寄り集まっての共同生活の中で、自分の立場と責任をはっきりと認識していた私には、安ちゃんや峯子姉のように映画を観たい等と思う余裕もありませんでした。又、浪費家で派手好みの母の生活態度と、高利付きの多額な借金返済の事も気に掛っていました。冷たく寒い北風の中、雪に埋れた梅の花が春を待望む、そんな思いが十五歳の私の胸の中にはいつもありました。

こうした中、十月中頃の丁度私が休みの日に、茂美姉さんの陣痛が始りました。産婆さんをしている春子姉さんのお母さんが、堺病院から駆付けて来て看護に当り、私が茂美姉さんのうめき声を聞きながら炊事場で産湯を沸している中、長女の陽子ちゃんが誕生しました。

元気な産声を上げた陽子ちゃんは普段は泣く事も余りなく、とてもおとなしい手の掛らない育てやすい子でした。子供の大好きな私は暇さえあれば寒い冬には背負い、温かい春先ともなれば乳母車に乗せて近所を散歩して回りました。陽子ちゃんの誕生によって、淋しかった私の心は本当に救われました。此の世の罪も汚れも全く知らない幼子の姿形は、まるで生き仏様のように清らかで美しく、心温まり、なごみました。陽子ちゃんの存在は私自身の心の安息所でもあったのです。

勤め先のそごう百貨店へ

陽子ちゃんが居れば何もいらない私でしたが、映画好きの安ちゃんは茂美姉さんから、或る映画館の一年間フリーパス定期券を貰っていました。いつでも入館出来るその券で、会社が終ると毎晩のように映画を観て帰るようになっていました。峯子姉は、「安ちゃんはいいね、いつでも映画が観られて。私が兄さんに連れて行って貰うと茂美姉さんが嫌がりゃはるから、私も定期のようなのが欲しいな。あの定期は茂美姉さんに言われて兄さんが持って帰りゃはったんやし」と言いました。

姉も映画好きで、勤務が早く終った日には叔父に電話を入れて時たま映画に連れて行って貰っていました。どこでどうして分るものやら、茂美姉さんは叔父と峯子姉の外での動きをよく察知していたようです。

姉の言葉を聞いた私は、「姉ちゃん。仕事で精一杯疲れた体で空気の悪い映画館に入って、空きっ腹抱えて映画観てて何が面白いのよ。体をこわすだけよ。なまじ定期券なんか持たん方がいいよ」何となく私の口からこんな言葉が出ました。

そんな生活をしていた春先の頃、此の日は珍しく全員が家に居ました。捨夫叔父と春子姉さんとの話にふとしたきっかけから音楽の話が出たようで、「そのレコードなら私が持ってるから、一寸聴いてみたら」という事になり、二人共軽い気持から二階に上がりました。それは私達姉妹が朝の掃除を済ませ、それぞれの洗濯を終えた頃でした。叔父は春子姉さんの部屋でレコードを掛けて聴いていました。暫く経って一階に居た茂美姉さんの機嫌が悪くなり、物凄く大きな声でわめき散らし、物に当り散らすという焼モチ症状が表れました。私と峯子姉は早々に、二階の階段横にある小さな自分達の部屋に引揚げ、部屋で茂美姉さんの気持が静まるのを待つ他はありませんでした。その内、レコードを聴いていた二人も下の様子に気付いて、叔父は慌てて階段を駆け下りて姉さんをなだめ始めました。春子姉さんもレコードを止めて、沢山ある白足袋の手入れを自分の部屋で始めていました。

叔父より六歳年上という事が茂美姉さんの焼きモチ症状のもとにあったのでしょうが、いずれにせよ女の人が年上という結婚は、夫婦双方が人一倍気を遣わなければならない事を叔父夫婦の姿から学んだのでした。又、春子姉さんも私達姉妹も、出来る限り叔父とは口をきかないように心掛ける事が、共同生活の平和につながっているのだという事を心の奥深くに刻み、目に見えない嫉妬心という心の糸に触れないように心配りをして暮して行かなければなりませんでした。

私達は叔父ばかりか茂美姉さんとも話をする事が余りなく、いつも家の中は冷え冷えと心寒い空気に包まれているように感じていましたが、茂美姉さんと安ちゃんの二人だけは特別でした。姉さんは我が子を甘やかすように安ちゃんを可愛がり、顔を合せている間中明るい話し声と笑い声が絶える事がありません。家の中に響く明るい声といえば、茂美姉さんと安ちゃん二人だけのものでした。

私はこうした家を毎朝弁当と定期券だけを持って出て、玉出駅から電車に乗り、岸の里、天下茶屋、萩の茶屋、今宮戎を通り、終点の難波駅で人波に押されるようにして改札口を出ます。夜中過ぎ迄賑わう戎橋筋も、朝の七時半頃では昨夜の名残をかすかに留めるだけで、雨戸を閉ざした商店街の店先や道路には色々なゴミが散乱していました。まるで厚化粧がまだらにはげ落ちた女の人のような感じがする朝の街筋風景を見ながら急ぎ足で歩く内に、黒く淀んだ水が流れる道頓堀川に架かる橋迄来ます。私はその側にあるグリコの大きな看板を見上げて、いつもニコニコと笑顔で走り続けているお兄さんに、心の底から「お早うございます」と呼掛け、「私も今日一日、お兄さんのようににこやかに一生懸命頑張ります」と自分に言聞かせるのが習慣になっていました。

叔父には普段口をきく事が出来ませんが、看板のお兄さんになら小言を言う人は誰も居ません。毎朝声を掛けて通り過ぎて行く私を、いつもニコニコと励ましてくれているようで、とても有難い存在でした。それにグリコのキャラメルは、外山の大叔母の店や母の店でも売っていたお菓子でしたから、即故里の思い出にもつながっていたのです。

道頓堀川を渡って心斎橋筋を歩いた後、大丸百貨店のすぐ横にあるそごう店員入口から、地下にあるロッカー室に入ります。制服に着替えた後、店員用のエレベーターに乗って八時二十分頃迄には七階の食堂に上って行き、十時開店に備えた仕事を手順を追って進めます。私達ウェートレスの手によって客席の準備が終った頃、開店を知らせるベルが各階の売場に鳴り響き、やがてお客さんの姿が見え始めます。

食堂は十一時頃迄はお客さんの姿はチラホラという所でしたが、十一時を過ぎる頃から段々混雑が始ります。十一時半から一時半迄が頂点で、大混雑の中を私達ウェートレスが大奮戦する時間帯となります。満員のお客さんが料理を運ぶ通路迄溢れている中を、受持テーブルに手順良く料理を運び、又注文品を間違わないように気配りしなければなりません。お客さんの多い時間帯には、一度に十種類位の注文を聞き取り、受けた順に厨房に通して、料理の出来上がった順に手早くお客さんの前に届けるようにしていました。然し満員の客席に出る度に注文が入り、前の注文を忘れずに順序良く整理しておかないと、不手際が生じてお客さんに迷惑を掛けてしまいます。超満員の時は特に気が抜けませんでした。

広い客席と厨房の間を一生懸命往復して働いた結果は、自分のエプロンのポケットに集められた食券の半券によって一目で分るようになっていました。客席から厨房に入ったすぐの所の壁には、どれ程働いたかが一週間単位で、個人別に金額で表された棒グラフによって鮮明に書き示され貼出されました。こうしたグラフを見て、私の心の中には無意識の内にも競争心が湧き上がって来ていました。

一日を一生懸命働いた後の帰りは夜の七時半頃になります。人通りの多い心斎橋筋を歩く私の目と心を惹き付ける店はレコード屋さんでした。歌や音楽が大好きな私は、何とかして流行歌を覚えたいと、ショーウィンドウを見ているふりをして、店の中から流れて来るメロディーや歌詞を覚えようと必死になっていました。仕事帰りの疲れさえも忘れる程心楽しい五、六分です。わずかな時間ですが毎日続けていたので、お目当ての流行歌を覚えるのに余り長くは掛りませんでした。先ずメロディーを覚え、歌詞を覚えるのは後にしていました。これは私の心にほのかなゆとりを与えてくれる、唯一の楽しみとなっていました。友達と連れ立って帰る時には出来ませんでしたが、私一人の時には必ず音楽に耳と心を集中させて通っていました。

昭和十年頃でしたから代表的な歌は、東海林太郎さんの『国境の町』、藤山一郎さんの『青い背広に』、『東京ラプソディー』、渡辺はま子さんの『忘れちゃいやよ』、音丸《おとまる》さんの『船頭可愛《み》や』、美ち奴《やっこ》さんの『ああそれなのに』等です。他にも沢山の歌が流れ、ショーウィンドウには歌手の大きくてきれいなポスターが掛けられ、様々な楽器が飾られていました。それを見て、楽器から出る音を想像するのもほのかな楽しみでした。

その後は心斎橋筋のきらびやかで華《はで》やかな商店街を抜け、赤い灯青い灯の道頓堀を横に見ながら、大勢の人波の中を食べ物屋が多く並んだ戎橋筋を急ぎ足で難波駅に向います。朝の出勤時に見る、疲れ果てて無惨な感じがする街の様子とは打って変って、夜の街は生き生きと色めき立つような賑やかさと、人人人の波で、溢れんばかりの活気に満ちていました。

昭和八年に満州事変が停戦した後も大陸での戦火は広がる気配がありましたが、此の頃の大阪は戦争をさほど身近に感じる事はありませんでした。然し昭和十一年の年が明けて間もない二月二十六日、厳しい寒さの中を足早に難波駅に向う勤め帰りの途中、街角のあちこちに号外が貼出されて、二・二六事件が起った事を知らされました。此の事件以降、私達のような女子供迄、世相に何となく不安を抱いて暮すようになりました。

四月に入ると難波駅前から、広くて立派な御堂筋の建設が始りました。上阪して丁度一年、只々目まぐるしく、慌しく、無我夢中の内に過ぎてしまった一年でした。此の頃から時々、わけもなく故里の山の緑や川のせせらぎ、土手や道端の草木や土が無性に恋しくてたまらなくなる事がありました。

宮崎県の静かな山里に育てられた私には、大都会大阪に来てみて初めて、大自然の恩恵の中で生活出来る有難さがしみじみと分りました。そして故里を思う度に、年老いた祖父母の事が一番先に目に浮びます。暑いにつけ寒いにつけ、働き者であった祖母の神経痛やリュウマチが思いやられてなりません。幼い時から宝物のように大事にされ、育てられた妹が一緒に居てくれる事が救いでした。故里といえば、普通でしたら即、母の温もりを思い出すのでしょうが、余りにもひどすぎる無惨な私の母の行情は、思い出しただけでも胸が痛み体に震えが来る位に辛く、嫌な思い出であり、記憶でした。そんな母の側に一人で居る弟の身が心配で、気に掛ってなりませんでした。

故里が恋しいと思う度に、上阪する時に母に言われた最後の言葉が思い出されます。「一生懸命働いて、借金が済む迄は綾に帰る事はならん。借金の事は捨夫叔父さんに頼んであるから、叔父さんが帰ってもいい言う迄は絶対に帰る事はでけん」

借金返済の責任を果そうと働き続ける日々も四月から五月へと移り変って行き、単衣の着物でさえも汗ばむような生暖かい五月も終り頃の事でした。勤務が終って友達三、四人と連れ立っての帰り道、日が暮れて間もない七時半頃に心斎橋筋から戎橋筋に入ると、私の耳元で「姉ちゃん、付合うてんか」

とささやくような低い声がして、同時に妙に汗っぽい手で私の手を握る男の人がありました。驚いた私は反射的に握られた手を振払い、人込みの中を一目散に走って難波駅の改札口に逃げ込みました。暫くは追掛けて来ていた男の姿も、難波駅近くで必死になって逃げる私の後ろからは消えていました。そういえば上阪してすぐ、叔父が注意がてらに話してくれた話題を思い出しました。十六歳の娘である私には、大阪は恐い所という意識が強烈に印象付けられた出来事でした。

静かな山里から出て来た私には、一年経っても南の繁華街を通っての通勤では驚く事が多く、珍しい事を見たり聞いたりの連続でした。暑い夏が来て、黒い水が流れる道頓堀川に火を灯した屋形船が浮ぶ八月の初めでした。此の日も一日の勤めが終り、ホッとした気持で友達三、四人と連れ立って、相変らず人通りで混雑する戎橋筋を歩き難波駅が近くなった所でした。千日前に通じた小さな路地から、タンカに乗せられて病院に運ばれる女の人を見ました。真赤な長襦袢を着て高島田に結い上げた女の人は、道行く人の話では別れ話がこじれた挙句、男に刃物で刺されたというのです。此の年の春には阿部定事件の話で世間が持ちきりだった事もあり、私の頭の中には否応なく母の姿が浮びました。母の身の上に不祥事が起りませんようにと、思わず両手を合せて神仏に祈らずにはいられませんでした。

そごうを退社

人生勉強を重ねながら仕事に精を出し、気候の良い秋十月になった頃、風邪を引いているわけでもないのに軽い咳が出て仲々止らなくなりました。それが一ヶ月も続いていた休日の夜に叔父から話がありました。そごうの勤めをやめて空気の良い郊外で働くようにしなさい、仕事は決めてあるからというものでした。言い渡された翌日にはそごうをやめる事になりました。

その頃、御堂筋の工事は難波駅前からそごうの裏一帯迄道路が掘り起され、急ピッチで進められていました。工事が騒音と砂埃を撒散らしながら進められる様子にまるで呼応するかのように、此の頃から戦争への足音は急激に高まり、私達の身近に様々な影を落して来ました。昭和十一年十一月半ばには、空襲警報が発令された場合の練習で灯火管制が始り、勤務を終えて帰りを急ぐ私達は電灯の明りが消えてしまった道を、足元を照らすだけの小さな明りの中を無言で難波駅に向うようになっていました。そして一年半お世話になったそごうをやめて、空気の良い郊外のお屋敷に女中として働く事になったのは十一月の末、十六歳の秋でした。

四国から来ていた安ちゃんは上阪して一年余りで病気（結核）に罹り、帰郷後短い病院生活の後に亡くなっていました。私の健康に気を配ってくれたのは茂美姉さんでした。数年前にも、春子姉さんと結婚して間もない弟さんを結核で亡くしている悲しい経験があったからでしょう、風邪でもないのに空咳を続ける私を心配して、叔父に相談してくれたのでした。

私は仕事を変った途端、長い間続いていた咳が忘れたように出なくなりました。体のどこにも異常がなく、精神的なものから来ていたのかも知れません。上阪して一年半、山奥育ちの私には馴染めそうで馴染みきれない都会の生活で、一ヶ月一生懸命働いて十七円の給料を貰い、下宿代に十三、四円、定期代や風呂代を引けば、残るのはわずかに二円位。これでは高利の利息代にもならないであろうというあせりがありました。そんな思いをしている私達姉妹の下へ、金がいるから送れと催促する母からの手紙が、上阪してすぐに捨夫叔父宛に届くようになっていました。まるで私達姉妹が金の成る木を持ってでもいるかのような、度々送金の催促です。

私が上阪する頃に新しく出来たボーイフレンド、横山というバスの運転手との交際が派手に続けられているのは、火を見るより明らかでした。小学五年の弟と二人だけの暮しなら、店の売上もあるし、父からの送金もある母でしたから、充分やって行けるはずです。自分が若い男との遊興で使い果してしまった高利付きの借金を返済するために、娘達が苦しんでいるというのに、何を思いどこをさまよい続けているものやら、追打ちを掛けるように送金を迫るのです。私一人が知っている母の乱行を心の奥底に隠し持っているだけでも精神的に大きな負担でしたが、叔父や姉に洗いざらい話してみた所で、母の不品行が治まるものではない事を子供心にもはっきり分っていました。母親の恥をさらけ出しても、叔父や姉、私達三人の立場が有利になるとは考えられず、まして茂美姉さんや、金の貸主である村岡のミサオ大叔母の耳に入れば、私達三人がさげすみの目で見られるだけです。

親を見ればその子が分り、子供を見ればその親が分ると昔の人は言うけれど、私の生き方は母とは違う。父や祖父母の生き方を心の柱にしている私の心を、誰か知ってくれる人が居るだろうか。幼い時から聞き慣れていた父の言葉は、いつの間にか心に焼付いて生きる柱になっていたのです。「人間は自分一人だけが良ければいいという生き方では駄目だよ。自分一人だけが良くても、周囲の人が幸福でなければ、それは本当の幸せとは言えないからね。家族皆が幸福になるように、思いやりを持って助け合い、協力して行くのが本当の家族なんだよ」という父の言葉です。それと共に、流産騒ぎのあった時、汚物を背負った私が鍬を持った父と二人で墓場に行く道で、あれこれあった話の中で、「お母さんは自分だけ、自分一人だけが良ければそれで良しとする性格の人間じゃから困ったもんじゃ」という父の言葉を忘れる事が出来ません。

私は此の地でも、朝顔を洗った後は必ず、人目に付かないように二階の外にある物干場の影で東の空のお天道様や神様仏様に感謝の祈りを捧げ、その後で、一日も早く母が正常な心を取戻してくれますようにと祈り続けていました。上阪する時に胸に描いていた夢と希望は、一年半という短い年月で経験した現実の厳しさの前に、跡形もなく砕かれた思いが胸に広がっていました。それでも借金返済を一日も早く終らせたいと思う一心から、自分の身の回りを極限迄切詰めて働いていたのです。

お屋敷に奉公

昭和十一年秋、そごうを退社した翌日、叔父の紹介で仕事先に決っていたお屋敷に茂美姉さんと一緒に出掛けて行きました。南海本線浜寺の住宅街にある大きなお屋敷のご主人は、貴金属商として大阪と東京の繁華街に立派な店を持ち、東京では東京駅近くで大きなホテルの経営もされているという実業家でした。

立派な門構えと長く続く塀の上には、庭の青々とした大きな樹木が見え隠れしていました。勝手口と書かれた門の前に、わずかな衣類の洗替《あらいがえ》を入れた小さなトランクを提げて佇み、考えていました。こんな立派なお屋敷に住む人は、どんなにか立派な人達であろう。人間として立派であるが故にこんなにも立派なお屋敷に住めるに違いない。叔父から言い渡された、どんな事があっても丸一年は辛抱せよという言葉を噛みしめながら、此の家で一年間人生勉強をさせて貰おう。自分の心にそんな覚悟の程を言聞かせながらベルを押し、勝手口の戸が開くのを待っていました。

暫くして勝手口の鍵が外されて戸が開き、女中さんに導かれました。中庭から玄関に入って応接間に通され、此処で初めて茂美姉さんから此の家の奥様という人に紹介されました。細面の顔立ちの真中に一際目立つ骨張った高い鼻、その上に光る奥まったやや小さい目。初対面の私達には何となく威圧的な感じで、ペラペラと振りまかれる社交辞令的な言葉の出て来る大きめの口、華やかでも上滑りしたような作り笑いが妙に心に引っ掛かりました。

家に留守番を置かず、陽子ちゃんを隣に預けて来ている茂美姉さんは、挨拶を済ませると心急ぐ様子で帰って行きました。私も先輩女中の久《ひさ》さんに教えられた部屋の押入れにトランクを入れ、着替えを済ませました。新しい仕事に就くためにと心を引締めて炊事場に入り、仕事の手順を教えて貰いました。此の家では常時二人の女中さんが居て、他に一人、中年の番頭さんのような男の人が居ました。その人は私達女中が出来ない内外のあらゆる雑用を引受けているようでした。使用人にはもう一人、何年もカリエスで寝たきりになっている二十七歳位の長女の病室で付添う専属の看護婦さん(四十歳、独身)が居ました。

女中で古参の久さんは奥の仕事、つまり座敷の掃除から家族の人達の身の回りの世話一切を受持ち、私は炊事場の方で炊事、洗濯、風呂場の仕事を受持ち、時にはお茶室の掃除をする事もありました。

四人の使用人を必要とするお屋敷の家族構成は、一ヶ月の内二十五日位は東京出張で留守という六十歳近いご主人と五十五歳位の奥様、病気で寝たきりの長女、女子大に通う次女、商大に通う長男、高一の三女。夫婦と子供四人からなる家族でした。

私達女中は朝四時三十分には起き出し、手早く身仕度を整えて朝食の仕度に取掛ります。ニクロム線がグルグルと一杯張巡らされた鉄の竈にお釜を掛けた後、汁茶椀で家族の人数分に看護婦さんの一人分を加えた水を計ってだしを取り、豆腐の味噌汁を作ります。ホウレン草のごま和え、四個の半熟卵を作り、炊事場近くのこぢんまりした納屋に置かれた四斗樽から大きな重し石をずらし、一杯に漬込まれたタクアンを一本取出した後、腕も抜けんばかりに重い石を元通りに乗せておきます。気忙しい朝の時間に大急ぎでタクアンを切揃えて漬物鉢に盛り、この時間には炊き上がっている釜の御飯をお櫃《ひつ》に移して朝食が出来上がります。その後三女の弁当を作り上げておき、病室に持って行く朝食のお膳立てをします。お膳立ては、六時半の朝食という決められた時間に少しでも遅れると大変な騒ぎになるので手早くしなければなりません。手順が悪く、四、五分でも遅れたらもう駄目でした。一生懸命に作って運んで行った食事には手も付けず、見向きもせずに額に青筋を浮べて怒る程、気難しい病人さんでした。病室の三度三度の食事時間にはとても神経を使い、ハラハラする事の連続でした。

病室に食事を運んだ後は、食堂になっていた炊事場に近い八畳の部屋にテーブルを出し、その上に料理を揃え、塩昆布等も揃えて出します。箸箱や茶碗を決められた位置に並べ、お櫃をテーブルの側に置き、味噌汁は一人一人の食事に合せて温めて出していました。家族全員の食事が終った後が看護婦さんの番で、その後、後片付けをきれい済ませてから私達の食事になります。

私達の食事は、炊事場の大きな調理台の側に木の椅子を出して腰掛け、やれやれとホッと一息を入れるような思いの外わずかな時間でした。女中の私達には味噌汁の一杯もなく、三百六十五日、三度三度タクアンだけがお菜でした。タクアンも新しく出して来る事は許されず、食べ残された残り少ないタクアンを食べるだけでした。食事を始める時には「只今から食事をさせて頂きます」と頭を下げて挨拶をした後でなければ許されず、私達の食事中には三度三度、奥様か看護婦さんのどちらかの見回りがありました。食事はいつも奥様達の監視の下にあり、自分のお金でお菜を買って食べる事も許されませんでした。そうした食事が終るとすぐ、一息入れる間もなく奥様の前に正座して「おご馳走様でございました」と言って、食後の挨拶に深々と頭を下げる事になっていました。又、奥様が留守の時は病室に行って挨拶するよう決められていました。

お世話になり始めて一ヶ月後には、正月を迎えようとしていました。暮れの二十日頃から毎日、炊事場や食堂の棚、押入れ、戸棚等、あらゆる所をきれいに片付けて掃除をして行き、三十日から正月料理の仕度が始められました。三十一日には徹夜で料理作りの手伝いに励み、終ったのは元日の朝六時でした。

倒れるようにして布団に入りましたが、二時間後の八時には起きて元日の朝のお膳作りを手伝い始めました。奥様と久さんの手で手際良く作り上げられますが、田舎者の私には初めて見る珍しい料理が沢山並び、美味しそうなご馳走が重箱にもギッシリ詰められ、何段にも重ねられました。

元日の朝は私達にも小さな小皿一皿が与えられました。大根とこんにゃく、ゴボウ、里芋、人参が一切れずつ盛られた煮〆です。他には何一つなく、雑煮さえもありません。小皿の煮〆を大事に食べた後でつまめるのは相変らずタクアンだけでした。丸一年お世話になった私がタクアン以外に食べたのは、正月の此のささやかな煮〆一皿だけでした。

兎にも角にも多忙を極めた年末年始が終り、藪入りといって奉公人が一日だけ家に帰る事が許される十六日が来ました。久さんは十五日に、私は十六日に朝の仕事をきれいに済ませた上で、十二月に貰った一ヶ月分の給料十二円を持ち、お昼前に叔父の家に行きました。そごうに勤めていた時は給料の大部分が下宿代に消えて、借金返済に回せる金はわずかでしたが、今は月に一度しか外に出られない身であればこそ、往復の電車賃を引いても十円は返済に回せます。

多額な上に高利が付いてどんどん増え続けている借金を一日も早く返したい。借金を母から背負わされた私は、久さんのように休みの日に外食で美味しいご馳走をお腹一杯食べて来る事は出来ません。食費を入れていない叔父の家では食事時になっても、お膳の前に私の居る場所は全くありませんでした。給料袋を手渡して陽子ちゃんと一時間程遊んだ頃、二人の昼食が始るのをきっかけに家を出ました。帰りたくない勤め先ではあるけれど、今の自分にはどうする事も出来ません。重たい心と、重たい足を引きずるようにして玉出駅から浜寺行きの電車に乗りました。

道楽息子

一、二月の寒さと忙しい水仕事で手足にひび切れが出来ても、クリームを買うお金はありません。寒さが一番辛いと思ったのは洗濯でした。昭和十二年当時、たいていの家では木製の大きなタライで洗うのが普通でしたが、此の家では炊事場を出てすぐの裏口に作られた洗い場でするのです。小さな洗い場が屋外のセメントの土間にセメントで低く作り付けられていて、その冷たく硬い土間に両膝をついて冷たい風に吹かれながら、冷たい水で洗濯をします。洗濯を始める側から体の芯迄冷え込む辛さは、言葉に出来ませんでした。

寒い二月の上旬に入って間もない頃、商大に通っている一人息子の長男のために、夕方八時頃になると六十年配の大学教授が一人招かれて、離れのお茶室で酒宴が開かれるようになりました。終るのはたいてい夜中の十二時か一時です。上旬から中旬に掛けて度々酒宴が開かれ、その間料理や酒を運ぶ私達女中の睡眠時間は二、三時間しか取れなくなります。睡眠不足から睡魔に襲われ、歩きながら眠る事さえ身に付いて来ました。

遊ぶ事なら大好きの勉強嫌いという、我儘一杯に育てられた此の家の一人息子は、此の老教授のお陰でどうやら落第を免れたようでした。

昭和も十二年頃は落第留年は大変な恥とされていた時代、自分自身が懸命な努力をする事なく、親と金の力で二年から三年に進級した息子です。春先の陽気と共に、友達と連れ立ってのダンスホール、キャバレー通いが再び始りました。三日とあけず、大学からの帰りは家の前迄タクシーを乗付けて、着払いの午前様でした。私達女中には午前一時でも二時でも眠る事は許されず、タクシーの止る音と共に玄関の鍵を開けてタクシー代を払う仕事がありました。

キャバレー遊びが続く内に遊興費が嵩むようになると、自分の高価な持物、洋服から時計、楽器等々を手当たり次第に質屋に持って行き、それで又遊ぶといった風でした。質入れした品々を奥様と番頭さんの二人が質屋回りをして、受け出して来るという事が年中行事のように繰返されていました。

それでも大学が夏休みに入ると、少しは家で落着く姿が見られるようになりました。然しディック・ミネ、松島詩子さん等のレコードを買って来て飽きる事なく聞いていたり、大きなアコーディオンを買って貰って、一日中流行歌を弾いたりの毎日で、勉強する姿はほとんど見られませんでした。たまに勉強部屋に入ったりすると、奥様は「早く勉強部屋にお茶とお菓子を運びなさい」と私達に命じます。その後は、勉強の邪魔にならないよう物音は立てないようにと、子供が勉強部屋に入っただけで大騒ぎでした。

こうして夏休みの間はどうやら家で、ゴロゴロしながら過ごしていましたが、二学期が始ると又又遊び友達とダンスホールやキャバレー通いを始めました。息子が品物を質屋に運び、奥様と番頭さんが質屋を探して品物を受け出して来るという状態が繰返し続きました。奥様は、友達が悪い、貧乏学生に引回されて相手の支払迄しているらしいと言うのが口癖になりました。「うちの子は少しも悪くないのに、友達が悪い」というせりふは、いつでも、どんな時でも話の終りについていました。

耐えかねるお屋敷勤め

このお屋敷や財産はご主人が一代で作り上げられたものといいます。明治時代、小学校卒業と同時に大阪で丁稚奉公に入り、長年にわたる苦労の末、商売の道を勉強して独立されました。忍耐と努力の積重ねの上にこそ成し遂げられた成功である事は、ご主人の日常の生活からも感じられますし、お人柄からも感じ取れました。

事業の運営に多忙で、勢い東京滞在も長くなるという留守がちなご主人に代って、家庭の事は総て奥様一人の裁量と判断によって切回されていました。そして、人生とは忍耐と努力の上にこそ成り立つものである、という事を我が子に全く教えようとはせず、此の世の何から何迄、一から十迄総て金で解決するという生き方教育が、此の奥様の手で行われていました。


此の大きなお屋敷には、毎週四人の先生の出入りがありました。月曜日はお花の先生で奥様一人だけが習われ、水曜日は次女のお習字の先生が夕方遅くから一時間、金曜日は三女のピアノの先生が夕方遅くから一時間、日曜日は奥様と次女のお茶の先生、といった具合でした。

一千坪もある大きく立派なお屋敷の中は、何もかも結構ずくめで、此の世の天国のような所ではないだろうかと思っていた私ですが、実際中に入ってみるとそうではなかったのでした。奥様に接して行く内に、人間の心の暗く汚い部分を見せ付けられ、裕福な生活を送る此の奥様の人柄や心の貧しさを、嫌という程味わう日々が続きました。

お屋敷で働くようになって半年余り、御飯とタクアン以外の物は何一つ口に出来ない上、睡眠時間も五時間取れればいい方で、二、三時間というのも度々の事でした。朝から夜迄気を遣いながら仕事に追われ、台所の隅でする食事の後も一服する事も出来ないまま、歩きながら眠っている事さえありました。

然し、夏頃から体全体がむくむくと太ったように腫上がると共に、体の芯からだるさを感じるようになって来ました。妙に体が重く、忙しく立働いた後は激しい動悸がして、胸も何となく苦しくなります。此の家に長く居たら、私は病気で動けなくなりそうだ。近頃の体のだるさ、苦しさは普通ではないように思う。今迄風邪一つ引いた事もないのに、こんなに体がきついのは生れて初めてでした。

叔父の紹介でなければ今日にもやめてしまいたいと思う私でしたが、どんなに苦しくても一年は辛抱しよう。茂美姉さんの手前もある。一年も辛抱出来ない意気地なしと笑われるのも嫌だ。然し、私はこんな仕事より、もっと違ったものを覚えなければならないのに。将来自分で商売が始められるような、そんな勉強がしたい。どんな商売かと聞かれても、それははっきりとは分らない。けれど兎に角、自分の独立に向って勉強がしたい。どんな苦しい思いをしてもいいから勉強がしたい。燃えるような独立心の反対側では、高利が日ごとに嵩んで雪だるま式に大きくなっている母の借金返済を早く終えなければとあせるばかりでした。こんな思いに駆られる毎日を、重たい体を引きずって一生懸命働いていました。

相変らず番頭さんを連れて息子の尻拭いの質屋回りに忙しい奥様は、プクプクと腫上がった私の様子を見て、

「近頃は米の減り方が物凄く早い。以前はこんなに米を買う事はなかったのに、兎に角一斗の米がも

っと長持ちするようにしなはれ」

こんな言葉と共に再三再四、まるで私が米泥棒をしているかのように険しい顔付きで睨み、米櫃の中をのぞいていました。米の次には砂糖の減り方も早い、紅茶の減り方も早い、と。

そんな思い掛けない言葉を聞いて、何と汚い心を持った哀れな人だろうと思うだけで、何一つやましさのない私は心の中で神様が一番よくご存じですよと叫んでいました。神様といえば、此のお屋敷には神棚がなく、ご先祖様をお祀りする仏壇すらありませんでした。

あれやこれやと余りにも度々言われると腹が立つ時もありましたが、使われている身であれば言葉を返すわけにも行きません。先輩の久さんの話では、此の家に来た女中さんは半年居れば長い方で、ほとんどの人が二、三ヶ月でやめて行ったそうです。私は一年が経つ十一月が早く来てくれる事だけを望みながら働き続けました。

腹が立つといえば、毎日出入している魚屋さんや八百屋さんの通い帳が、月末になると一ヶ月分が計算されて持って来られ、支払いがされるのですが、支払いが済んだ後に必ず奥様の通い帳検査が始り、炊事を担当している私が呼付けられます。

「今月はかまぼこ、天ぷらの取り方が多すぎる、あんた達が食うたのも一緒に付け込んであるのと違うか。あれやこれやうちでは使うてないもん迄付け込んであるのと違うか。家ではこんなに使うた覚えはないのに。余計な事をしたら承知せーへんで」

毎月の月末通い帳検査の決り文句でした。その上、

「八百屋のおっさんに甘い顔したらあかんで。買うてない物迄付け込む癖があるらしいから、よっぽど気い付けとかなあかへんで」

と続きます。

こんな言葉を奥様の口から聞く度に、浅ましく貧しい心を持った人だなーと思いました。私達が通い帳で買う物等何一つありませんし、買おうと思った事さえありません。それをまるで私達が隠れてさもしい事をしているかのように、頭から決めて掛られる程悔しい事はありません。私の胸の中、腹の中は煮えたぎる悔しさで一杯になりました。

此の奥様は使用人の前には自分の心の醜悪さを、陰険極まりない顔付きと共にためらいもなくさらけ出してしまう人でした。色々な物を隠れてでも食べていたならば、私もこんなに体が腫上がる程の栄養失調にはならずに済んだでしょう。奥様は又、使用人の行動を物陰から気付かれないように見張る癖、扉の狭い隙間からのぞき長時間監視する癖がありました。それは使用人達から見すかされていた癖でもありました。ドイツ製の高価なピアノが置かれた豪華な応接室で、お客様と応対される時の作られたあでやかな態度と、使用人の私達に対する態度の余りにも大きな落差に、その心のいびつさを嫌が上にも感じ取ってしまう十七歳の娘心でした。

「此の家は私の働く場所とは違う、他にあるはず、此処ではない」と私は心で叫んでいました。人の心の醜さを見せ付けられた上にあらぬ疑いを掛けられ、いつも見張られて働く等何ともやりきれませんでした。十一月の末が来たらどんな事があっても、命に懸けても此の家の女中はやめようと固く決心しました。体も足も全体に腫れがひどくなり、足はまるで鉛の靴でも履いたように重たく感じました。立働いた後の動悸は胸苦しい迄に脈打つようになっていました。

そうして迎えた十一月三十日。私は夜の台所仕事を片付け終ると無断で家を出て、夜十時頃の難波行き電車に飛乗りました。玉出の叔父の家に行き、茂美姉さんに今日限りでやめて帰りますと、まるで宣言するように伝えました。すぐに、電車がなくなるからと言って玉出駅に向い、再び帰りたくないお屋敷に戻りました。往復に三時間程掛ったので、勝手口に立ったのは午前一時頃になっていました。遠慮がちに押すベルの音では、眠り込んでしまっている久さんが起きてくれるはずもなく、何度も押している内に奥様に目を覚まされる羽目となってしまいました。勝手口の戸を奥様に開けて貰った私は、当然ながら厳しい口調で詰問されました。どこへ、何しにという問いに、玉出の叔父の家に行った事、今日限りでやめさせて頂きたいと、はっきり答えました。私の決心は固く、叔父や叔母の指図を待てる程の余裕もない位、私の心と体は疲れ果て、傷付いていました。

翌日は早速、わずかばかりの荷物をまとめ、暇を貰うというより暇を取って帰ったのでした。人様の家も、人様の心も、外観だけで判断する事の難しさをつくづくと思い知らされ、人の世の荒波をも勉強させて貰った、長い長い一年間でした。

出雲へ出産手伝いに

一言の相談もなく自分だけの裁量でやめて帰って来たものですから、叔父からはさんざん小言を言われた上、翌日もう一度浜寺に行って勝手にやめた事を謝って来なさいと言われました。私はまるで処刑場に引かれていく罪人のような心境でお屋敷に行き、奥様の前に両手をついて頭を低く下げたまま、

「此の度は勝手な事を致しまして、申訳ありません。これからもどうぞ長い目で見てやって下さい」

と叔父から教えられた通りのお詫びをしていました。険しい顔付きの奥様の口からは、冷たく鋭い叱責の言葉が飛出し、私の頭上に突刺さるような勢いで降注いでいましたが奥様の言葉が終った所で、曲りなりにも自分の行動で一区切りのしめくくりを付け終ったと、胸を撫下ろす思いで帰路につきました。

玉出の叔父や茂美姉さんに一言の相談もなくやめて帰ったわけを話してみた所で、浜寺での生活を本当に理解して貰えるかどうか。言訳と誤解されるだけではないかと考えた私は、体がきつく勤まりませんでしたと一言だけ答えて、詳しい内容は自分の胸一つに収めました。苦しかった事は早く忘れてしまおうとも、心に決めていました。

突然失業した私に、叔父はすぐ次の仕事を持って来てくれました。それは一月半ばに出産を控えている末子叔母さんが、手伝い人を探しているというものでした。末子さんという人は村岡のミサオ大叔母の三女で、結婚してご主人と共に島根県出雲今市に住んでいました。

ミサオ大叔母には娘ばかりが四人居て、長女に婿養子を取ると同時に故里の綾村を捨て、一家を挙げて大阪へ移住しました。私の母に高利で金を貸している大叔母でもあります。そんな関係で捨夫叔父は否応なく、毎月初めに姉と私が働いた給料から下宿代や食費、雑費等を差引いた残りを此の大叔母の元へ運び、借金の返済金として納めてくれていました。

ミサオ大叔母の家を訪ねた際にその話を聞いた叔父が、末子叔母さんの元へ私を行かせる事に決めて来ました。浜寺から持帰った小さなトランク一つを提げて、私は叔父に見送られて大阪駅から出雲行きの列車に乗込みました。列車の窓から過ぎ去って行く風景をボンヤリ眺めながら、私は自分が、冷たく吹きすさぶ吹雪の中をキリキリ舞しながら飛ばされて行く一枚の枯葉のように思われてなりませんでした。

出雲に着いてみますと末子叔母さんは、成程大きなお腹を抱えていて、三人の女の子とご主人の世話が辛そうでした。私が家に着いた日から家事は総て私が代行するようになり、末子叔母さんも安心してお産の仕度を見直したりしながらその日を待つようになりました。そんな日々が過ぎて行く十二月も押詰まった、暖かい上天気の日曜日。末子叔母さんが突然、トヨちゃんを出雲大社に連れて行ってやろうと言い出しました。急いで出掛ける仕度をして、ご主人を先頭に家族みんなで大社参りに出掛けて行きました。

何かと慌しい年末から新年を迎え、一月十日未明、末子叔母さんは男の子を無事に出産しました。女ばかり三人続いた後の男の子の誕生に、末子叔母さん夫婦は大喜びで哲也《てつや》と命名しました。産後の肥立ちも良く母子共に健康で、豊かな母乳を飲んだ男の子はすくすくと育って行きました。二月末には、生れて五十日にもなるし、もう大丈夫と言う末子叔母さんの言葉で、私は寒さの厳しい出雲今市を後に、三ヶ月ぶりに大阪玉出に帰りました。

出雲今市で正月を迎えた私は十八歳になっていました。帰阪する汽車の中で、大阪に帰るのはいいけれど、私に出来るどんな仕事があるだろう。あの浜寺のような家には二度と、どんな事があっても行きたくないけど、仕事が見付からなかったらどうしよう。然し、一日もボンヤリ過ごす事を許されない自分の立場を思う時、又もや気が重くなって行くのをどうする事も出来ませんでした。

市電の車掌に

叔父の家に帰った翌日の朝、私向きの仕事はないものかと朝刊を隅々迄見ていた所、大阪市電で女子車掌を募集している記事が大きく目に入りました。昭和十三年の春頃は日中戦争が日一日と激しさを増していて、戦線が日ごとに拡大していました。戦場へと送り出されて行く若い兵隊さんが毎日毎日、大きな集団となって大阪駅から大陸満州へと出発していました。兵隊さんは自分達がどこに連れて行かれるのかさえ分らないまま、列車に乗せられるといった風でした。男の職場だった大阪市電も、若い人から次々に戦場へと駆り出されて行くので、どうしても女子を養成して使って行かなければならない時代になっていました。

十八歳から二十歳迄という条件に飛付くような思いで、早速願書に履歴書を同封して送りました。不安と期待で待つ数日が長く感じられましたが、三日後に受験票が同封された一通の封書が届きました。学科試験は築港近くの市電教習所の大きな建物で行われ、その結果百人中の三十人程が採用となりました。私も他の採用者と一緒に、大阪市職員としての辞令を貰う事が出来ました。

辞令を貰った翌日から一ヶ月間、朝八時から夕方四時頃迄、市電に関する勉強が試験場となった教室で始められました。先ず一番先に大阪市内を走っている市電の全路線、各路線の停留所名、交差点、乗換地点等々、市電に関係する事柄を総て完全に覚える勉強で、試験が次々に行われたため、猛勉強に追われる毎日でした。市電に関する授業が一応終ると、今度は職務上必要となるため、主な建造物の所在地を市内全般にわたって覚えなければなりません。一ヶ月の授業が終った後は、それぞれの家から一番近い営業所車庫に配属が決り、今度はそこで古参の先輩先生から二週間の実地訓練を受けます。その後ようやく一人前の車掌として働き始める事になりました。

私が配属されたのは霞町《かすみちょう》車庫でした。我孫子《あびこ》発恵美須町行きの阪堺電車を終点の恵美須町で降りると、否応なく目に飛込んで来るのが高く大きく聳え立つ新世界の通天閣です。車庫はそのすぐ近くにありました。

配属されたその日に、霞町車庫で制服制帽、足の大きさに合せて作られた制靴。切符やお金、切符を切る鋏、黒い革のカバン、カバンを吊る丈夫な革のベルト等、乗務に必要な品が総て支給されました。頭の先から足の先迄総て支給品ですから自分で服を作る必要もなく、本当に有難い事でした。

上等の支給品を身に着け、いよいよ古参先輩の男先生と一緒に初乗務の朝です。後部に乗務した私は、満員すし詰めになったお客さんの状態を見て、緊張の余りボーッとなってしまいました。男先生に教えられながら、発車の合図を運転手にするために片手を高く上げて紐を引こうとした途端、どうしたはずみか電車の外へ転げ落ちてしまいました。何が何だか分らないまま、それでも必死の思いで立上がると慌てて電車に飛乗るようにして乗務に就きました。後になって、さぞかし滑稽極まりない姿であったろうと、自分自身の姿を想像しては思い出し笑いの出る出来事でした。

電車やバスという市民の足となる乗物は、朝早くから夜遅く迄走らなければなりません。女子車掌でも仕事は男の人と同じです。始発電車は朝五時、夜の一番遅い電車は前部にあるライトに赤い布をかぶせて走る赤電車で、車庫に帰るのは午前一時を十分位過ぎます。乗務後は一日の切符の売上金と残っている切符を計算して、自分の名前を書類に書込んだ後清算窓口へ納入しなければ帰る事は出来ません。赤電車に乗務すると、私が帰るのに使う阪堺電車は最終が一時三十分ですから、わずかな時間しかありません。気を揉みながら大慌てで清算を済ませ、停留所迄走り続けて最終電車に飛乗るといった有様でした。

最終電車に三十分近く揺られて玉出の停留所で降りた後、午前二時にもなった真夜中の静かな暗い道を歩きます。コツコツというこだまが返って来る自分の足音を聞きながら、夜空のお月様や星を見上げる度に、父と一緒に夕涼みをした幼い日がたまらなく懐かしくなります。あの時のお月様を今はこうして大阪の空で見ている私。丸いお月様に父の顔が重なって見えてなりませんでした。夜空を見上げては、お父さん、元気で頑張って。私も一所懸命頑張ってるよ、と心の中で呼掛けます。その度に、苦しいのは私だけではない。私の何十倍も苦しんでいるのは父なんだ。私の苦しさなんか、父の苦しさに比べれば小さい星屑のようなものなんだと思ったものです。

人に負けるな、自分の弱い心にも負けるな。幼い日、晩酌をしながら子供達に話してくれた父の言葉が思い出されてなりません。私の心の支えは子煩悩で働き者の父の姿でしたから、何とかして父に早く楽をさせてやりたかったのです。夜道の帰りをいつも同じような事を思いながら歩く内に、玉出駅の踏切を通り過ぎて叔父の家に帰り着いていました。

やりがいのある仕事

乗務員の勤務は一週間、毎日時間帯が違う勤務が続き、八日目が公休日になっていました。朝五時始発の電車に十時迄乗務した後は午後二時迄休み、二時から六時迄が二度目の乗務になるといった具合に、朝夕のラッシュの時間に乗務する為に、途中で四、五時間の休み時間が入る日が普通で、八、九時間続けて乗務するのは週二回位でした。

一日の内に中休みがあるので、家の近い人は家に帰る事が出来ます。然し若い男子乗務員や女子乗務員の中には、禁止されていながらも、友達同士で映画を観に行く人が多かったようです。霞町車庫のすぐ隣に映画館があって、当時大流行した『愛染かつら』の大きな看板が掛けられ、主題歌が毎日毎日大きな音量で流されていました。一緒に『純情二重奏』の看板も掛けてあって、高峰三枝子さんのきれいな声の歌が交替で流れる事もありました。車庫のすぐ隣に在った此の映画館のお蔭で、歌を覚えたり奇麗な女優さんの看板を見ながらの毎日は楽しく流れて行きました。『愛染かつら』の主題歌も高峰さんの歌も覚えてしまいました。

小遣いを全く持たない私には映画館の看板を見たり、歌を聴いて覚えるのが楽しみの一つとなっていました。友達を作ればささやかな交際であっても、やはり多かれ少なかれお金が必要になって来るでしょう。これを避けるために自分からは極力友達を作らないようにしていました。

生活リズムが不規則極まりない職業でしたが、十八歳という若さで乗切っていました。一日も早く借金を返済したいという執念にも似た思いを抱き続けながら、壮々たる男子職員に交じって同じ仕事をこなしているのだというかすかな自負もありました。霞町車庫の運転手と車掌がイロハニホヘトチと八組に分けられた中で、私はチ組に編入されていました。この頃はまだ女子車掌の数は少なく、五人の運転手さんと十人の車掌さんの中で、女子車掌は私ともう一人、宮本さんだけでした。周囲は三十代から四十代の男の人ばかりで、それぞれに子供二、三人の家族を抱えている人達に交じり、私は一生懸命働いていました。

市の職員として男の人と対等の仕事をしている女子車掌の扱いは、男子車掌と同じでした。給料の点でも乗車時間が長ければ、乗車時間の短い男の車掌さんより給料が多くなります。初めて一ヶ月分の給料を貰った私は、我ながら驚く程の金額を手にしていました。五十七円という額でした。その他、夏と冬には公務員としてのボーナスも、男の人達と同じ額のものを貰う事が出来ました。一番上等の米一升が二十六銭位、玉出の叔父が住んでいる借家の家賃が一ヶ月十二円（家は二階が二部屋、一階が八畳二部屋、食堂三畳、炊事場三畳、玄関が二畳でしかも二重になっていて、かなり広い土間がありました）の時代です。

私は自分の意志で浜寺をやめて本当に良かったと、つくづく給料袋を握りしめながら思いました。人気のない夜道を歩きながら夜空の星を見上げ、私をお守り下さる神様仏様有難うございますと、両手を合せて感謝せずにはいられませんでした。勤務時間も長く、厳しい仕事で決して楽ではありませんでしたが、一生懸命やればやるだけ、苦しければ苦しいだけのものが給料という形になって返って来る仕事に就けたのは、此の上もなく有難い事でした。

私は借金を返済しながら、盆と正月、新学期が始まる四月の年三回は、必ずまとまった金を母の元へ送るようにしていました。父からの送金も毎月あり、その上、店の売上もあるはずです。それでも母からは叔父の下へ、金がないから、足りないから送れとの便りが度々来ていました。私は手紙が来る度に、中身を見なくても母の生活態度が手に取るように分りました。上阪前の丸二年、母の乱行に一人悩み、苦しみ、誰に打明けて聞いて貰う事も出来ない程恥かしい行状に、殺してしまいたいと思い悩んだ事が何十回有った事でしょう。そんなに思い詰めた日が、まざまざと思い出されるからでした。

一日も早く借金返済を終らせて、後は父のために少しまとまった金を手土産にして、一度故里へ帰りたいと思い続けていました。そのために極度に出費を抑え、下着さえも洗替が一、二枚という所で、友達との交際も意識的に避けて、昼間の中休みがある乗り番の時は、霞町から歩いて十分位の天王寺公園を散歩して時間を過ごしていました。天王寺公園に飽きたら反対側の恵美須町方面を歩き、通天閣を見上げ、新世界等を一人で歩き回りました。玉出の家迄帰る事もありましたが、片道小一時間、往復で二時間余り掛るため、横になれるのはわずか一時間程度しかありません。中途半端な時間になってしまう事から、中休みはほとんど職場の近くで過ごしていました。

初めての給料を手にした私は有難く思うと同時に、下宿代十五円を入れたとしても三十五円は残り、ボーナスは丸々手付かずで残せる。此の仕事によって借金返済に自信を持てた私は、目的達成に向って腰を据えて働く事が出来ました。それと同時に、同じ働くのであれば少しでも明るく、十八歳の女の子らしくしようと決心しました。日常生活の最低の基本でもある挨拶を、明るい笑顔で礼儀正しくするように心掛け実行していました。男の人に交じって一生懸命働く事で、自分の人生にようやく安定感が持て、自分なりの生き方が出来るように思えたのでした。

私達霞町車庫の受持ち路線は、霞町を起点にして恵美須町から真直ぐ日本橋筋を北浜二丁目に行き、そのまま真直ぐ行って長柄橋で折返して来る線、北浜二丁目から梅田を通って淀屋橋、四ッ橋難波を通って松坂屋前に出た後、霞町に帰って来る線。今度はそのまま天王寺から茶臼山を通って上本町、大阪城を見ながら偕行社前から天満橋に出て、梅田から四ッ橋難波といった線。この他にも四ッ橋を過ぎて大国町から恵美須町、天王寺に回る線、守口折返しの線もありました。

私達は朝早くから夜遅く迄、こうして大阪市内を一日中ぐるぐると走り回って市民の足となっていました。チ組の運転手さん、車掌さんは働き者が多く、中休みを利用して忙しい都島車庫等の他の路線迄電車を持って応援に行くのも度々でした。そんな時は一日十三時間位ぶっ通しで乗務する事になります。

又、チ組は割合中年の男子職員が多かった故か、召集令状を受けた人は居ませんでしたが、他の組では若い独身の人から次々に召集されて行ったようです。難波高島屋の前とか阪急電車の前等の人通りの多い所では、出征兵士に持たせるための千人針を作る女の人達の姿が一際目立って来ました。その数も日ごとに増えて行くようで、あちらの街角こちらの街角と人波に揉まれていました。

戦争の足音が激しくなるにつれて、純綿の衣類が店頭から段々と姿を消していました。浜寺に奉公していた昭和十二年頃から、金持のお屋敷では浴衣をはじめ純綿の衣料品を手当り次第買いあさり、買溜めしていました。国民は否応なく戦争という大嵐に巻き込まれて行く中、『愛国行進曲』や『露営の歌』等の軍歌に混じって、『支那の夜』や『満州娘』、『愛染かつら』の主題歌『旅の夜風』、『純情二重奏』等々の愛らしくて優しい歌も流行していました。昭和十四年一月の大相撲初場所では、名横綱双葉山の連勝記録が六十九で止ったと、ラジオが盛んに放送していました。私達の霞町営業所でも大相撲が行われる間中、誰彼となくラジオを持込んで、休み時間ともなればラジオの周りは人だかりがしていました。

早朝から夜遅く迄、兎に角男の人にも負けない位一生懸命働き、着る物も買わず小遣いも持たず、稼いだお金は事務所で給料袋を貰って家に帰る迄が私のもので帰ればすぐに茂美姉さんに封を切る事もなく「お願いします」と手渡していました。働いていた五年間、一度も自分で給料袋を開けた事はありませんでした。

十三年春から市電で働き始めて一年余り、十四年も秋になっていました。給料もボーナスも貰ってすぐ手渡していた私も十九歳になっていました。年が明ければ二十歳です。一体いつ迄働けば借金の返済が終るのだろうと、私は常に消せない不安を抱えていました。私と姉の二人が一生懸命働いて支払っている此の借金は、母の我儘と身勝手から出来たものです。宮崎に出掛けては一ッ葉海岸辺りの小料理屋で、男と二人でご馳走を食べ歩いたり、男に貢いで嵩んだ借金です。偶然手にした大金も一年足らずで湯水のように使い果したようですが、そんな母の行状を知るのは私だけでした。

母にとってはそうした事実を知る私の存在は誠に都合が悪いらしくて、峯子姉とはいつも手紙をやりとりする母も、私に便りをくれる事は一度もありませんでした。

「お前には何も言う事もなければ聞く事もないから、便りは一切出すな。お前の事は峯子や捨夫叔父から聞いている。お前は何も考えずに只一生懸命働くだけでいい」

五年間大阪で働いている間、母から届いたのはこう書かれた葉書一枚だけでした。

母と姉との手紙のやりとりの中には、私達姉妹がお世話になっている茂美姉さんの事が悪く書かれていたりしました。私はそんな母と姉の我儘が気に掛り、茂美姉さんには本当にすまないと思っていました。

故里恋し

借金返済という目的もありましたが、腰を据えて働くそんな私にも心の安定する時がありました。出来るだけ明るく礼儀正しくと、常に心掛けてはいましたが、十九歳から二十歳という年齢も関係したのでしょう。叔父の家の近所の方や職場の上司、同じ職場の方からも有難い言葉を掛けて頂くようになりました。中には熱心に、上司を間に立てて申込んで下さる方もありましたが、借金を背負った私にとっては有難すぎて、手の届かない話でしかありませんでした。然し、身の回りに自然発生して来た有難い縁談の事を思えば、もう私も二十歳です。此の借金返済がいつ迄掛るのかを、一度叔父に聞いてみようと思いました。長い間思い煩って来た事を、或る日度胸を据えて叔父に尋ねました。

「私達二人で払っている村岡の大叔母さんの借金返済は、どんな風でどれだけ払えば、いつ終るのかが知りたいと思います。教えて下さい」

と、叔父の前に正座して両手をつき、深く頭を垂れた私が叔父の言葉を待っていました。今日こそ借金返済の目途が立てられる。そうすれば働くにしても張合いが出て来る。今迄は働いて得た自分の給料やボーナスが、どんな風にされているのか、叔父からも叔母からも只の一度も説明はありませんでした。兎に角私に返って来た言葉は、「一生懸命働け。何も考えずに只働けばいいのだ。何も心配せずに一生懸命働け」だけでした。

大阪に出て来て五年目です。給料袋も開けぬまま茂美姉さんに渡すだけで、一円の小遣いもなく、友達さえ作らないようにして来ました。大都会の中で孤独を噛みしめ働いて来た私ですから、一日でも早く借金返済を終らせたい一心でした。一度位は説明があってもいいのではないかと思う私でしたが、返って来た言葉はやはり、「何も心配せんでいいから、一生懸命働きなさい」の一言でした。

此の時の私の気持はといえば、目隠しされた馬車馬が目的地も知らされないまま、重たい荷物を載せて汗水流し、「それ行け、それ働け」と際限もなく鞭で叩かれ続けているような思いでした。胸には空しさだけが広がって行きました。私は一体いつ迄働けばいいのだろう、母が一年足らずの間に浪費してしまった高利付きの借金の返済はいつ終るのだろう。不安は高まるばかりでしたが、私は一生懸命働き続けていました。

上阪以来五年の歳月が過ぎていました。借金返済に不安を抱える私でしたが、一度でいいから故里に帰って祖父母や妹、父や弟の様子を見に帰りたいという思いが日ごとに募っていました。

そんな中、休日には朝早くから掃除や洗濯をし、茂美姉さんの手伝いをした後は、必ず陽子ちゃんの手を引いたり乳母車に乗せたりして散歩に出掛けておりました。叔父の家の周りから玉出小学校の方へ歩いた後、阪堺線の方へ十分も歩けば田圃が広がっていました。田圃の周りには昔風の建て方の農家が並び、中には祖母の家の造りに似た家もありました。学校下の家にも似た家もありました。そうした家の前では暫く佇んで、此の家の中にはどんな人が住んでいるのだろう、ひょっとしたら弟によく似た子が中から出て来るのではないか等と勝手に想像しながら、故里への募る思いを慰めていました。

田圃に続き、阪堺線の向う側には低いながらもまだ山が残っていました。細い山道を適当な所迄登って行き、深い緑に囲まれて新鮮な山の空気を胸一杯に吸込んで行く内に、心の中に高まっていた不安や空しさが薄らいで行くように思えました。休日の度に陽子ちゃんを連れて歩き回った玉出界隈は静かな散歩道でした。

故里への思いを募らせながら、昭和十四年も終り近く、十二月のボーナスで上阪以来初めて、ようやく自分の着物を作る事が出来ました。茂美姉さんが知合いの呉服屋さんに頼んで、銘仙の着物と羽織、セルの着物それぞれ五円ずつと、一円の安い名古屋帯を一本買って貰いました。五年間一円の小遣いもない中で生活して来た私ですが、自分のために買った物といえば此の三枚の着物と帯だけです。叔父の家に支払う食費代十五円以外は、全部母の借金の返済でしたし、度重なる母への仕送りもありました。

母の上阪

年が明けて昭和十五年、戦争の足音は否応なく高まっておりました。そんな年の二月末の事でした。何の前触れもなく母が上阪して来たのです。此の日の朝、遅出だった私は叔父に言付けられて築港桟橋迄母を迎えに行きました。船から下りて来た母の姿を見て、我が母ながら情けないと歯ぎしりする思いでした。母からは何の言葉もなく、ましてや私の方から話す事もなく、二人共黙ったまま築港から難波、玉出へと電車を乗継ぎ、叔父の家へと向いました。

私達姉妹が五年もの長い間、二人迄お世話になっている叔父の家です。なのに峯子姉との手紙のやりとりでは、茂美姉さんに感謝の言葉も書かれていなければ、言ってはならない悪口さえ書き送っていたのです。自分の常識外れの行いを棚に上げ、よくものこのこと来られたものです。どの面下げてあの家に行かれるというのでしょう。どんな用があって出て来たものかは知りませんが、用事が済んだら一日でも一時間でも早くあの家から出て行って欲しい。それでなければ茂美姉さんが余りにも気の毒です。そして茂美姉さんの前にこんな情けない母を出すのが恥ずかしくて、私の方が身も心も縮み上がる思いでした。母を叔父の家迄連れて行った後、私はそのまま職場に向いました。母には無言のまま。

峯子姉が茂美姉さんの悪口を言う理由は、自分の給料袋を開封して自身の入用分を取った後叔父に渡していた事を、叔父さんや茂美姉さんから度々注意された事にあります。妹の私が辛抱して残しているのに、姉でありながら自分勝手な事をして、小遣いだって使いすぎると叔父から叱られ、注意されたばかりでした。

然し姉にしても、叔父の家の冷たい雰囲気を嫌い、職場の友達との温かい交際を求めるのも仕方のない事でした。仲の良い友達とお好み焼きを食べに行ったり、時には映画を観に行ったりするのも、二十歳前後の働く女の子としては、峯子姉も少々は楽しんでもいいはずでした。自分の給料です。その中の一部で、ささやかな楽しみを満たすのも姉にとっては必要な事だったのです。姉を責めるよりは、もっともっと根本的な母の乱行をこそ責めるべきです。はるかにそれの方が問題で、根の深いという事は事実でした。然し母のたった一人の弟である叔父には、親孝行で姉思いの叔父はそのような事実は全く知らない事でした。

ずる賢い母は、宮崎と大阪と遠く離れているのをいい事に、手紙ではどんな嘘でも上手について、自分の都合の良いように書き送っていたのです。優しい叔父をだまし続けていたのでした。

叔父に叱られて悲しむ姉を見るのは可哀想でしたが、一日も早く借金を返済し終りたいと必死に働く私の胸には、返済が終ったら苦労をしているに違いない父への手土産に、まとまったお金を残したいと思っていました。それと同時に、食事でさえろくに作らない母の側で一人淋しく暮しているであろう弟の事が、いつも気に掛って仕方がありませんでした。穏和で頭の良い弟には将来があります。その未来は輝くものであって欲しいのです。私のようなこんな惨めな思いはさせたくありません。父と弟へのこんな思いが、空しくてくじけそうになる私の心をしっかりと支えてくれていたのです。

母が上阪して来た事により、峯子姉の七年間、私の五年間の働きに、ようやく一区切りが付けられる事になりました。

母が何を思い何を考えているのか、私達親子の間には一言の言葉もなく十日程が過ぎていました。私はいつものように、一番電車に乗務の時には午前三時半に起床し、物音を立てないようにしながら身支度を整え、そのまま静かに玄関を出て行き、人通りの全くない暗い道を阪堺電車の乗場へと急ぎます。暗闇の中に一人佇み、電車の来るのを待っていました。終電の乗務の時には真夜中二時頃、人気の全くない淋しい道を月明りや星明りを頼りに一人コツコツと、自分の足音だけが耳にまとわりつくような中を歩いて帰っていました。

五年ぶりの帰省

私や姉の働くそんな姿を見ながら十日余りを過ごした母は、何を思ったか村岡のミサオ大叔母の所へ出掛けて行って、借金の棒引きを頼んで来たのです。七年間、姉と私と二人して働いてもまだ払いきれずに残っていた借金です。借金返済の苦しみから私は突然解放されたのです。そして母は、後は自分の力で生きて行けるように手に職を付けた方がいいと言うのでした。

母のそんな話から、当時は戦争に駆り出されて行く出征兵士と共に、看護婦さんも多く戦場へと送込まれる時代でしたので、看護婦さんなら一生働く事が出来るかも知れないと思いました。三月中旬に市電をやめた後、私は天王寺公園の近くにある大阪市立病院の看護婦募集に応募しました。試験の結果採用と決り、月末にはわずかな身の回り品を持って看護婦寮に入りました。妹のような若い人達五十人と共に、見習い一年生としての勉強が始りました。一番年上の私は若い人達に負けないようにと、看護学や英語、ドイツ語等の勉強に一生懸命取組んでおりました。

こうして遅ればせながらようやく自立への道を歩み始めた私に、三ヶ月経った六月末、借金の件を終らせた後宮崎へ帰って行った母から電報が来て、夢に迄見た懐かしの故里へ呼戻されたのです。それは、母の子宮ガンが悪化して宮崎県立病院に入院したからすぐ来るようにとの文面でした。その電報を手にした私は、母もとうとう行き着く所迄行ったかという、冷ややかな思いしか浮びませんでした。それは当然な結果としか言いようがなく、私達家族は父をはじめとして姉も私も弟も、母の身近に居た皆が大いなる犠牲を強いられて来たのです。七年という長い年月でした。

叔父から渡された電報を手にした私は、婦長室に出掛けて婦長さんに電報を見せ、兎に角一度母の様子を見て来たいのですがと相談しました。許しが出て、休みを貰って帰る事に決めた私は、寮で身の回りの物だけをまとめ、叔父の家に向いました。看護婦見習いとして入ったばかりの私達には、給料というものがあるわけもなく、わずかに何程かの手当はありましたが、それも叔父の家とを行き来する交通費位の金額でしかありませんでした。

五年間必死の思いで働き続けて来た私でしたが、母から帰って来いとの電報が来ても一円の旅費もなく、ましてや着て帰る着物すらありませんでした。そこで茂美姉さんから三十円貸して貰った上に、後二、三日で七月という蒸暑い頃でしたから、黒地に小さな白いトンボ模様の入った絽の着物（五十歳位の伯母さんが着る様な着物）を借りました。そして近所の呉服屋さんで一番安い一円の名古屋帯と、下駄屋さんで五十銭の下駄を買って、姉が残して帰った日傘をさして小さなトランクを提げると、築港から船で別府に渡り、別府からは列車で宮崎へと向いました。

帰る船の中、列車の中で、余りにも惨めな自分の姿が恥ずかしくて、やりきれない気持でした。五年ぶりで故里に帰る私の気持は、どうしようもない程に暗く落込んでいました。

失明した祖母

宮崎からはバスに乗って県立病院に辿り着き、母の病室のある中庭の方へ回って行きましたが、暑さのために部屋の障子を開けたまま布団に寝ている母の姿が見えました。中庭に立ったまま、「お母さん」と声を掛けてみました。自分ながら懐かしい言葉の響きでした。私の声に気付いた母が起上がり、私の姿を見ると同時に、「何ちゅうみっともない格好をして来たとね。恥ずかしか、そこに突立っちょらんで、早う上がって部屋の中に入らんね」と言うのです。母の険しい言葉は、私の心にまるで鋭利な刃物をグサリと突刺したかのようでした。

何というむごい言葉。私自身でさえも恥ずかしくて、どうしようもない自分の姿に落込んでいたのに。好き好んでこんな格好をして来たのではない。私がこんな格好をして来なければならない原因を作ったのは誰なの。私が五年間一生懸命働いたお金は誰が、どこへ、何のために……と聞きたいのに、誰も何も教えてくれない。私がどんな気持で働いていたか等、遠く離れていた母に分ろうはずもありません。私にした所で、母の此の五年間の生活ぶりは見ていないのですから分らないのと同じです。結局五年という歳月が、母と私の間に埋める事の出来ない大きな暗い壁を作ってしまったようでした。

もう駄目だ。こんな母親を助けようとした私が愚かであったと、此の時初めて思い知らされたのです。母に対する私の務めはもう此処らで、一応区切りを付けなければ駄目だとも思いました。これからは、苦しんだであろう父に親孝行して行こう。中庭に立ち尽したままの私は、胸の内にそんな決心を固めていました。

立ち尽したまま呆然としている私に、母が、

「早う上がって部屋の掃除をして貰わんと埃が溜って汚れて来たから。早う上がって来て、さっさとせにゃ」

と言うのでした。私のそんな気持等分るはずもない母は、部屋に入った私に、家族の事等一言も話

しませんでした。その口から出たのは、五年前に私が上阪する少し前に出来たボーイフレンドの横山さんの話でした。

「昨日は横山さんが見舞いに来てくれたつよ。優しか男じゃもんね。わざわざ仕事を休んで小林から来てくれたっじゃが」

聞きたくもない話で、返事のしようもありませんでした。黙って母の話を聞きながら、私は大阪で働いていた間中、朝の洗顔後には必ず東の空に向って手を合せ、「何とぞ母をお助け下さい。まともな母親としての道を歩む事が出来ますようにお導き下さい」と、神様仏様に祈り続けて来た私の祈りは、総て無駄に終ったのだと自覚しました。

部屋の端に座って黙っている私に、自分の言いたい事を言い終ったらしい母が、

「そんな五十婆さんの着るような、黒地の地味な着物は早う脱いでしもうて、五円やるから近くで簡単な服を買うて来て着替えてしまわにゃ、みっともない」

と言うのでした。母から五円の金を受取った私は、人絹のペラペラした簡単服を三円で買って来て着替えました。後は部屋の掃除をきれいにして、オマルに溜っていた汚物を捨てて、洗って拭いた頃には夕食の時間になって、母の食事が運ばれて来ました。

此の日は私も疲れていたので早めに床につき、翌朝母の朝食が終った後に、懐かしい祖父母や妹の居る綾に行くためにバスに乗込みました。五年前に此の道を通り大阪に出て行く時には、夢と希望を胸一杯に抱いて通った道です。人に負けない位に一生懸命働いた私の手元には一円の現金も残らず、

みんな母の借金返済等に回されました。旅費さえ借りて、年不相応な地味な着物を着て、恥ずかしさと惨めな思いを抱いての帰郷でした。バスが綾に近付くと、「知った人に会いませんように。どうぞ私である事が分りませんように」と祈るような気持でしたが、バスを降りてから祖母の家に向って歩きながらもその気持は変りませんでした。

私の人生にとって、祖父母の存在がなかったとしたら、恐らく私は母の生き様に抵抗し反逆していた事でしょう。母を殺していたか、自分自身を殺すか、きっとどちらかの道に進んでいただろうと考えながら歩いていました。祖父母が居てくれたから、そのひたむきな生き方を私に見せてくれたから、私も何とか此処迄来られたのです。

過ぎ去った祖父母との生活を思い出しながら、祖父母の家に辿り着きました。お昼にはまだ間がある、午前十時前位でした。家の中の広い土間に入りますと、奥の間には布団が敷かれていて祖母が寝ているらしくて、祖父と妹は畑に出掛けて留守でした。私が上阪する頃は、まだ朝早くから起きて働いていた祖母です。五年間というもの誰からも何の便りもなく、大阪の叔父も何一つ私に教えてくれずに只一生懸命働け働けの一点張りでしたから、家族の様子等何一つ知らされてはいなかったのでした。

土間に立ったまま、

「婆ちゃん体具合が悪いとね」

と声を掛けてみました。すると祖母が答えました。

「誰じゃろかい」

「私よ、トヨ子よ。昨日大阪から帰って宮崎で泊ったもんじゃかい、今朝宮崎からバスで来たつよ」

「んだあ、トヨちゃんか。早う上がって来んな。じさまとかねちゃんな畑に出て行ったとじゃが」

「水瓜や田植で忙しいからな」

「うん、田植はどうにか終ったつよ」

と言葉を交わしながら座敷に上がり、祖母の枕元に座りました。祖母の左側に座ったのに、私の声は分っている様子でしたが、明りが入って来る右側の方に顔を向けている祖母の目は、開いているのに空《うつ》ろでした。

働いていた頃の厳しく輝く目はもうどこにもなく、只空ろに開いているだけの目には表情もなく、負けず嫌いの祖母の生き生きとした顔でもありませんでした。言葉を掛ける私の姿を探し求め、リウマチで痛んで変形してしまった細い手をそっと、静かに私の方へ差出して来る祖母を見て、

「婆ちゃん目はどうかしたとね」

「いいや、どうもせんけど、もう見えんごつなったつよ。あんたの顔が見たいけど、もう何も見えん」

私は祖母の此の言葉を聞くと、思わず痩せ細ったその手を両手で握りしめ、泣崩れてしまいました。

悲しみで胸が張裂ける思いというのを此の時初めて体験した私は、胸が苦しくて、物凄い力で内側から締付けられ、身も世もなく泣崩れる私の喉は次第に引きつるように締付けられて、喉にも胸にも

息が通らなくなってしまいました。私は祖母の手を離し、両手でもがき苦しみながら、喉から胸の方をかきむしるようにして息が通るのを待ちました。息が詰ってしまう程の悲しみと苦しみでした。どうしようもない悲しさに襲われた私は、祖母の顔を見ているのが辛くて、

「婆ちゃん、じーちゃんにもかねちゃんにも会いたいけど、お母さんの洗濯物をしてやっとかんといかんから、今日はこれで帰って、又来るからな」

と、私はその場に居たたまれず、懐かしい思い出一杯の祖母の家を出ました。

村の道をバス停へとゆっくりと歩きながら、私は余りの深い悲しみに打ちひしがれておりました。宮崎に向うバスの中で、人生には何と険しい坂道や深い谷間があるのだろう。生きるとは働く事なりをそのままに働き続けて来た、善良で人間味豊かな祖母が、どうしてあんなむごい目に遭わなければならないのでしょうか。神様教えて下さい。あの優しかった祖母が、今では暗闇の世界に閉じこめられたまま身動きも出来ないなんて、余りにも可哀想すぎます。神様助けてやって下さい。せめて目が見えますように、助けてやって下さい神様。宮崎迄四十分程バスに揺られながら、暗闇に落込んでしまった祖母を思い私の心は疼き、神様にお願いする事しか思いが至りませんでした。

変貌した父

病院に帰り着いた私は、母の洗濯物を洗い上げた後、荷物を持って宮崎駅に急ぎました。父が住んでいるという大分県の佐伯市に行くために、門司港行きの列車に乗って、四時間後には生れて初めて父の故里佐伯の駅に降立ちました。

駅に降りた後の道順と家のありかは母から聞いていましたので、初めての道ながらも父の家に辿り着く事が出来ました。六年ぶりに会う父の姿を思いながら家の中に入ってみますと、そこは丁度炊事場で、夕食の仕度をしている姉の姿がありました。突然現れた私の姿を見て驚いた姉は、「もうすぐお父さんが帰って来るから、荷物は座敷の方に置いとかんね」と言います。姉の顔を見てホッとした私は、荷物を置くと、家を出て行く姉の後ろ姿を見ていました。やがて父と連れ立って帰って来る姉の姿がありました。

然し段々と近付いて来る父の顔を見た私は、一瞬の内に、懐疑的な鋭い目付きをしているなと思いました。頭も真白になり年老いてしまった父の人相は、すさんだ内面から来るのでしょう、狂気に近い眼差しでした。そして突然現れた私を見て、

「女子女郎《おなごめろう》ばっかり何人でも来やがって、早いとこ女郎《じょろう》にでも叩売ってしもうとけばよかった」

と、二、三メートル離れた所から吐捨てるように言う父の言葉は、私の耳にも届いていました。父の此の独り言を聞いた私は、「お父さん」と出掛かっていた言葉を口にする事が出来ず、思わず飲込んでしまいました。父の荒れ具合からは、さぞ苦しみ悩んだであろう事が察せられました。母の我儘や身勝手な乱行によるものでした。

大都会の中で孤独を噛みしめながら、辛い時も苦しい時も淋しい時も、どんな時にも子煩悩で優しかった父の姿が私の心の支えであったのに。姉にとっても苦しかった七年です。母親が自分の立場も責任も放棄してしまった家庭を、子供達を、何とか守り通したいと悩んだ果ての、七年後の父の姿でした。

父の言葉が胸に突刺さったまま、私の心は悲しさで激しく揺れ動いていました。帰って来るのではなかった。又すぐ大阪へ働きに行こう。然し五年間の心労と肉親の愛情に渇ききった私の心は、何はともあれ暫くの間は、何を言われようと家族と一緒に暮したい、心のぬくもりが欲しいとも思いました。五年間働いて帰って来た私でしたが、母の側にも父の側にも、どこにも心の安まる場所はありませんでした。激しく揺れ動く心には、夕食の茶碗さえも重く感じられました。食欲もありませんでした。そんな私に、兄と弟が隣村の叔母さんの所に居ると姉が教えてくれました。

兄との再会

昭和十五年七月、戦争は次第に激しさを増し、戦場も拡大されて行くばかりの頃でした。油津に居た上杉の伯父達も、一番下の伯父一人だけが油津に残り、上二人の伯父は二年前に油津を引揚げ、郷里の佐伯市に帰って来ていました。此の地で再び製材所を営むようになった時、父も一緒に移り住んでいたのです。

翌日は、佐伯電話局に一日だけ休みを貰った姉が、朝仕舞を終えると私を連れて列車で一駅隣の海崎迄出掛け、駅のすぐ近くで「公心館」という旅館を営む叔母（父の妹）の家へ行きました。此の叔母は父のすぐ下の妹で尾崎シナといって、土木建設業を盛大に経営していた主人を破傷風のために一晩で亡くした後、女手一つで旅館をしながら男の子と女の子二人を立派に育て上げた人です。サッパリとした性格で、深い思いやりのある優しい人でした。母の乱行に悩み傷付いた私の心は、此の叔母の側に居るだけで、何となく心休まりホッとする事が出来ました。

こんな人が私のお母さんなら、私はどんな親孝行でもしたであろうにと思う程に大好きな叔母でした。特別な事を言うでもなく、飾り気もないあっさりとした人でしたが、私は物凄く惹き付けられる所がありました。こんな思いを相性がいいとでも言うのでしょうか。此の叔母の家に弟はお世話にな

っていましたが、此の時は仕事に行って留守でした。暫くすると姉が、

「トヨちゃん、中野に行って敏夫兄さんに会うてみるね。叔母さん、トヨちゃんを中野に連れて行って来るわ」

と言うと、叔母は、

「そうかな、又帰りに寄りゃあいいわね。ほんなら行って来んせ」と優しく送出してくれました。

叔母の家を出た後駅近くの線路を越えて、田圃の横を通る道を三百メートル程山手に入った所に、父の一番上の姉、稲葉タネ伯母の家がありました。元気な伯母は農業に精を出し、年上の体の弱い伯父は通りに面した家で日用品を商い、一日中店番をしていました。伯母の家の道路をはさんだ向い側の桑畑の奥に、古びた一軒家がぽつんと建っていましたが、此の家に伯母達の心遣いで、結核を患う敏夫兄が住んでいたのです。青白く透き通るような皮膚をした兄が、痩せ細った体を横たえていました。私が小学校三年生の夏休み、外山ヨネ大叔母の家に行く時に別れて以来、十一年ぶりに会う兄の哀れな姿でした。幼い頃から私の遊び相手をして守ってくれた兄との再会でした。

戦後こそ結核に効く薬も開発されましたが、戦前戦中では結核といえば死病であり、ほとんど助かる見込みもない病気でした。又、伝染性の病として忌み嫌われ、子供達でさえ結核患者の居る家の前では息を止めたまま走り抜けるという時代でした。此の兄も、理容師として働いていた元気な頃は、綾で自分の店を持ち母と一緒に生活していたのですが、結核と分ると母は兄を父に押し付けるようにして、佐伯に追いやったのでした。理髪店を片付けた後の母は、山林や畑、宅地等を持ち、上納米で

も一年分の食料が充分足りるという外山ヨネ大叔母と一緒に暮し、その時弟も兄と一緒に佐伯に来て、病人の兄は中野に、弟は「公心館」の叔母の家へ預けられていました。

叔母から聞かされる母の行状

私が佐伯に来た事を喜んだのは姉でした。今迄は捨夫叔父の下で借金返済に追われ、いつも叔父叔母から叱られ通しの七年間でしたから、今度は一人のびのびとアパート暮しが出来ると思ったからです。

「トヨちゃん、あんたが帰って来てくれて良かった。安心して大阪に行けるわ。兎に角今月中頃大阪に出て行くから、後を頼むね」と言うのでした。

姉は、長年の夢であったアパートで一人暮しをしながら働けるという喜びで一杯でした。従姉妹に当る上杉の富貴子姉さんや美弥ちゃんと話す時等、その嬉しさが隠しきれないようで、大阪弁でまくし立てていました。まるで一人漫才でもしているかのようなはしゃぎぶりでそんな姉の姿を見るのは初めての事で、滑稽でもありいじらしくもありました。大阪へ行ったら幸福になって欲しいと祈らずにはいられませんでした。

私と入れ代るようにして、間もなく姉は上阪して行きました。兄の身の回りの世話は私が毎日のように通い、洗濯やら掃除をして、なるべく弟を兄の側にやりたくないため、出来るだけ私が面倒を見ようと思っていました。そんな私を見て、「トヨちゃん有難うね」と兄は言います。幼い日に一緒に連れ立って遊び回った妹に、世話をして貰う事に安心感もあったのでしょう。

暑い夏の日に、景色の良い海岸沿いの道を往復三時間歩いて通いました。兄の元に通い始めてから二ヶ月目の八月二十五日の昼頃、私一人が見守る中、大きく息をしているかに見えた兄は、苦しむ事もなく安らかにまるで眠る様に息を引取りました。二十六歳という若さでの大往生でした。

兄の亡くなった事は母にも知らせましたが、母からは何の便りもなく、長男の死だというのに顔を出す事さえありませんでした。世間の人が忌み嫌う病の兄を何くれとなく、親代りとなって面倒を見てくれた中野のタネ伯母さん（父の姉）や「公心館」のシナ叔母さん（父の妹）には、お礼の言葉もない位感謝していました。心の中ではいつも両手を合せていました。

私が毎日のように兄の側へ通っていた頃、「公心館」に立寄って一服している時に、シナ叔母さんが母の事をポツリポツリと話してくれた事がありました。

「まだうちのお父さんが元気で働いていた頃、高岡の方で大きな土木工事をしていて、どうしても人手が足らん時、お前のお父さんとお母さんに来て貰うた事があってな。そんな時なんかは一ヶ月の給料をお母さんに渡すと、休みの日に買物に出掛けて、一ヶ月分の給料全部を使うて来て、あれにはあたしもビックリしてしもうた事があったからな。兎に角金遣いの荒い人じゃった」

又或る時には、

「敏夫が病気になった時、綾では何にもせずに、すぐ此処へ連れて来て、自分はさっさと綾に帰ってしもうたきり、後は何の音沙汰もないままで、一年位ほったらかしたまま知らん顔じゃったから、それでは母親としてあんまりじゃなかろうか言うてな。我が子が病気で苦しんでいる時、母親なら暫くの間位面倒を見てやったらどうじゃろうか言うて、手紙を出してお母さんを呼んでな、うちに（公心館）に寝泊りして貰うて、一ヶ月位敏夫の世話をして貰うたかな。その一ヶ月の間でも横山さんていう男の人に宛てて小包を送ったり、その人から手紙が来たりした事があったからな。どんな人に、どんな物を送ったもんか、私もそこ迄は確かめんかったけどな」

又或る時には、

「お前も御苦労さんじゃな。此の暑いのに歩いて通うのは。汽車で帰れば早いのに」

と優しい心遣いをしてくれましたが、

「汽車賃も積ればバカにならんし、それより景色の良い海と山を眺めながら歩くのが楽しいから」

等と叔母と言葉を交わしながら、腰掛けて一服している私に、

「今年の二月、お母さんが大阪へ行ったじゃろ。あんた達の所へ行くから金を貸してくれ言うてな。私から五十円持って行ったんじゃがな。あの時は一ヶ月位はうちからなら敏夫の所も近いから言うて、うちに寝泊りして通うたんじゃけどな。これがいつ迄続く事か、先の見通しは全くつけられんもんじゃからな。その内澄男だけはうちに置いて、お母さんは佐伯に行ってお父さんと一緒に暮すようになったんじゃけどな。一緒に生活し始めてからが大変じゃったんよな。お前のお父さんもよっぽど腹に

据えかねた事があったんじゃろ。間もなく、夜中になると気が狂うたようになって、お母さんを引きずるようにして海に連れて行って、海の中に連れて入りながら、溺死寸前の状態に迄お母さんを追込んで」

と言うのです。

その時に父は、

「長年煮え湯を飲まされ続けた男の思いがどんなもんか教えてやる。殺してやりたいが、殺せば俺の手が後ろに回るだけじゃ。それじゃ子供の将来が可哀想じゃ。今迄俺は死ぬような思いで生きて来た。その思いをお前に教えてやるんじゃ。簡単には殺しゃあせんぞ。死ぬ一歩手前迄苦しめてやる」

と言ったというのです。腹の底から絞り出すような声であったと思います。積もりに積った父の怒りが一度に爆発したのでしょう。

二月という冷たい冬の海で、父のこうした行為は繰返されたそうです。そして次には場所を鉄道線路の上に移し、父と母との争う姿が見られたとシナ叔母さんが教えてくれました。七年という長い年月、母の我儘身勝手さに悩み続けた父でした。子供可愛さ故に耐え続けた父でした。

自業自得とはいえ、父の怒りのすさまじさに恐れをなした母は、シナ叔母さんに助けを求め、事情を話した上で旅費の五十円を借りて大阪へ逃げ出したというのです。こんな事があった等、私は此の時初めて知りました。

母にしてみれば、兄も弟も父に押付けて、自分は厳格な外山のヨネ大叔母の家で一緒に暮す身となれば、今迄のように若い男に金を貢いだり遊び回るわけにも行かなくなったのでした。それに加え、すさまじい迄の父の怒りに接した事等もあって、ようやく姉と私は母への送金から解き放たれる事が出来たのでした。

荷物を取りに上阪

八年目にしてようやく自由の身となり、再び大阪で働ける喜びを胸一杯にして上阪して行った姉は、天王寺から五、六駅先の針中野のアパートに落着いたと知らせて来ました。

私も夏服のままでしたから、冬物の着物等を玉出の叔父の家迄取りに行かなければなりませんでした。十月初めに、佐伯駅のすぐ近くに住んでいた従姉妹の絹ちゃんに着物を借りて、父からは往復の旅費だけを貰い大阪に向いました。先ずは姉の住んでいるというアパートを訪ねて行きました。

私としては、宮崎に帰る時に茂美姉さんから貸して貰った絽の着物と一緒に、三十円のお金は絶対返済しなければならないと思っていました。しかし、入院費をヨネ大叔母に出して貰っている母にはさすがに可哀想で言えませんでした。放埒極まりない母に長年苦悩して来た、年老いてしまった父にも言えませんでした。それに父には姉も私も、長い間連絡もしないまま一円の送金さえしていなかったのですから。

姉の手紙を片手に所番地を探す私でしたが、重い気持を引きずったままの状態でした。ようやくアパートに辿り着いてホッとする間もなく、私の後ろからふらーっと入って来る男の人が居ました。その人が、姉と同棲生活をしている相手である事を姉の口から聞いた時、私は瞬間的に「ああ、姉ちゃんはこんな男の人と一緒になって大間違いの結婚をしている。こんな男の人では姉ちゃんの幸福は絶対に来ないよ」と、なぜかはっきりとそう思いました。

然し、何はともあれ一緒になってしまったからには致し方ない事で、その責任は姉自身が取らなければなりません。そんな事を思いながら、姉の作った夕食を三人で囲みました。食べ終えて後片付けをし、姉と二人で風呂屋に向いながら、茂美姉さんに返す三十円の事を姉に相談しましたが、姉にもそんな余裕はないと言います。

途方に暮れた私は、茂美姉さんに待って貰うように頼むしかないと、翌日重い足を引きずるような気持で玉出に出掛けて行きました。玄関に入り座敷で着物のお礼を言いながら、借りたお金は私が働いて返しますから、それ迄待って下さいと必死になって頼みましたが、「三十円持って来る迄荷物は渡す事は出来へん。自分の荷物が欲しかったら、貸した三十円耳を揃えて返してんか。三十円持って来る迄は荷物は絶対渡さへんで」と、今迄見た事もないような物凄い剣幕で責められました。私としては、五年間私の生活ぶりを一番よく知って貰っているはずの茂美姉さんと思っていましたのに……。今更のように、私は自分の考えの甘さ愚かしさが悔やまれてなりませんでした。

どうしようもない自己嫌悪に落込んだまま、何の当てもなく、只々空しさだけが体中を駆巡っていました。このまま煙のようにすーっと消えられたらどんなにいいだろう。自分の気持を持て余しながら、叔父の家を出た後の私は、いつの間にか阪堺電車で恵美須町へ出ていました。久しぶりに通天閣を見上げながら、丸二年間通い慣れた懐かしい霞町車庫の前を通り抜け、天王寺公園の横を歩きながら、姉のアパートを目指す私の気持は重いままでした。

事の次第を姉に話し、何か方法はないものかと思案する内、二、三日はあっという間に過ぎてしまいました。佐伯を出る時に往復切符を買っていた私は、帰りの切符が期限切れになってしまう事が気になり始めていました。切符の期限に追立てられるように、覚悟を決めて再び玉出の叔父の家に向いました。姉に別れを告げた私は、自分の荷物が手に入っても入らなくても、切符の期限には帰らなければと必死な思いで、

「悪い事とは充分分っておりますが、神様今の私には、こんな方法でしか自分の荷物を手に入れる事が出来ません。何とぞ私の行為をお許し下さいまして、お守り下さい。お願い致します」

天にまします神様に届けとばかりに、全身全霊を懸けて祈りながら叔父の家の前に立ちました。

人としての道を外れた事を決行しようとする私の胸の動悸は激しく、手足は小刻みに震えていました。格子戸になっている外玄関の鍵を自分のピン留めで開け、内玄関のガラス戸に掛っている鍵もピン留めで簡単に開きました。不思議な位すっと開いてしまいました。玄関を入ると大急ぎで二階に駆け上がり、柳行李に詰込みロープを掛けてあった自分の荷物を持って、階段を転げ落ちるような勢い

で外に飛出しました。玄関の戸はどちらもきちんと閉めましたが、掛っていた鍵を掛ける間はありませんでした。

持ち出した荷物と共に、待たせてあったタクシーに飛乗ると、運転手さんに「列車の時間がないもんですから、大急ぎで大阪駅迄お願いします」と言う私の言葉で運転手さんも懸命に走ってくれました。駅に着き、重い柳行李を手荷物に回すと、すぐさま門司港行きの急行に乗込みました。座席に座っても何となく追掛けられているような、落着かない気持はどうしようもありませんでした。午後の三時頃は、茂美姉さんは陽子ちゃんと隆子ちゃん二人の幼子を連れ、近所の風呂屋に行く時間でした。追詰められ、身動きがとれなくなった私の悪行を、神様仏様はお見逃し下さったのだと思わずにはいられませんでした。

昭和十年四月から十五年の四月迄、丸々五年もの長い期間お世話になっておきながら、此のような汚い結末のつけ方をしなければならないとは夢にも思いませんでした。親が人間らしい道を歩かず曲った道を歩けば、子供も必然的にそんな親に引ずられてしまうのでしょうか。帰りの汽車の中で、神様仏様茂美姉さんどうぞお許し下さいと、私は心の中で両手を合せ祈り続けていました。

結婚

こうした形で大阪を引揚げた私は、親孝行をしようと父の側に帰ったのでした。然し大阪のような大都会とは違い、小さな田舎町では不器用な私に向く仕事もなくて、父の身の回りの世話をしながら日を送っていました。二十歳という年よりも老けて見えたためか、父の元には私の縁談が幾つも持込まれていましたが、先へ先へと延ばされていました。十年ぶりで子供と一緒に暮す生活に戻り、父の荒れた生活も落着いて来た所でした。然しそれも束の間、兄は亡くなり、姉は再び上阪し、弟は熊本の無線学校へ行ってしまい、私一人だけが残されたのでした。一人暮しの侘しさを嫌という程味わって来た父です。元々は子煩悩な父が、私を手放せば又元の一人暮しに戻らなければならないためでしょう、仲々決心出来なかったようです。

戦争は段々と厳しさを増して行くばかりの中、父方の遠い親戚筋の叔父叔母から縁談が持込まれました。そして此の叔父の強引な迄の押しの強さに父が根負けしてしまいました。北九州八幡に住む叔父のお膳立てで、当時八幡署に勤務していた人と、叔父の家で十分間程の見合が行われました。昭和十六年十二月八日、太平洋戦争が始った日の事でした。戦場は中国大陸に留まらず、此の日の真珠湾攻撃からアメリカとの戦いが始りました。

果てしなく拡大されて行くばかりの戦争に、若い男の人達はどんどん駆り出されていました。そんな昭和十七年一月三日、叔父叔母を仲人に、身内だけのささやかな結婚式が、叔父が借りてくれた借家で行われました。

父と遠く離れ、北九州の八幡製鉄所のある街に初めて住む事になった私は、夜空を焦がさんばかりに立昇る溶鉱炉から吐出される紅蓮の炎を見る度に驚き、そのすさまじい光景に心臓は早鐘を打つように高鳴っていました。太平洋戦争に突入した此の頃、高台に住んでいた私達の家の眼下で、製鉄の街八幡は活発な活動を繰広げていました。

あらゆる生活物資には配給制度が取られ、米、味噌、醤油、砂糖はもちろんの事、衣料品に至る迄、一人当りなにがしかと決められていて、しかも少量しか手に入れる事は出来ませんでした。然し、製鉄所に勤務する従業員は全員産業戦士として優遇され、配給物資も警察に勤務する主人ら一般市民よりもはるかに豊富な物資が、安価に配給されていました。此の時代、中国の最前線で三年余り過ごした後除隊し、警察官となっていた主人の給料は四十二円でした。十二円の家賃を払えば、残り三十円が一ヶ月の生活費です。どんなに切詰めても、私の昼御飯迄は金も米も回らず、私だけは朝夕二食という質素な生活を続けていました。

こうした生活を送る中、子供を身ごもった私は、十一月初めの予定日を控えていましたが、九月末というのに未だ産着もおしめの用意も満足に出来ていませんでした。初産の不安と、おしめ作りにするだけの浴衣さえ持ち合せていない私は途方に暮れていました。そんな不安な毎日を過ごしていた折りも折り、住所等全く知らせていなかった母から突然電報が来て、小倉駅迄迎えに来るようにというのです。電報を受取った私は、妙に複雑な気持がしたものです。何となくホッとする気持がある反面、又々無理難題を持込まれるのではないかという警戒心も働いておりました。

第一子出産

太平洋戦争が始って間もない昭和十七年頃には、生活必需品は総て不足し、中でも主食の米は一日一人当り一合一勺だけの配給でした。二人合せて一日二合二勺の米しか食べられない時に、母が十四キロ（一斗）の白米を持って来てくれたのです。二つの袋に分けて持ちやすいようにし、更には小型のトランクや信玄袋にも入れて、衣料品としての取扱いを受けて厳しい検査の目を逃れて運んでくれたのでした。然し、それは私達が困っているからというのではなく、母が同居している外山のヨネ大叔母の大好物である酒を手に入れるための交換条件が付いていました。

当時はもちろん酒も配給制で、一ヶ月一人一合程度の量しかありませんでした。大叔母のためにわざわざ宮崎から十時間も汽車に揺られて来た母でした。丁度都合良く主人の知合いに親切な酒屋さんがあったお陰で、一升瓶三本を手に入れる事が出来た母は喜び、帰り際には、「今度は十月の末頃お産の手伝いに来るから、その時おしめや赤ちゃんの着物を持って来る」と言い残し、二、三日の滞在で帰って行きました。

初産の不安を抱えながら日を過ごし、十月下旬になると間もなく、母が再び米と共に産み立ての地卵三十個、浴衣で作ったおしめ四十枚、赤ちゃんの着物、綿入れのちゃんちゃんこや綿入れのねんねこ等、色々な物を持って来てくれました。母が来てくれて安心したのか、十一月初め頃と言われていたお産でしたが、十月二十八日の昼頃から陣痛がぽつぽつ始りました。私は陣痛が治まるのを待ちきれないかのように、いつの間にか深い眠りに誘われていました。次の陣痛の痛みで再び目が覚めるといった状態を繰返し、やがて夜になり、食事も喉を通らないまま一昼夜が過ぎた頃、激しい疲労から眠りは深くなって行くばかりでした。

現在のように医学が発達して、お産も病院でという時代ではありませんでした。お産といえば産婆さんに来て貰い、自宅で産むというのが常識でした。産婆さんは私の様子を見て、「これならまだ時間が掛りますよ」と言って、午前と午後の二回様子を見に来ては帰ってしまいます。一日二晩、激しい苦しみと睡魔に襲われながら、食事を全くしていない私の体は疲労が激しく、三日目に入るともう陣痛をこらえる気力さえなくなってしまう状態でした。意識ももうろうとする三日目の昼頃、最後の力を振絞るような思いで無事に長男を出産しました。昭和十七年十月三十日の事でした。

兎にも角にも三日がかりで無事に長男が誕生した事を皆で喜び合った後、私自身は又々深い眠りに落込んでしまいました。夕方になって目覚めた所で、母が作ってくれたおかゆに梅干と卵を入れた味噌汁で三日ぶりの食事を取り、ようやく人心地が着く思いでした。翌日からは、食事が美味しく食べられるようになると同時に、母乳が豊富なためか乳房が張りすぎ、手でさわる事さえ出来ない位に痛み、三日目位からとうとう乳腺炎を起し熱が出始めました。

硬くなった乳房の痛みに耐えながら、母と二人で熱いタオルを当てて揉みほぐそうとしましたが、仲々思うようにならず、熱も日ごとに高くなって行くばかりでした。結婚後初めて住むようになって一年足らずの土地では、どこにどんなお医者さんが居るのかも分りません。手伝いに来てくれた母にしても知るはずもありませんでした。八方塞がりといった感じの中、母乳の出さえ良くすれば何とか熱も取れるのではないかと努力しましたが、今日は良くなるか明日は良くなるかと希望をつなぎながらも、四、五日はまたたく間に過ぎて行きました。

医療技術も発達していない戦時中の事です。体温計さえ家庭に常備されていませんでした。熱を測る時には手でさわってみて、体温が異常に高ければ氷を買って来て冷やすのが精一杯でした。夜も昼も熱の下がらない状態で一週間目を迎えた昼頃の事でした。余りの苦しさに、自分の意識が薄れて行くのがはっきりと分っていた私は、「私は今迄何一つ悪い事はしていない。私は死んでも絶対天国に昇る事が出来る。地獄に堕ちる事はない」と、はっきりと自分自身に言聞かせた瞬間、私の体は真白い大きな雲に乗せられたまま、空へ空へと高く高く舞上がって行きました。

それっきり何もかも分らないまま、どれ位の時間が過ぎていたのか知る由もありませんでした。ふと気付くと、足元の方でお医者さんらしき人の声がしていました。

「後一時間手当が遅れていたら助からなかったですよ。危ない所でしたからね。それでは後で薬を取りに来て下さい。お大事に」

と、母と主人に話されていました。その声を聞きながら、

「ああ、私はやっぱりあの時本当に白い雲に乗って天国迄昇って行ったんだなー。死ぬ事とはあんなに体が軽くなってしまって、大空高く舞上がってしまう事なんだなー」

と、不思議な体験を思い出していました。

こうして、ようやく危機を乗越える事が出来ましたが、高熱が続いたためか、私の体は足の自由を失ってしまいました。歩く事はおろか、立上がる事さえ出来なくなってしまったのです。今迄病気らしい病気等した事もない私は急に心細くなってしまい、このまま動けなくなってしまったらどうしよう、寝たきりの人生なんて考えるだけで嫌だ、でもせっかく生れて来た此の子のために何とか頑張って元気にならなければ等と思い悩んでいました。そんな私に母が、

「産後は何といっても日にちが薬。日が経てば自然に体が回復して来るから、気長に養生すればいいとじゃが」

と言って、赤子と私の面倒を見ながら家事を引受けてくれました。

寝たきりの生活が四十日程続いていた頃、綾の妹から祖母の死を知らせる電報が届きました。「一《ひと》七日《なぬか》を済ませたら又すぐ来るから」との言葉を残して、母は大急ぎで宮崎へ帰って行きました。綾では、母の帰りを待って祖母の葬儀が行われました。一七日《ヒトナノカ》を済ませた母は、又米や卵、味噌等の荷物を沢山持って、十日ぶりに私の所へ来てくれました。

母が綾に帰った後、否応なく家事に追掛けられるまま、家の中をはいずり回って動いている内に、段々と体や足の動きも回復し、母が来た時にはガタガタと震えながらも、どうにか家の中だけはそろりそろりと歩けるようになっていました。どうにか歩けるようになりさえすれば、元々は健康な体と忍耐強さだけが取柄の私です。二十一歳という若さも手伝い、日一日と健康を取戻して行きました。

子供の宮参り

昭和十七年の年は、母の手伝いを得ながら慌しく暮れました。明けて昭和十八年一月中旬。此の頃には、私も外出出来るようになっていました。それを幸に、母が赤子を連れて宮参りに行きたいと言い出しました。日曜日になるのを待ちかねるようにして、近所のお宮さんに四人でお参りに出掛けました。母のたっての希望から、近所の写真館に寄って写真を写してから行きました。

高台にあるお宮さんは、急な石段を二百段も上らなければなりません。母が赤子を抱き、私は病後の重い足取りで休み休み上り、神前でお祓いを受けながら、丈夫に育ってくれますようにとお祈りしました。帰り道、急勾配の高い石段は上る時よりも下りる方がはるかに大変で、気持が悪くて目眩がしそうでした。ゆっくりゆっくりと下りて行きましたが、特に赤子を抱いた母の足元が気になりました。ハラハラする思いで、それでも石段を下りきった所でホッとした瞬間、私の前を歩いていた母が、赤子を抱いたまま前につんのめるようにして倒れてしまったのです。

その姿を見た瞬間、私は、「婆ちゃんが死んで、まだ日が浅いから、神様にお参りしたら罰が当るかも分らんよ。お宮参りは、も少し先に延して、四十九日でも済ましてから、私達親子だけで参るからいいが」と、昨日迄私が何度も繰返し母に言っていた言葉が思い出されました。やっぱり親が死んで日が浅いのに、高神様《たかがみさま》にお参りしてとがめを受けたに違いないと思いながら、主人と二人して母を起しました。母は赤子を投げ出すまいと必死になり、しっかり抱きかかえたまま前にバッタリ倒れ、両手の肘と足の両膝に激しい衝撃を受けて、それが全身に伝わったのでしょう、その場から動く事も歩く事も出来なくなってしまいました。

私は無事だった赤子を抱取り、主人が母を背負って家に帰り着きましたが、手足の自由を失ってしまった母は寝たきりになってしまいました。早速妹に電報を打って、知合いの小母さんに私の家迄迎えに来て貰い、小倉駅迄はタクシーで送り、主人と小母さんに抱えられて汽車に乗せられた母は宮崎に帰って行きました。

明日宮参りに行くという日の事でした。母が私に、

「お前が元気になってくれて良かった。あん時は、もうお前が死んだらどうしよう。私が赤子を宮崎に連れて帰って育てんならんかと思うたら、目の前が真暗になったような思いがした。私しゃ何が嫌いと言うて、子供程嫌いなもんはない。特に赤子の乳臭い匂いは身の毛が立つごと好かん。私も五人の子供を産んで育てて来たけど、只の一度も子供が可愛いと思うた事がなかった。只の一度も自分の

子を抱いた事もなし。赤子の間は寝かせたまま、這うようになれば帯を家の柱に結び付けて、その先に子供を縛り付けておいて仕事をして来たもんな。兎に角子供、赤子は好かん」

と言ったのです。

何という冷酷で無惨な母の言葉でしょう。私は自分の耳を疑いたくなるような母の言葉に驚き、あきれ果てていました。母の此の言葉はまさに自己中心、その一点張りで生きて来た母という人を端的に表す言葉でした。それにつけ、人一倍子煩悩だった父が、私達兄妹の面倒を何くれとなく見てくれた事が、育ててくれた事が思い出されてなりませんでした。

昭和八年から丸七年間という長い年月、家族を踏台にして、多額な金を無意味に使い散らし、何人もの青年を相手に恋愛遊戯に走り続け、身体一杯享楽に明け暮れた母でした。そんな母を殺してしまいたいとさえ思い詰めた私の心等、母は知る由もありませんでした。宮崎の病院での時以来、母との縁は私の方から切ってしまっていました。そんな私の所へ突然ひょっこり現れて、長男誕生に手を貸してくれた母でしたが、此の時が最後になってしまいました。

母が面倒を見るはずであった八歳年上の外山のヨネ大叔母より先の、昭和十九年一月十二日、子宮ガンに苦しみ抜いた母は亡くなりました。葬儀のために綾村に帰った私は、葬列が静かに進むのを眺めていた村人達が、「お悦さんもとうとう、遊びすぎで死にゃったげなが」と言うのが耳に入りました。私の心に針を刺すような言葉でした。私にとっては祖父母との清らかで尊い、懐かしい故里も、母の乱行で汚されたものとなってしまいました。山紫水明、自然の美しい静かな故郷綾でした。最後に一言《ヒトコト》母の為に言って置きたいと思います。

母の母、今形ミワ祖母と林岡ミサオ叔母（大阪に出て行った叔母）の父、長右エ門と言う人は、代々神主として神社を守り続けて来た家柄でしたが、当時（明治初期）一子相伝と言われていた神様にお供えする酒の作り方を知っている人でした。

そこで、それを利用して、神様だけでなく、人様にもお酒を飲んで頂く為と言って、神様にはお酒だから、焼酎なら我々人間が飲んでも罰は当たらないだろうと言って、焼酎作りを始めた所、酒よりも値段が安く、美味しい焼酎が出来上がったものですから、近郷近在から沢山の人が買いに集まる様になりました。

家内総出で多忙な焼酎作りに追われる月日が続く中で、或る日突然、長右エ門さんは亡くなってしまいました。残された長男熊吉叔父や、曾祖母ハル、祖母今形ミワ、林岡ミサオ叔母等々、家内総出で焼酎作りは続けられて行きました。

長右エ門さんの没後三年程すぎた頃、越中富山の薬売りの叔父さんが、此の家に入り込んで、籍は入れないまま、此の家で亡くなるまで暮していました。此の薬屋さんの子供がヨネ大叔母でした。

此の薬屋さんが、民謡の先生をしていたらしく三味線も民謡も抜群に上手な人だった様です。酒席に唄はつきものですから、私の母は幼い時から、民謡を教え込まれ、毎晩の様に酒席で唄っていたようでした。油津では度々酒席の中で、江差追分等を唄っている母を良く見かけたものでした。

酒席で唄う子供の頃の生活が、母の精神生活に大いに影響したのではないかと思います。子供の母が唄う事によって、酒席は盛り上がり、面白い様にお金が入り、数年の内に家屋敷はドンドン増えて行き、村一番の大金持ちになっていました。金儲けの道具として子供時代を過ごした母でした。

あとがきに代えて

勾珠《まがたま》も金剛石も磨かずば珠の光は出でざらん。
器には従いながら、岩鉄《いわがね》も通すは水の力なりけり。

小学校にしか行く事の出来なかった私にとりましては、国語の授業で習いました此の言葉は、終生忘れる事が出来ない程に強く心に焼付いております。此の言葉は又、人生訓としても折りに触れ口ずんでおります。思い出しては言葉の真意を噛みしめ己を反省し、自身を励ますための言葉としても大切にして来ました。

いつの時代でも、大なり小なりの混乱を抱えながら時代は流れて行くものですが、戦前戦中戦後と言った荒波の中を生きて来ました私には、今の時代程、心の荒れた時代は無かった様に思います。日常の生活の中で、まるで戦場の片隅にでも居るかの様な危険がひそんでいるかの様に思われてなりません。いつ事故が起り、いつ災難が降り掛かってくるか分からない時代になった様な気がしてなりません。まして子供の数が少なくなってしまったこんな時代ですから、子供達には強く生きて行ける様な大人になって欲しいと思いました。

私の貧しい体験を読んでいただければ、何程かでもお役に立つ事が出来ましたならば、此の上なく幸せに思います。

著者プロフィール
平野 トヨ（ひらの とよ）
1921年生まれ。
福岡県在住。

嵐の川を流れ行く少女

2003年8月15日　初版第1刷発行

著　者　平野 トヨ
発行者　瓜谷 綱延
発行所　株式会社文芸社
〒160-0022　東京都新宿区新宿1－10－1
電話　03-5369-3060（編集）
03-5369-2299（販売）

印刷所　株式会社エーヴィスシステムズ

ISBN4-8355-6128-7 C0095　JASRAC（出）0306716-301